JN011129

日本港湾経済学会叢書

東アジアの港湾と貿易

男澤智治
合田浩之 編著

成山堂書店

は し が き

　本書は、日本港湾経済学会創立 60 周年を記念して作製された第一号である。2021 年、研究叢書をシリーズでまとめることが会員総会で決定し、その後、さまざまな企画案が出されるなかで、『東アジアの港湾と貿易』が真っ先に取り組まれた。

　東アジアに視点を置いたのは、近年のコンテナ物流を統計的にみると中国の台頭にはじまり取扱量上位の港湾や国・地域が東アジアに集中しているためである。今回は、東アジア 10 カ国（日本、中国、韓国、台湾、ベトナム、シンガポール、マレーシア、タイ、フィリピン、インドネシア）の港湾について知見を持っておられる会員諸氏に執筆をお願いした。

　本書は東アジア諸国の港湾と日本との貿易状況を示したものであり、初めて国際貿易や国際物流に携わる方、若手港湾研究者など多くの皆さんに読んで頂けるようわかり易く解説した。

　本書の構成を示しておけば、大略次の通りである。

　本書は 12 章構成であり、第 1 章は本書の導入部分となっている。東アジア経済が世界経済で大きなインパクトを与えていること、そのなかでコンテナ物流も急成長している点を指摘している。

　第 2 章以降は、東アジアの国別に論じている。各章とも論点は、「日本と各国との貿易状況」「各国コンテナ港湾政策」「各国の港湾現状」「コロナ禍の影響」「今後の展望」である。

　第 2 章は、わが国の港湾を取り上げ、コンテナ港湾の動向や港湾政策の変遷、神戸港と名古屋港の事例を紹介している。第 3 章は、中国の港湾を事例に日中間の貿易状況や中国を 5 つの港湾群に分け概要を述べている。香港港についても本章で言及している。第 4 章は、2013 年に習近平国家主席が提唱した「一帯一路」構想にもとづき整備が進められた中国と欧州を結ぶ貨物鉄道輸送「中欧班列」の発展について述べている。第 5 章は、韓国の港湾を事例に日韓間の貿易概要、韓国港湾政策など、さらには釜山港、仁川港など主要コンテナ港湾の概要について述べている。第 6 章は、台湾の港湾を事例に日台間の貿易概要、コンテナ港湾の整備・運営、取扱量など統計データを用いて述べている。第 7

章は、ベトナムの港湾を事例に日越間の貿易状況、港湾戦略と運営管理、取扱の現状を述べている。第8章は、シンガポールの港湾を事例に日本とシンガポールの荷動き状況やシンガポール港の取扱量、港湾運営企業であるPSAの概要について述べている。第9章は、マレーシアの港湾を事例に日本とマレーシアの荷動き状況、シンガポールとの競合・補完といった視点で述べている。第10章は、タイの港湾を事例に経済発展の状況や主要コンテナ港湾の概要、内陸デポであるラッカバンICDなどを紹介している。第11章は、フィリピンの港湾を事例に日本とフィリピンのコンテナ荷動き状況、主要コンテナ港湾の取扱量について述べている。また、フィリピンは世界的な船員供給国でありその点についても触れている。第12章は、インドネシアの港湾を事例に日本とインドネシアの貿易状況、インドネシア航路の変遷、主要港の取扱量や港湾整備の概要について述べている。読者の忌憚のない批評がいただければ幸いである。

　最後になったが、本書の刊行を快くお引き受け下さりました成山堂書店の小川啓人社長、編集グループの板垣洋介氏、村岡直樹氏に、執筆者を代表して心からお礼を申し上げたい。

2024年1月

編　著　者

目　　次

目　　次

本書で取り上げている東アジア諸国（10 カ国）

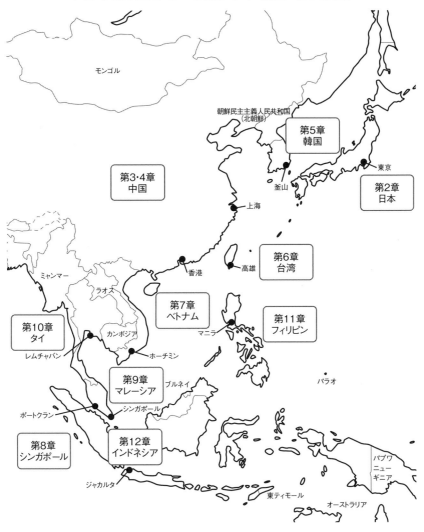

モンゴル

朝鮮民主主義人民共和国
(北朝鮮)

第5章
韓国

釜山

東京

第2章
日本

第3・4章
中国

上海

ミャンマー

ラオス

香港

高雄

第6章
台湾

第10章
タイ

カンボジア

第7章
ベトナム

第11章
フィリピン

レムチャバン

マニラ

ホーチミン

パラオ

第9章
マレーシア

ブルネイ

ポートクラン

シンガポール

第8章
シンガポール

第12章
インドネシア

ジャカルタ

東ティモール

パプワ
ニューギニア

オーストラリア

第1章　東アジアの経済と港湾

1-1 概　　説

本章では、東アジアの経済と貿易を概観したうえで、国際貿易を支えるコンテナ港湾の現状を述べている。東アジア諸国には戦後、日本を除いて開発途上国が多く存在したが、1970 年代以降、アジア NIEs[1]（新興工業経済地域、大韓民国・香港・台湾・シンガポール）による輸出志向型工業化によって大きく躍進した。

1985 年のプラザ合意以降、ASEAN（Association of South-East Asian Nations：東南アジア諸国連合）も加わり、日本を筆頭に東アジア諸国の工業化を推し進める雁行型経済[2]が行われた。その後、アジア通貨危機を経て、2000 年代に入ると中国が東アジアのなかで台頭する。

このような過程のなかで、貿易構造にも現れているように東アジア域内貿易の比率が 44.8％（2019 年）と高まった。そして、域内では適材適所を活かした中間財の取引が多くなり、完成した工業製品を欧米に輸出する流れが構築された。このようなことから、東アジアにおいては、中間財や最終財の輸送を担うコンテナ物流が進展し、今や世界の 20 位港湾のなかで東アジアの港湾が 14 港を占めるまでに成長している。

東アジアの港湾のなかでも中国、韓国、台湾では港湾の背後地に大規模なロジスティクスセンターを有し、港湾を単なる通過点から付加価値の高い港湾へと変貌させている。近年では、コンテナターミナルの自動化や DX に対応した高度な港湾も整備されている。

1「アジア NIEs」とは、アジア新興工業経済地域のことであり、韓国、台湾、香港、シンガポールを指す。

2「雁行型経済」とは、日本の産業構造は絶えず高度化を図り、その中で、成熟期あるいは大量生産期を向えた産業をコスト優位性があるアジア NIEs に移転、これら諸国と地域の産業が高度化されると、その産業はさらに廉価労働力をもつ東南アジア地域および中国の沿海地域に移転させられる。このように、次々に展開される地域分業モデルによって、東アジア諸国が相次いで離陸し、まるで空を飛ぶ雁陣に似ているため、「雁行型経済」と呼ばれるようになった。

1-2　東アジアの経済と貿易

(1) 東アジア経済の概要

　[表1-1] から [表1-3] は、東アジア諸国の経済状況について、「World Economic Outlook Database April 2021（IMF）」より整理したものである。

　東アジア経済の特徴は、アジアの位置づけが世界経済のなかで日増しに高まっていることである。各国の経済規模を示す GDP（Gross Domestic Product：名目国内総生産）をまとめた [表1-1(1)] と [表1-1(2)] を見ると、世界経済に占める東アジア諸国のシェアは1980年の16.2%から2000年には23.2%、さらに2020年には30.2%と急速に伸びていることがわかる。今や東アジア諸国の経済規模は、米国、EU諸国のそれを上回るようになった。さらに同表からは、東アジア経済の牽引役が移り変わっていることが読みとれる。たとえば、1980年には東アジアのGDPの62.2%を占めていた日本のGDPは、2020年には19.8%まで落ち込んだ。東アジアにおける日本の位置づけの低下と、その他の東アジアの国々、とりわけ中国の台頭が著しいことが理解できる。

　[表1-2] は、1人当たりGDPと各国の人口規模をまとめたものである。所得レベルにおいてシンガポールや香港などが日本を抜き、世界でも屈指の高所得国[3]の仲間入りをする一方で、依然として多くの国が中所得国で、なかには低所得国の水準をようやく脱したばかりの国もあり、東アジア内の多様性、格差の大きさがうかがえる。ちなみに、人口は東アジア合計が22億7,460万人で世界全体に対する割合は29.8%である。

表 1-1(1)　東アジア諸国の名目 GDP（ドル建て）（単位：10億ドル）

	世界	東アジア諸国				米国	EU27カ国
		日本	NIEs	中国	ASEAN5		
1980年	11,205	1,813	1,128	149	303	232	2,857	3,211
1990年	23,627	4,498	3,197	566	397	333	5,963	6,211
2000年	33,986	7,900	4,968	1,175	1,206	531	10,252	7,270
2010年	66,241	15,626	5,759	2,056	6,034	1,706	14,992	14,564
2020年	84,538	25,502	5,049	2,989	14,723	2,603	20,933	15,168

（注）NIEs＝韓国、台湾、香港、シンガポール、ASEAN5＝タイ、マレーシア、インドネシア、
　　　フィリピン、ベトナム。東アジア諸国は、[表1-2] の15カ国を指す。
（出所）IMF：World Economic Outlook Database, April 2021 より作成。

表 1-1(2)　東アジア諸国の名目 GDP（ドル建て）　　　（単位：%）

	世界	東アジア諸国				米国	EU27カ国
		日本	NIEs	中国	ASEAN5		
1980年	100.0	16.2	10.1	1.3	2.7	2.1	25.5	28.7
1990年	100.0	19.0	13.5	2.4	1.7	1.4	25.2	26.3
2000年	100.0	23.2	14.6	3.5	3.5	1.6	30.2	21.4
2010年	100.0	23.6	8.7	3.1	9.1	2.6	22.6	22.0
2020年	100.0	30.2	6.0	3.5	17.4	3.1	24.8	17.9

（注）NIEs＝韓国、台湾、香港、シンガポール、ASEAN5＝タイ、マレーシア、インドネシア、
　　フィリピン、ベトナム。東アジア諸国は、［表1-2］の15カ国を指す。
（出所）IMF：World Economic Outlook Database, April 2021 より作成。

表 1-2　東アジア諸国の 1 人当たり GDP（名目 GDP）

（単位：ドル、人口：100 万人）

国名	1980年	1990年	2000年	2010年	2020年	人口（2020）
シンガポール	5,005	12,763	23,853	47,237	58,902	5.8
香　　港	5,664	13,281	25,574	32,421	46,753	7.5
日　　本	9,659	25,896	39,173	45,136	40,146	125.8
韓　　国	1,715	6,610	12,263	23,077	31,497	51.8
台　　湾	2,367	8,167	14,844	19,181	28,306	23.6
ブ ル ネ イ	n/a	15,374	20,446	35,437	26,089	0.5
中　　国	307	347	951	4,500	10,484	1,404.3
マ レ ー シ ア	1,927	2,586	4,348	9,047	10,270	32.9
タ　　イ	705	1,564	2,004	5,074	7,190	69.8
インドネシア	673	771	870	3,178	3,922	270.2
ベ ト ナ ム	653	122	499	1,629	3,499	97.4
フ ィ リ ピ ン	774	829	1,087	2,237	3,330	108.8
ラ　オ　ス	596	414	323	1,201	2,626	7.3
カ ン ボ ジ ア	n/a	100	300	788	1,655	15.7
ミ ャ ン マ ー	n/a	n/a	170	775	1,527	53.2

（出所）IMF：World Economic Outlook Database, April 2021 より作成。

---

3 世界銀行は、1 人当たり国民所得（GNI）の水準によって各国を「低所得国」「中所得国」
「高所得国」に分類している。2020 年 7 月 1 日時点では、「低所得国」は 1 人当たり GNI が
1,036 ドル未満、「下位中所得国」は 1,036〜4,045 ドル、「上位中所得国」は 4,046〜12,535 ド
ル、「高所得国」は 12,535 ドル以上の国・地域である。

表 1-3　東アジア諸国の実質 GDP 成長率（現地通貨建て）　　（単位：%）

国名	1980-1989年	1990-1999年	2000-2009年	2010-2019年
ブ ル ネ イ	－	2.2	0.5	0.2
カ ン ボ ジ ア	－	6.7	8.3	7.2
中　　国	9.9	10.6	10.5	7.3
香　　港	7.0	3.5	3.8	2.5
イ ン ド ネ シ ア	6.1	4.1	5.3	5.3
日　　本	4.5	1.1	0.2	0.9
韓　　国	10.0	6.9	4.4	2.9
ラ　オ　ス	5.5	6.0	7.1	7.1
マ レ ー シ ア	5.7	6.9	4.3	5.1
ミ ャ ン マ ー	－	－	11.3	6.8
フ ィ リ ピ ン	1.5	2.8	4.5	6.3
シ ン ガ ポ ー ル	7.5	6.9	4.9	3.9
台　　湾	8.5	6.7	3.6	2.9
タ　　イ	7.5	4.5	4.3	3.2
ベ ト ナ ム	6.0	7.7	6.9	6.5

（参考）　　　　　　　　　　　　　　　　　　　　　　　　　　　　（単位：%）

国名	1980-1989年	1990-1999年	2000-2009年	2010-2019年
イ　ン　ド	5.6	5.7	7.2	6.6
米　　国	3.5	3.4	1.6	2.3
Ｅ　　Ｕ	2.2	2.0	1.7	1.7
世　　界	3.1	3.1	3.9	3.7

（出所）IMF：World Economic Outlook Database, April 2021 より作成。

　あわせて実質 GDP 成長率を確認すると、多くの国が世界平均よりも高く、なかでも中国は 7〜10% の経済成長率を維持している［表 1-3］。また、最も高い経済成長を遂げている時期は、各国・地域によって異なっていることがわかる。日本は、1990 年代以降、1% 弱で推移している。

　IMF が 2023 年 10 月に発表した「世界経済見通し」によれば、世界全体の経済成長率は 2023 年が 3.0%、2024 年が 2.9%、日本は 2023 年が 2.0%、2024 年が 1.0%、中国は 2023 年が 5.0%、2024 年が 4.2%。米国は 2023 年が 2.1%、2024 年が 1.5%、ユーロ圏は 2023 年が 0.7%、2024 年が 1.2% となっている。

表 1-4　東アジア諸国の輸出入　　　（単位：百万ドル、%）

	輸出		輸入		収支差額
	金額	対世界シェア	金額	対世界シェア	
1950年	5,868	9.5	5,392	8.4	476
1960年	12,180	9.4	13,431	9.7	− 1,251
1970年	32,802	10.3	35,821	10.8	− 3,019
1980年	280,048	13.7	294,209	14.1	− 14,161
1990年	712,689	20.4	665,803	18.4	46,886
2000年	1,688,793	26.2	1,505,265	22.6	183,528
2010年	4,545,594	29.7	4,173,919	27.1	371,675
2020年	6,034,296	34.3	5,302,886	29.8	731,410

（注）東アジア諸国は、中国、香港、マカオ、台湾、日本、韓国、モンゴル、ブルネイ、カン
　　　ボジア、インドネシア、ラオス、マレーシア、ミャンマー、フィリピン、シンガポール、
　　　タイ、東ティモール、ベトナムを指す。
（出所）UNCTAD, UNCTAD STAT より作成。

(2) 東アジアの貿易構造

　［表 1-4］は、1950 年から 2020 年までの東アジアの輸出入額の推移を見たも
のである。東アジアの輸出は 1950 年の 59 億ドルから 2020 年には 6 兆 343 億
ドルに増加した。輸入は同期間に 54 億ドルから 5 兆 3,029 億ドルに増加した。
これに伴い世界貿易に占めるシェアは輸出が 9.5% から 34.3% へ、輸入は 8.4
% から 29.8% へ上昇した。また東アジア諸国の貿易収支は、1980 年代半ばか
ら一貫して黒字にあり、2020 年の黒字幅は 7,314 億ドルに達している。1970
年は東アジア貿易額において日本の占める割合は輸出が 58.9%、輸入が 52.7%
であったが、2020 年ではそれぞれ 10.6%、12.0% となっている。一方、中国
は同期間に輸出 7.0%、輸入 6.4% から 42.9%、38.8% と大きくシェアを伸ば
している。
　第二次世界大戦終戦直後の東アジア諸国（日本を除く）の貿易は、域内取引
はきわめて少なく、先進諸国向けに農水産物や天然資源などの一次産品を輸出
し、工業製品を輸入するという垂直貿易を行っていた。
　その後、戦後しばらくは、日本やアジア NIEs は輸入代替工業化をめざして
いた。これは高関税率や数量制限、為替政策を通じて外国製品の流入を抑制し、
国内市場を対象として地場企業を保護する工業化を図るものである。しかし、
日本以外の国は一定の経済規模がないため、競争力をもたない地場企業では、

輸入を抑制しただけでは工業化は図れない。

　こうした背景から、1960 年代後半からアジア NIEs は輸出志向型工業化へと舵を切った。アジア NIEs の輸出志向型工業化の特徴としては、輸出を目的とする外資を誘致するため、輸出加工区[4]や工業団地が用意された。東アジアでは、1966 年の台湾の高雄輸出加工区をはじめ、1970 年に韓国の馬山、1971 年にマレーシアのペナン、1972 年にフィリピンのバターンと東アジア各地で輸出加工区が設立された。

　1970 年代初頭の日本は、米国との間で繊維製品をめぐって熾烈な貿易摩擦が生じ、輸出自主規制をとるようになった。その頃、日本の繊維産業は国際競争力を失いつつあり、韓国や台湾などアジア NIEs からの積極的な外資誘致政策が重なり、日本企業は労働集約的な工程・機能をアジア NIEs に移転するようになる。一方、資本集約的な技術を用いる部門は日本に残り、日本から生地をアジア NIEs に輸出し、それをアジア NIEs で縫製品に仕立て、そこから米国へ輸出するという三角貿易が生まれた。

　その後、国際情勢を一変させたのが、1985 年のプラザ合意である。日本企業は急激な円高によって輸出企業が大きな打撃を受け、アジア NIEs のみならず、ASEAN 諸国への進出を加速させた。三角貿易のパートナーに ASEAN 諸国が加わったことで東アジア域内の分業体制は拡大されていった。いわゆる先進国日本が東アジアの後進国を引っ張っていく雁行型経済発展が見られた。

　一方で、1997 年にタイで発生した金融危機は東アジア全域を覆った。特に、タイ、インドネシア、韓国は経済に大きな打撃を受け、IMF（International Monetary Fund：国際通貨基金）の管理下に入った。金融危機の影響が少なかった中国経済はこの頃から大きく躍進する。中国は、長らく社会主義思想のなかで計画経済を行ってきたが、1979 年、鄧小平による改革開放いわゆる市場化政策が実行された。2001 年には WTO（World Trade Organization：世界貿易機関）に加盟し、世界の工場とまでいわれるようになった。その高成長は前述の［表 1-1］から見てとれる。

　［図 1-1］は、東アジア地域におけるサプライチェーンの実態を示している。多くの中間財（部品）が日本、中国、韓国および ASEAN を行き来しながら加

4「輸出加工区」とは、1960 年代後半以降アジアの途上国が保護主義的な産業育成策を維持しながら、他方で外資導入により工業製品の輸出を増やし外貨獲得、雇用効果、さらには技術導入を目的として導入された制度である。

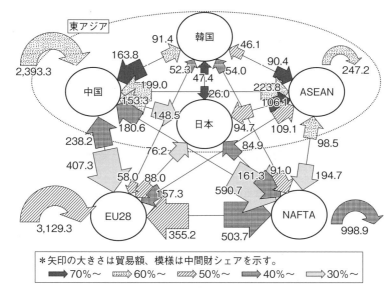

＊矢印の大きさは貿易額、模様は中間財シェアを示す。
$\Rightarrow$70%〜 $\Rightarrow$60%〜 $\Rightarrow$50%〜 $\Rightarrow$40%〜 $\Rightarrow$30%〜

単位：10億ドル　貿易額：2017年　出所：RIETI-TID　2017より経済産業省作成
図1-1　東アジア地域におけるサプライチェーンの実態
（出所）経済産業省『通商白書2020』376ページ。

工され、最終的に組み立てられた完成品が主に中国やASEANから北米・EU
等に輸出されている。［図1-2］を見てもわかるように、東アジア域内では中
間財の比率が高い。

　次にわが国における地域別貿易状況をみることにする。［表1-5］に示して
いる通り、1990年から2020年にかけて「アジア」の比率が高くなり、「北米」
「西欧」の比率が低下している。わが国はアジアとの経済的な連携なしでは生
き残れない状況となっている。

(3) 地域経済統合-RCEP の形成に向けて

　東アジアの国々は、国間の制度や協定ができて企業間の取引が行われたので
はなく、企業間の取引が先に生じた点がEU（European Union：欧州連合）や
NAFTA（North American Free Trade Agreement：北米自由貿易協定）とは異
なる。しかし、1990年代以降、国際的な経済活動を円滑にするために各国と
も自由貿易地域や経済連携協定が進んでいる。東アジア地域では、1967年の

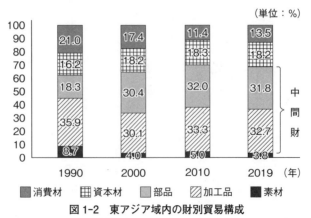

（単位：%）

図 1-2　東アジア域内の財別貿易構成

（注）東アジアは、日本、中国、香港、韓国、台湾、シンガポール、インドネシア、マレーシ
　　ア、フィリピン、タイ、ブルネイ、カンボジア、ベトナムを指す。
（出所）経済産業省『通商白書2014』および経済産業省 RIET-TID2019 より作成。

バンコク宣言によって設立された東南アジア 10 カ国による地域共同体の
ASEAN が有名である。原加盟国はインドネシア、マレーシア、タイ、フィリ
ピン、シンガポールの 5 カ国であったが、1984 年のブルネイの加盟後、加盟
国が順次増加し、現在は 10 カ国で構成されている。

　近年の動きで大きいのは、地域的な包括的経済連携（Regional Comprehensive
Economic Partnership：RCEP）協定である。2012 年 11 月、RCEP 交渉立ち上
げを宣言、2013 年以降会議を重ね、2020 年 11 月、第 4 回 RCEP 首脳会議の
機会に署名され、2022 年 1 月に発効された。参加国は、ASEAN10 カ国（ブル
ネイ、カンボジア、インドネシア、ラオス、マレーシア、ミャンマー、フィリ
ピン、シンガポール、タイ、ベトナム）と日本、中国、韓国、豪州、ニュージー
ランドとなっている。日本にとってははじめて中国、韓国と結んだ自由貿易協
定であり、東アジアの主要国が網羅されている。これらの国と日本は約 92%
の工業製品で関税撤廃を獲得しており、東アジア経済圏での自由な貿易体制の
構築により、域内貿易はますます拡大するものと予想される。

　ただし、東アジアでは不安材料も存在する。経済大国である中国は、2022
年 10 月、中国共産党大会で台湾統一を政策の第一に掲げており、台湾周辺海
域での有事が心配される。

表 1-5　わが国における地域別貿易状況

（輸出）　　　　　　　　　　　　　　　　　　　　　　　　　　　　　（単位：%、億円）

	1990年	1995年	2000年	2005年	2010年	2015年	2020年
ア ジ ア	31.1	43.5	41.1	48.4	56.1	53.3	57.3
大 洋 州	3.1	2.4	2.1	2.6	2.7	2.8	2.5
北 米	33.8	28.6	31.3	24.0	16.6	21.4	19.6
中 南 米	3.6	4.4	4.4	4.2	5.7	4.5	3.3
西 欧	22.2	16.9	17.4	14.8	11.9	10.7	11.2
中東欧・ロシア等	1.1	0.5	0.5	1.7	2.1	1.8	2.2
中 東	3.0	2.0	2.0	2.8	3.3	4.2	2.6
ア フ リ カ	2.0	1.7	1.1	1.4	1.6	1.4	1.2
総 額	414,569	415,309	516,542	656,565	673,996	756,139	684,066

（輸入）　　　　　　　　　　　　　　　　　　　　　　　　　　　　　（単位：%、億円）

	1990年	1995年	2000年	2005年	2010年	2015年	2020年
ア ジ ア	28.7	36.7	41.7	44.4	45.3	48.9	51.1
大 洋 州	6.3	5.5	4.7	5.4	7.1	6.2	6.4
北 米	26.1	25.7	21.3	14.2	11.3	11.7	12.7
中 南 米	4.2	3.5	2.9	3.1	4.1	3.9	4.3
西 欧	18.2	16.2	13.6	12.4	10.6	11.9	13.2
中東欧・ロシア等	1.7	1.7	1.5	1.6	2.8	3.3	2.7
中 東	13.1	9.4	13.0	17.0	17.1	12.2	8.2
ア フ リ カ	1.7	1.4	1.3	1.9	1.7	1.8	1.4
総 額	338,552	315,488	409,384	569,494	607,650	784,055	677,369

（出所）一般社団法人日本貿易会『日本貿易の現状』（2007 年版、2021 年版）。

1-3　東アジアの港湾

　第二次世界大戦後、企業の国際化が進展すると、企業間における中間財輸送、最終財輸送が全世界に拡大していく。企業は国内と同様、国際間においてもなるだけ在庫を削減することを前提に企業活動を行っている。そのなかで、定時性の確保が重視され、それを支えるのがコンテナ船によるコンテナ物流である。

(1) 港別コンテナ貨物取扱量

　コンテナ港湾の特徴を示す代表的な指標として、コンテナ貨物取扱量がある。

表 1-6　世界の港湾のコンテナ取扱量ランキング（2020年）

順位	港湾名	国名	2020年取扱量 （万 TEU）	2019年取扱量 （万 TEU）	前年比（％）
1	上　　海	中　　国	4,350	4,330	0.5
2	シンガポール	シンガポール	3,687	3,720	− 0.9
3	寧　　波	中　　国	2,872	2,753	4.3
4	深　　圳	中　　国	2,655	2,577	3.0
5	広　　州	中　　国	2,350	2,324	1.1
6	青　　島	中　　国	2,201	2,101	4.8
7	釜　　山	韓　　国	2,182	2,199	− 0.8
8	天　　津	中　　国	1,835	1,726	6.3
9	香　　港	中　　国	1,795	1,836	− 2.2
10	ロッテルダム	オランダ	1,435	1,481	− 3.1
11	ド　バ　イ	UAE	1,349	1,411	− 4.4
12	ポートクラン	マレーシア	1,324	1,358	− 2.5
13	アントワープ	ベルギー	1,203	1,186	1.4
14	厦　　門	中　　国	1,141	1,112	2.6
15	タンジュン・ペラパス	マレーシア	980	910	7.7
16	高　　雄	台　　湾	962	1,043	− 7.8
17	ロサンゼルス	米　　国	921	934	− 1.4
18	ハンブルグ	ド　イ　ツ	854	927	− 7.9
19	ロングビーチ	米　　国	811	763	6.3
20	ホーチミン	ベトナム	785	722	8.7
44	東　　京	日　　本	426	451	− 5.5

（資料）Lloyd's　List One Hundred Ports　2020、2021。
（出所）日本港湾協会港湾政策研究所「港湾物流情報」、日本海事新聞［2021年9月7日］。

［表 1-6］に 2020 年のコンテナ貨物取扱量の港別ランキング（上位 20 位）を示している。第 1 位は取扱量 4,350 万 TEU の上海港であり、第 2 位のシンガポール港の 3,687 万 TEU と並びこの両港が飛び抜けた取扱量を示している。この 2 港に続くのは、取扱量 2,000 万 TEU 台の寧波港、深圳港、広州港、青島港、釜山港であり、第 2 グループを形成している。また、取扱量 1,000 万 TEU 台をみると、天津港、香港港、ロッテルダム港、ドバイ港、ポートクラン港、アントワープ港、厦門港と続く。わが国港湾では東京港の 426 万 TEU がトップであり、世界順位は 44 位である。上位 20 位の港湾のうち 14 港が東アジア

表 1-7　港湾別ランキング推移　　　（単位：万 TEU）

順位	1975年		1985年		1995年		2005年		2020年	
1	ニューヨーク	173	ロッテルダム	265	香　　港	1,255	シンガポール	2,319	上　　海	4,350
2	ロッテルダム	108	NY/NJ	237	シンガポール	1,185	香　　港	2,243	シンガポール	3,687
3	神　　戸	90	香　　港	229	高　　雄	523	上　　海	1,808	寧　　波	2,872
4	サンジュン	88	高　　雄	190	ロッテルダム	479	深　　圳	1,620	深　　圳	2,655
5	香　　港	80	神　　戸	186	釜　　山	450	釜　　山	1,184	広　　州	2,350

（出所）CONTAINERISATION INTERNATIONAL Yearbook［1978、1988、1998、2007］、2020
　　　年は、日本海事新聞［2021 年 9 月 7 日］。

諸国のコンテナ港湾である。実に中国の港湾は上位 20 港中 8 港が入っている。
　この港別ランキングは、コンテナ輸送の進展とともに上位の港湾およびその
取扱量も大きく変化してきている。［表 1-7］に 1975・1985・1995・2005 年と
2020 年における上位 5 位までのコンテナ港湾とその取扱量を示している。1975
年では、第 1 位ニューヨーク港、第 2 位ロッテルダム港、第 3 位神戸港となっ
ており、第 1 位のニューヨーク港の取扱量でも 173 万 TEU であった。1990 年
頃からこの構造が大きく変化し、東アジア諸国の港湾が上位を独占している。
こうした港別ランキングの変化は、港湾の背後圏の経済発展、港湾への投資、
港湾を利用する船社の意向などさまざまな要因により生じているものと思われ
る。
　2020 年では、上位 5 港のうち 4 港は中国の港湾、あとはシンガポール港と
なっており、2001 年以降、上位 5 港湾は中国を含む東アジア諸国の港湾で占
められている。
　さらに、［図 1-3］は 2020 年の上位港湾（上位 10 位のうちロッテルダム港
を除く）と高雄港、東京港の 2001 年から 2020 年までの取扱量推移を見たもの
である。2001 年から 2004 年まで中継拠点港としてトップとなっていた香港港
の取扱量が鈍化し、上海港が 2010 年以降、第 1 位となっている。この背景に
は中国本土の広州港や深圳港に基幹コンテナ航路が就航したことがある。上海
港以外では、寧波港、広州港、青島港、天津港の各港が取扱量を伸ばしてきて
いる。

(2) 国・地域別のコンテナ貨物取扱量

　［表 1-8］に 2020 年のコンテナ取扱量の国・地域別ランキング（上位 20 位）

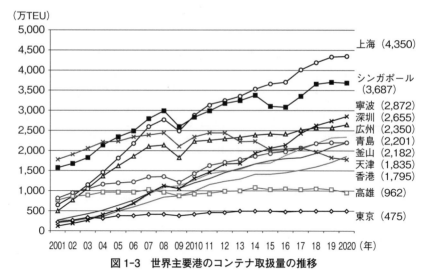

（万TEU）

図 1-3　世界主要港のコンテナ取扱量の推移

（出所）1.日本港湾協会『数字でみる港湾』（各年版）、オーシャンコマース『国際輸送ハンド
　　　　ブック』（各年版）。
　　　2.2010 年は "Containerisation Yearbook 2012"。
　　　3.2017 年と 2018 年は日本海事新聞（2018 年 4 月 10 日、2019 年 4 月 12 日）。
　　　4.2019 年と 2020 年は［表 1-6］に同じ、東京港は『数字でみる港湾』より整理。

を示している。第 1 位は取扱量 2 億 4,510 万 TEU の中国であり、取扱量 5,496
万 TEU の米国を大きく引き離している。この 2 国に続くのは、第 3 位が 3,687
万 TEU のシンガポール、第 4 位が 2,843 万 TEU の韓国であり、上位 19 位ま
での国・地域は 1,000 万 TEU を超えている（2005 年では 8 位まで）。わが国
は取扱量 2,139 万 TEU で第 6 位である。

　取扱量とランキングの関係では、上位 20 位の国・地域のうち 10 の国・地域
が東アジアである。［表 1-8］に示されている東アジア諸国の概要については、
第 2 章以降で国別に詳しく論じている。

　この国別ランキングについても、［表 1-9］に 1975・1985・1995・2005・2020
年のデータを示している。75 年から 95 年まで米国は一貫して 1 位を占めてい
たが、2005 年には 2 位に転落し、代わって中国が第 1 位となっている（実際
は 1998 年から逆転）。95 年には米国を除く 4 国が東アジア諸国になっている
ことも注目される。先に述べた港別ランキングと同様、東アジア諸国とりわけ、
中国の急成長が著しいことが指摘される。2020 年データではわが国は上位 5

表 1-8 国・地域別ランキング表（2020年）

順位	国・地域名	万 TEU	対世界（%）
1	中　　国	24,510	30.7
2	米　　国	5,496	6.9
3	シンガポール	3,687	4.6
4	韓　　国	2,843	3.6
5	マレーシア	2,666	3.3
6	日　　本	2,139	2.7
7	Ｕ　Ａ　Ｅ	1,930	2.4
8	ド　イ　ツ	1,803	2.3
9	香　　港	1,797	2.2
10	スペイン	1,737	2.2
11	イ　ン　ド	1,629	2.0
12	台　　湾	1,459	1.8
13	オランダ	1,452	1.8
14	ベルギー	1,407	1.8
15	インドネシア	1,403	1.8
16	ベトナム	1,242	1.6
17	ト　ル　コ	1,164	1.5
18	ブラジル	1,038	1.3
19	タ　　イ	1,021	1.3
20	イタリア	980	1.2

（注）世界合計は 79,887 万 TEU である。
（出所）UNCTAD「Container port throughput, annual 2010–2020」
　　　日本港湾協会［2022］『数字でみる港湾』。

表 1-9 国・地域別ランキング推移　　　（単位：万 TEU）

順位	1975年		1985年		1995年		2005年		2020年	
1	米　　国	527	米　　国	1,153	米　　国	1,910	中　　国	8,855	中　　国	24,510
2	日　　本	187	日　　本	552	中　　国	1,723	米　　国	3,852	米　　国	5,496
3	イギリス	139	台　　湾	308	シンガポール	1,185	シンガポール	2,319	シンガポール	3,687
4	オランダ	114	イギリス	289	日　　本	1,060	日　　本	1,678	韓　　国	2,843
5	プエルトリコ	88	オランダ	277	台　　湾	785	韓　　国	1,511	マレーシア	2,666

（出所）CONTAINERISATION INTERNATIONAL Yearbook［1978、1988、1998、2007］、UNC-
　　　TAD「Container port throughput, annual 2010–2020」
　　　日本港湾協会［2022］『数字でみる港湾』。

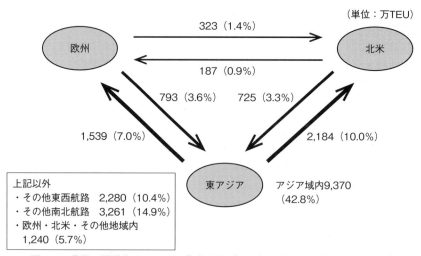

図 1-4　世界の国際海上コンテナ荷動き量（2020年、合計：2億1,902万 TEU）

（出所）日本郵船調査グループ編（2021）『世界のコンテナ輸送と就航状況 2021 年版』より筆者作成。

位から外れている。

　さらに、［図 1-4］は世界の国際海上コンテナの荷動き量を示したものである。全世界合計で 2 億 1,902 万 TEU となっている。このうち東アジア域内の荷動き量が 42.8%、東アジア〜北米が 13.3%、東アジア〜欧州が 10.6% を占めており、東アジア関連航路が世界の全荷動き量の 66.7% を占めている。

1-4　変貌する世界のコンテナ港湾

　東アジア諸国の港湾が台頭するなかで、コンテナ港湾自体はどのように変化しているか見ていくことにする。

(1)　東アジアを中心とするコンテナ港湾の変化

　［表 1-7］、［表 1-9］に示すように、1970〜80 年代は日本および神戸港が上位にランクされていた。この間、わが国は 1967 年 10 月、京浜と阪神に外貿埠頭公団を設置し、積極的にコンテナターミナルを整備してきた。運輸省港湾局は 1985 年「21 世紀への港湾」という最初の長期ビジョンを策定した。このなかで従来の大都市依存の地域構造から地域相互の連携を重視して、中小港湾の

活性化を図る方向性を示した。その後、全国64港（2021年末）に及ぶコンテナ取扱港が形成された。

1990年代に入ると、韓国では第一次港湾開発基本計画（1992～2001年）を策定、中心港湾の基盤整備に重点が置かれ、コンテナ船の大型化への対応やハブ・アンド・スポーク戦略、中国経済の成長への対応が急がれた。釜山港では1995年から新港の整備が進められ、自動化コンテナターミナルや背後の物流団地が整備されている。台湾では、1995年に「アジア太平洋オペレーションセンター計画」[5]、2000年に「グローバル・ロジスティクス発展計画」[6] などが打ち出されていった。このように、わが国近隣のアジアNIEs諸国ではコンテナ港湾の大規模化や背後のロジスティクスパークの整備が急ピッチで進められている。また、90年代は企業の生産活動のなかでロジスティクスやサプライチェーンの概念が取り入れられ、港湾はノードとしての海陸の積替え拠点から企業のサプライチェーンの流れのなかに取り込まれることになった。

2001年のWTO加盟以降、中国がアジア経済のなかで台頭し、［表1-6］、［表1-8］からもわかるようにコンテナ貨物取扱量ではアジアだけでなく世界を動かすまでになっている。

さらに、2020年に発生した新型コロナウイルス感染症拡大は、私たちの生活様式や生産活動のあり方を問うことになった。特に、中国に物流が集中するなか中国政府によるゼロコロナ政策や都市のロックダウンによって物流が停滞し、生産活動に影響を及ぼした。また、経済が回復した時は、海上コンテナ輸送の大幅な遅れによってコンテナが不足し、海上運賃が大幅に上昇した。このなかで、第4章で述べているように中欧班列やシベリア鉄道が伸びている。

また、2022年のRCEP発効を契機に中国西部地域から欽州港を経由しシンガポールに至る西部陸海新通道や中国とベトナム・ラオス・ミャンマーとの鉄道連結など新たな東アジアの物流ルートが構築されつつある。しかし、2022年2月に発生したロシアのウクライナ侵攻によって中国-欧州間の鉄道輸送の

---

5 この構想は、規制緩和によって台湾をアジア太平洋地域の拠点にし、さらに東南アジアや中国への投資基地にすることである。具体的には、自由化・国際化によって台湾に海運・航空・製造・物流・金融・情報の6つの機能を備えたものを構築し、台湾企業と多国籍企業の台湾への投資を促進するものである。

6 この構想の目標は、すべての国際的経済・貿易活動から製品供給、発注、物品船積み、物品販売などを台湾の中で迅速に、かつ便利に完了させることにより、この島国を世界のロジスティクスと経営管理の中心地として発展させることである。

ルート変更など新たな課題も生じている。

(2) 港湾の経営をめぐる環境変化

　国際的な海上輸送量は、グローバル化が本格化し始めた 1980 年の 37 億トンから 2020 年の 115 億トンへと、40 年間で 3 倍に増加した。特に世界の港湾コンテナ取扱量は同じ期間に 3,700 万 TEU から 7 億 9,887 万 TEU へと 22 倍もの急激な増加を遂げている。

　また、コンテナ船の大型化も目覚ましく、1980 年代には 2,500TEU 型であったものが、1990 年代後半から急激に大型化し、現在では 2 万 TEU 型のコンテナ船が建造されている。この時点で、満載時に必要とする岸壁水深は 18m となった。

　各国のコンテナ港湾は、これら急増する貨物量や大型化する船舶を効率よく受け入れるため、施設の拡充やターミナルの効率化に懸命に努めてきた。まさにグローバル化を世界の港湾が支えてきたと言える。

　しかし、そのグローバル化こそが、海陸交通の結節点という伝統的な港湾モデルに基本的な問題を突き付けている。まず港湾の雇用力の低下である。コンテナリゼーションなど荷役の機械化・自動化により、港湾のターミナルで働く労働者数は劇的なまでに減った。コンテナ取扱量が爆発的に増えたにもかかわらず、港湾労働者の数は先進国の多くの港湾でピーク時の半分程度に減っている。貨物の取扱量が増加すれば港湾で働く労働者が増え、地域の雇用を創出するという伝統的な図式は崩れてしまった。

　また、船社やターミナルオペレーターに対して港湾が交渉力を失いつつある。2021 年 8 月末のデータでは、大手 3 船社のコンテナ船船腹量は世界の 46.0% を占めている。また大手ターミナルオペレーター 5 社が世界のコンテナ取扱量の 30.4%（2020 年）を占める。船社やターミナルオペレーターは巨大化、寡占化し市場の支配力を強めている。

　これらのオペレーターは、かつての地元と協力し共に発展する姿勢から、グローバルな経済合理性に基づくようになり、その見直しも頻繁に行われる。

　さらに、サプライチェーンマネジメントの到来である。近年では、グローバルに分業化した生産活動をシームレスにつなぎ、市場での競争力を高めていくためには、高度なサプライチェーンの形成が不可欠となる。港湾がそのターミナルの効率化を改善しても、背後圏に至る港湾を含めたサプライチェーン全体

が最適化されていなくては、港湾そのものが市場から選択される保証はない。つまり、「物流の時代」から「サプライチェーンの時代」[7]への移行は、港湾がターミナルの高度化だけに注力する伝統的な港湾経営[8]からの脱皮を迫っている。今や生産工場における伝統的な製造活動と並んでロジスティクス産業が製品の市場価値を決め、新たな市場価値をも生み出す段階に入った。

こうした広範なロジスティクスサービスに対する需要の高まりは、港湾に新たな役割とチャンスを提供している。港湾が単に海陸輸送を結節する機能にとどまらず、ロジスティクスハブ[9]へと発展する可能性を示している。

伝統的な港湾モデルに危機感を募らせた世界の主要港湾は、すでにこうした方向を目指して動いている。港湾を核とする質の高い広域サプライチェーンを自ら主導して構築するものである。目指すのは、港湾を利用することが製品の市場価値を高める港湾づくりである。荷主のサプライチェーンにとって価値があれば、船社も荷主にその港湾の利用を促し集荷できる。ターミナルオペレーターにとっても、荷主や船社がその港湾の利用に利点を見出すことは、ただちに自分のビジネス拡大を意味する。

こうして地域が港湾経営の主体性を再び取り戻すことになる。何よりも、幅広いロジスティスク産業を発展させることにより、港湾を場とする大きな雇用を創出し、地域経済に雇用や企業立地による税収を生み出すことが再び可能となる。

港湾のロジスティクス戦略は大きく2つのグループから構成される。それは、「ロジスティクスセンター戦略」と「ロジスティクス回廊戦略」[10]である。

まず、ロジスティクスセンター戦略にとって、生産性の高いコンテナターミナルは必須である。ロッテルダム港やハンブルグ港など、大規模なオペレーター

7「物流の時代からサプライチェーンの時代」とは、製品・半製品を安定的・低費用で輸送する物流効率化の時代から原料や部品の調達から販売までの過程全体を効率化する時代に変化していることである。
8「伝統的な港湾経営」とは、コンテナターミナルの大規模化や機械化などハード的な整備を重視した港湾経営のことである。
9「ロジスティクスハブ」とは、大規模なコンテナターミナルのみならず、背後にロジスティクスパークを整備し、港湾が通過点とならない付加価値を生む拠点のことである。
10「ロジスティクスセンター戦略とロジスティクス回廊戦略」とは、コンテナ港湾が拠点性を持ち持続的に発展していくためには、コンテナターミナルの背後地にロジスティクス産業を誘致するためのパークを整備すること、さらに国内外へ輸送するための輸送網の整備が重要である。［図1-5］にイメージ図、［図1-6］に釜山新港の状況を示している。

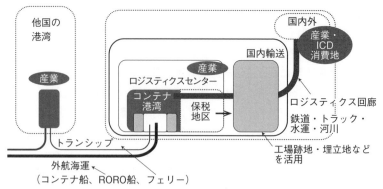

図1-5　ロジスティクスセンターとロジスティクス回廊のイメージ

図1-6　ロジスティクスハブとしての釜山新港

（出所）リブレ・ウッキ：（最終閲覧日：2023年1月13日）
https://librewiki.net/wiki/%EB%B6%80%EC%82%B0%EC%8B%A0%ED%95%AD
（東西大学校・李美永教授より提供）

によるターミナル自動化が世界の流れとなっている。釜山港、青島港や上海港においてもコンテナターミナルの自動化が進められている。

　さらに、荷主は幅広いロジスティクスサービスを必要としている。港湾がその拠点となるため欧州や米国では、主要港すべてがロジスティクスパークを開

図 1-7　青島港黄島地区で稼働中の完全自動化コンテナターミナル
（出所）2019 年 9 月 24 日、筆者撮影。

発している。コンテナターミナルを上回る規模の受け皿をつくり、国際的なロ
ジスティクス企業の集積を図っている。同様の動きは東アジア諸国の港湾でも
1990 年代後半から進められている。わが国港湾では横浜港と神戸港の将来計
画でロジスティクスセンターの整備が位置づけられている。

　このようななかで、2020 年 11 月、韓国海洋水産部は 2030 年までの韓国港
湾の中長期ビジョンと開発計画を盛り込んだ「港湾政策の方向と推進戦略」を
発表した。このなかで、「グローバルな競争力を備えた高付加価値デジタル港

湾の実現」を取り上げ、港湾物流のデジタル化、継続的なインフラ投資を通じた港湾の国際競争力強化、持続可能性の向上という3つの戦略を推進するとしている[11]。

　一方、ロジスティクス回廊戦略とは背後圏へのアクセス強化である。さまざまなニーズに合わせた輸送手段の選択ができるようマルチモーダルの回廊づくりが盛んである。欧州、米国の主要港湾は、背後圏の各地と結ぶ道路や鉄道、内陸水路のハード、ソフト整備を積極的に進めている。

　中国政府は、2013年に習近平主席が提唱した一帯一路構想をさらに深化させ、日本や韓国の貨物も集荷し、欧州向けの新たな選択肢に加えようとしている。このように、欧米だけでなく、東アジア地域においてもロジスティクス回廊の整備は着々と進展している。

　今後は、各港の関係者が官民問わず一丸となって、どれだけの付加価値を利用者に提供できるかということが重要となってきている。

【参考文献】
一般社団法人日本貿易会『日本貿易の現状』（2007年版、2021年版）
遠藤環・伊藤亜聖・大泉啓一郎・後藤健太編（2018）『現代アジア経済論』有斐閣ブックス
オーシャンコマース『国際輸送ハンドブック』（各年版）
男澤智治（2017）『港湾ロジスティクス論』晃洋書房
男澤智治（2021）「新型コロナウイルス下における企業のサプライチェーンや物流への影響」『九州国際大学　国際・経済論集』第8号、83-84ページ
外務省・財務省・農林水産省・経済産業省（2022）「地域的な包括的経済連携（RCEP）協定」2022年4月
経済産業省『通商白書2014』、『通商白書2020』
小林照夫・山上徹監修（2004）『国際物流と港湾　現代港湾シリーズⅡ』第4章「アジア諸国の輸出加工区と港湾」43-60ページ
日本港湾協会『数字でみる港湾』（各年版）
日本港湾協会港湾政策研究所「港湾物流情報-コンテナ貨物量上位100港の一覧表2019年」
日本郵船調査グループ編（2021）『世界のコンテナ輸送と就航状況　2021年版』日本海運集会所
深見環（2016）「アジアにおける域内分業の進展と貿易構造の変容」『四天王寺大学紀要』第61号、2016年3月、285-297ページ
日本海事新聞「変貌する世界の港湾と日本の戦略①」井上聰史、2015年2月27日
日本海事新聞「2020年世界のコンテナ港トップ100」、2021年9月7日
日本経済新聞「台湾統一「必ず実現」」、2022年10月17日朝刊
日本経済新聞「世界経済　薄まる悲観論」、2023年2月1日朝刊

---

11 日本海事新聞「韓国海洋水産部　釜山第2新港　22年着工　30年までの港湾政策発表」（2020年11月24日記事）。

InformaUK "Containerisation International Yearbook"（各年版）

World Economic Outlook Database, April2021（IMF）：
https：//www.imf.org/en/Publications/WEO/weo-database/2021/April（最終閲覧日：2021 年
　9 月 7 日）
UNCTAD, UNCTAD STAT：
https：//unctadstat.unctad.org/EN/（最終閲覧日：2021 年 9 月 7 日）

第2章　日本のコンテナ港湾戦略と主要港の概要

2-1　概　　説

(1)　本章の目的と「コンテナ港湾戦略」の定義

　日本のコンテナ港湾を考察するにあたり、「戦略」という概念が重要となる。「戦略」とはある特定の環境への対応であり、「戦略」の主体の組織能力に大きく依存する。そこで本章では、日本の主要コンテナ港湾が置かれている港湾間競争の構図＝環境を確認したうえで、それへの対応としての日本の主要コンテナ港湾のコンテナターミナル運営戦略の内容について組織的特徴をもとに整理する。

　本章では、議論が拡散しないように、コンテナ港湾戦略をコンテナ貨物の集荷を目的としたものと狭く規定する。そして、戦略主体は主にコンテナターミナルオペレーター、およびそれを支える港湾運営会社と地元港運業界に限定する。なお、本章で取り上げるのは神戸港と名古屋港である。その理由は、次のような比較的明確なコンテナ港湾「戦略」が見られることによる。すなわち、神戸港については国有港湾化され港湾運営会社制度が最も純粋に適用された港湾であるとともに、後述するように西日本全体に集荷圏が広がっていたことから、地方コンテナ港の神戸港からの自立化戦略という挑戦に対抗し続けてきたこと、ターミナル運営体制の変容が明確に見られることである。また、名古屋港については、早くから地元港運業界主体のコンテナターミナル運営が確立していること、そのもとで自動化ターミナルの整備等、特徴のある港湾運営戦略を示していることである。

(2)　日本のコンテナ貨物取扱動向とその構造的特徴

　日本の主要港のコンテナ港湾戦略が問われる背景には、言うまでもなく日本のコンテナ港湾の「国際競争力低下」の問題が存在する。以下ではこの問題の実態を整理してみよう。

①　鈍化するコンテナ貨物取扱増加量

　［表2-1］は、日本主要港のコンテナ貨物取扱量の変化とその世界ランクを示したものである。この表からもわかるように、日本の主要コンテナ港はコンテ

表2-1　日本港湾の国際的地位の「低下」 （単位：万TEU）

	1985年	1994年	2007年	2021年
1位	ロッテルダム 265	香　港 1,127	シンガポール 2,876	上　海 4,703
2位	ニューヨーク/ニュージャージー 240	シンガポール 1,060	上　海 2,615	シンガポール 3,747
3位	香　港 229	高　雄 520	香　港 2,388	寧　波 3,107
4位	高　雄 190	ロッテルダム 448	深　圳 2,110	深　圳 2,877
5位	神　戸 185	プサン 370	プサン 1,327	広　州 2,418
6位	シンガポール 170	神　戸 270	ロッテルダム 1,079	青　島 2,371
7位	ロングビーチ 144	ハンブルグ 270	ド バ イ 1,065	釜　山 2,271
8位	アントワープ 135	ロサンゼルス 258	高　雄 1,026	天　津 2,027
9位	横　浜 132	ロングビーチ 255	ハンブルグ 990	香　港 1,780
10位	ハンブルグ 116	横　浜 239	青　島 946	ロッテルダム 1,530
11位	基　隆 116	アントワープ 225	寧　波 936	ド バ イ 1,374
12位	釜　山 115	ニューヨーク・ニュージャージー 217	広　州 920	ポートクラン 1,372
13位	ロサンゼルス 110	基　隆 190	ロサンゼルス 836	厦　門 1,205
14位	東　京 100	ド バ イ 187	アントワープ 818	アントワープ 1,202
15位	ブレーメン/ブレーメルハーフェン 99	フェリクストウ 180	ロングビーチ 731	タンジュン・ペラパス 1,120
16位	サンホアン 88	東　京 172	天　津 710	ロサンゼルス 1,068
17位	オークランド 86	サンホアン 155	ポートクラン 709	高　雄 986
18位	フェリクストウ 85	オークランド 150	タンジュン・ペラパス 550	ロングビーチ 938
19位	シアトル 85	ブレーメン/ブレーメルハーフェン 142	ニューヨーク/ニュージャージー 540	ニューヨーク/ニュージャージー 899
20位	ボルティモア 71	シアトル 137	ブレーメン/ブレーメルハーフェン 489	ハンブルグ 872

東　京　46位：433
横　浜　72位：286
神　戸　73位：282
名古屋　77位：273
大　阪　82位：243

（注）日本の港湾は内航フィーダー貨物が含まれている。
（出所）『Containarization International Yearbook』各年版および日本港湾協会資料より作成。

表 2-2　日本のコンテナ貨物取扱い動向―実入コンテナと空コンテナの比較

（単位：TEU）

	総計	合計（実入）				輸出計		
			輸出	輸入	輸出入差		空	空比率
1990年	7,344,344	6,274,467	3,150,453	3,124,014	26,439	3,664,246	513,793	14.0
1995年	10,070,156	8,342,015	3,713,153	4,628,862	− 915,709	4,975,786	1,262,633	25.4
2000年	12,685,410	10,093,211	4,199,550	5,893,661	− 1,694,111	6,240,067	2,040,517	32.7
2005年	15,764,177	12,713,526	5,457,715	7,255,811	− 1,798,096	7,834,092	2,376,377	30.3
2007年	17,162,815	13,807,490	6,177,617	7,629,873	− 1,452,256	8,519,762	2,342,145	27.5
2010年	16,853,500	13,548,808	5,880,731	7,668,077	− 1,787,346	8,287,629	2,406,898	29.0
2015年	17,291,066	13,653,495	5,627,077	8,026,418	− 2,399,341	8,634,318	3,007,241	34.8
2018年	18,904,934	14,879,807	6,088,501	8,791,306	− 2,702,805	9,446,860	3,358,359	35.6
2021年	17,914,664	14,072,187	5,544,235	8,527,952	− 2,983,717	8,913,594	3,369,359	37.8

（出所）港湾近代化促進協議会資料より筆者作成。

ナ貨物取扱量を増加させてはいるが、中国をはじめとする他の東アジア諸国の主要港湾と比べてその増加量がきわめて少ない。これが日本のコンテナ港湾の「国際競争力」の低下の表れであるとされてきた。また、それは日本の主要コンテナ港湾の経営戦略の不備の証ともされてきた。ただし、神戸港が上位にランクされていた時期と比べて、現在はコンテナ貨物取扱量が膨大なものとなっている。このことからもわかるように日本の主要コンテナ港の世界順位の低下は、東アジア経済における日本経済のプレゼンスの低下を反映したものである。

②　日本発着貨物の伸び悩みと輸入超過の定着

　コンテナ貨物を実入・空に分けて見てみると、日本から輸出される実入コンテナ貨物は 2008 年のリーマン・ショック前の水準に戻っていない［表 2-2］。また、コンテナ貨物に占める空コンテナの比率が、1990 年の 15% 程度から近年の 40% 前後と、過去 30 年間の間に着実に上昇しており、輸出入インバランス＝輸入超過も傾向的に激しくなっている。これは、日本から輸出するものがなくなりつつあると同時に、輸入増が常態化していることを示している。さらに、この現象を掘り下げてみると、かつて国内生産していたものが、生産拠点が海外に移転することで輸入に転化している、すなわち、製造業の空洞化と日本経済のプレゼンスの低下を、コンテナ物流面から表現したものとなっている。

③　貨物の分散の進展

　また、日本のコンテナ港湾は 3 つの意味で過度な分散に陥っている。1 つ目

表2-3　輸出コンテナ貨物の5大港依存度の変化

（単位：トンベース／％）

	1979年	1989年	1998年	2008年	2013年	2018年
北海道	65.1	38.4	39.2	24.7	19.0	8.3
東　北	99.4	97.7	78.7	76.1	65.6	60.3
北　陸	99.8	94.1	79.4	61.4	51.9	45.1
中　国	98.7	88.9	60.2	41.1	40.3	41.3
四　国	99.9	97.7	86.8	73.0	55.1	58.5
九　州	95.7	56.9	23.1	9.4	8.8	10.0
沖　縄	100.0	8.6	8.0	0.5	1.8	0.1

（出所）国土交通省等『全国コンテナ貨物流動調査』各年版より筆者作成。

表2-4　輸入コンテナ貨物の5大港依存度の変化

（単位：トンベース／％）

	1979年	1989年	1998年	2008年	2013年	2018年
北海道	99.0	48.1	29.5	16.0	11.8	11.7
東　北	100.0	94.9	73.4	52.7	50.6	46.6
北　陸	99.4	81.3	42.6	36.0	28.8	23.4
中　国	97.1	81.9	56.3	35.2	31.3	33.7
四　国	96.9	85.8	68.0	53.1	38.7	39.9
九　州	86.5	36.0	9.9	4.2	4.0	6.8
沖　縄	43.8	27.0	5.1	4.6	2.8	1.8

（出所）［表2-3］に同じ。

は、日本全国でコンテナ港湾が60港を越えるという過度な地方分散状態であること、2つ目は、主要港が「5大港」と称せられるように神戸港、大阪港、名古屋港、横浜港、東京港の5つもあること、3つ目は、5大港のなかにも複数のコンテナターミナルが存在し、それぞれが競争していること、である。その結果として、5大港も含めて日本のコンテナ港湾の集荷圏は空間的に限定されたものとなっており、日本国内にはいわば「狭域物流圏」が形成されている。［表2-3］、［表2-4］を見ればわかるように、地方圏の生産・消費貨物が5大港を経由して輸出入される比率は傾向的に低下しており、5大港の集荷圏が徐々に縮小しつつある。

④　日本港湾のフィーダー港化

　少し古い数字になるが、［表2-5］を見ると地方コンテナ港だけでなく5大港も海外トランシップ比率が徐々に高まっている。海外トランシップ比率の上

表 2-5　日本発着貨物の海外トランシップ比率の上昇

(単位：トンベース／%)

調査年	日本港湾全体	スーパー中枢港湾	地方港
1998 年	5.4	2.7	18.3
2003 年	15.6	10.3	37.1
2008 年	18.0	12.3	41.5

（出所）［表 2-3］に同じ。

昇とは、たとえば釜山港やシンガポール港、上海港等をハブ＝積替拠点とするフィーダー港化が進んでいるということである。これは、直接的には 5 大港に寄港する欧米基幹航路が 1990 年代以降、大幅に減少していること、間接的には日本発の欧米向け貨物が減っていることによる。さらに、根本的には日本経済が中国を中心とする東アジア経済の中に取り込まれるなかで製造業が空洞化していることによる。

(3)　日本のコンテナ港湾政策の変遷
①　「分散」から「集中」へ

　日本の主要コンテナ港のコンテナ貨物取扱量の伸び悩みや機能低下に対応して、日本の港湾政策も変化してきた。地方港のコンテナターミナルは、1980年代までは 5 大港、とりわけ神戸港の内航フィーダー港として整備された。たとえば、北九州港や広島港等の地方港コンテナターミナルは、神戸港をハブ港とする瀬戸内内航フィーダーネットワークの一部として機能していた。

　しかし 1980 年代中頃以降、博多港コンテナターミナルの整備をその典型的な例として、海外主要コンテナ港湾にハブ機能を移転させて、国際コンテナ航路を開設する地方港が一般化していくようになる。この動きを後押ししたのが、1995 年に始まった「大交流時代を支える港湾」政策である。当該政策は、阪神淡路大震災の年に開始されたこともあり、神戸港等の大港湾が機能停止した際の代替物流ルートを地方港のコンテナ港湾化で用意するという性格をもつものであった。その結果、日本には 60 を越えるコンテナ港湾が乱立することになる。

　その後、神戸港をはじめとする日本主要港の「国際競争力低下」が問題視されるようになると、港湾政策は「集約」という方向性をもつようになる。その最初のものが、2005 年から始まったスーパー中枢港湾プロジェクトである。当

該港湾政策では「スーパー中枢港湾」に港湾整備予算を集中し、コスト競争力があるターミナルオペレーター＝メガターミナルオペレーターとして港運系オペレーターを育成するとともに内航フィーダー網を整備して集荷力を高めることを企図した。当該政策では前述した3つの分散のうち、地方港への分散と5大港内部の分散を是正することが試みられたと言える。その後、「集約」という側面に関しては2010年に始まった国際コンテナ戦略港湾政策にも引き継がれていくことになる。そして、コンテナターミナルの国費での買取＝国有化と内航フィーダー輸送補助が当該政策の2つの柱となる。

②　「集中」の限界

ただし、これら2つの「集約」政策においても現実には、コンテナターミナル運営コストが劇的に低下することはなかった。そのため、スーパー中枢港湾およびメガターミナルオペレーターあるいは国際コンテナ戦略港湾が、強力な集荷力を発揮しているわけではない。

その理由として、日本は東西南北に細長い国土をもつことから、日本全体で取り扱っている約1,800万TEUのコンテナ貨物取扱個数を1港湾ないしは2港湾にすべて集約することは困難であること、加えて企業のサプライチェーンがグローバルに拡散しているため日本国内に分散配置された工場の国際的な海上窓口を1〜2港湾に限定する必然性がないこと、そもそも日本で発生する輸出貨物が増えないこと等があげられる。

(4)　ターミナル経営の変化

①　船社主導のターミナル運営から港運主導の運営への重点移行

もともと日本の主要港の多くのコンテナターミナルは単一の船社が借り受け、その船社が主導する形で運営されてきた。そこでは、ターミナルオペレーターは船社の子会社である船社港運が担ってきたことから、日本のコンテナターミナルは船社ターミナルであり、船社はその管理下にあるコンテナターミナルをかつてはコストセンターとして位置づけてきた。船社ターミナルは、コンテナ船荷役を迅速・確実・安全に行い、コンテナ船のスケジュールを維持することが最優先され、次いでコンテナターミナル運営コストを極小化することが求められた。この体制は、日本経済が東アジア経済の中心であり、日本が最大の貨物発生国であるという条件のもとでは有効に機能した。しかし、この条件がなくなると、規模も生産性も中途半端な状況をもたらす要因に転化した。

　スーパー中枢港湾プロジェクトとそこでのメガターミナルオペレーター制度は、このようなコストセンター型船社ターミナルではなく、プロフィットセンター型港運ターミナルを育成する政策であった。また、それまでいわゆる「若狭裁定」によって名目的には、船社にのみコンテナターミナルの借り受けが可能とされていたものを、港運事業者も可能とすることを法的に認知するものであった。その後、国際コンテナ戦略港湾政策において、国際コンテナ戦略港湾ではメガターミナルオペレーター制度は廃止され、港湾運営会社制度に切り替わった。そして、船社のコンテナターミナルビジネスからの撤退と相まって、日本の主要コンテナ港のコンテナターミナルの主役は港運事業者へと交代していく。

(5)　日本の主要コンテナ港湾をめぐる競争の構図

　1980年代以降、地方コンテナ港のほとんどが、その港湾戦略として明確に脱国内主要港化を進めた。それは地方コンテナ港が5大港と同じ機能をもつことを意味したのではなく、他国の主要コンテナ港湾、最初は釜山港、シンガポール港や台湾の高雄港、それに続いて中国の上海港をはじめとする巨大コンテナ港湾のフィーダー港と位置づけられることで「国際」コンテナ港湾になり、集荷力を向上させていくという戦略であった。つまり、ハブ港を国内主要港から海外主要港に転換させることで、日本の主要コンテナ港から地元貨物を奪い「国際化」を達成するというきわめてシンプルかつ明確な戦略を実行していったのである。この背景には、コンテナ貨物が日本国内の内陸部倉庫や工場でコンテナ詰めされる、あるいはコンテナ出しされることが一般的になったことがある。日本の地方コンテナ港湾の成長戦略は、国内的には内陸部の倉庫・工場と、国外では東アジア主要港との連携によって可能となったのである［図2-1］。そして、それはそのまま5大港の集荷圏の縮小をもたらした。

　今まで見てきたように、日本の主要コンテナ港湾が直面している問題を大きく分けると、①日本経済の停滞による輸出貨物の伸び悩み、②列島という東西南北に細長い国土による特定港湾への貨物の集約の難しさ、③港湾内外におけるコンテナターミナルの過剰な整備とそれによる貨物分散の助長、④港湾政策の限界、⑤これらが複合した東アジア巨大コンテナ港と国内他港湾および内陸物流拠点との間の競争と連携の構図の定着、である。そしてこれらに加えて、近年は日本の主要コンテナ港への欧米基幹航路の減少によって、日本の主要コ

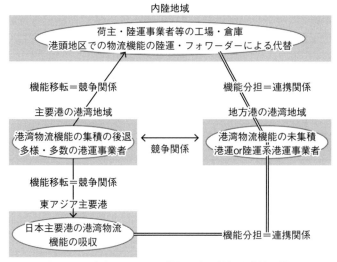

内陸地域

図2-1　日本主要コンテナ港をめぐる競争と連携の構図

（出所）津守貴之［2017］。

ンテナ港は航路の多様性を失っている。また、混載貨物取り扱いについても、地方コンテナ港が海外巨大コンテナ港での再混載サービスを利用することでサービス差別化が難しくなってきている。

　このような制約条件があるなかで、港湾管理者・港湾運営会社およびターミナルオペレーター、港運事業者がどのような戦略をとっているのか、早くからコンテナターミナル運営の改革に乗り出した神戸港と独特の仕組みをもつ名古屋港を事例にして見てみよう。

2-2　神戸港－民間コンテナターミナルオペレーターと港湾運営会社

（1）神戸港におけるコンテナターミナルオペレーターの成長と集荷戦略の展開

①　神戸国際コンテナターミナル（KICT）と共同運営

　KICTは、最初に商船三井が1974年3月にPC7、8、9でコンテナターミナルを借り受け、運営を開始し、その後、1996年にPC14、15に移転し、現在はさらにPC16、17に移転している。1996年4月にPC14、15に移転した際は、それまでの神戸港がもつ北東アジアのハブ港としての特徴を活用したコンテナターミナルとして運営されることが期待された。しかし、その1年以上前の阪

表 2-6　輸出コンテナ貨物の神戸港依存度の変化

（単位：トンベース／％）

	1975年	1989年	1998年	2008年	2018年
北　陸	43.6	48.0	33.7	19.3	11.0
中　部	22.7	9.8	2.6	1.5	1.3
近　畿	81.1	72.4	58.6	58.6	52.5
中　国	73.1	74.9	51.0	33.0	36.3
四　国	87.6	81.4	66.1	54.0	47.5
九　州	78.3	44.3	18.5	7.2	8.3

（出所）〔表 2-3〕に同じ。

表 2-7　輸入コンテナ貨物の神戸港依存度の変化

（単位：トンベース／％）

	1975年	1989年	1998年	2008年	2018年
北　陸	22.6	22.7	7.4	4.8	1.7
中　部	26.1	15.1	2.7	0.9	0.4
近　畿	84.9	69.0	44.1	35.9	33.0
中　国	35.8	64.0	45.0	29.9	30.2
四　国	27.1	62.6	55.6	43.2	33.0
九　州	88.7	26.3	7.2	2.7	6.0

（出所）〔表 2-3〕に同じ。

神淡路大震災を直接的な契機として、神戸港の集荷力が大幅に低下する。〔表2-6〕、〔表 2-7〕にあるように、北陸、東海西部から西の、広い意味での西日本から集まっていた貨物が神戸港に集まらなくなった。それは、名古屋港が神戸港から「自立」したこと、北九州港や博多港をはじめとする地方コンテナ港が、釜山港等をハブ港とする新たな東アジア域内コンテナ港湾ネットワークに参加したこと等による。そのため、商船三井 1 社で集荷したコンテナ貨物だけで連続 2 バースのターミナルで稼働率を上げることは困難になった。そこで、商船三井とその船社港運である商船港運および作業会社の住井運輸は、他の港運事業者である住友倉庫、山九、ニッケルエンドライオンズの 3 社を KICT に誘致して、2002 年 7 月からコンテナターミナルを共同で運営する体制に移行した。

　また、商船三井グループは、コンテナターミナル経営体制の効率化を図りコ

ストを下げるとともに、神戸港に瀬戸内圏のコンテナ貨物を集約するための内航フィーダーネットワークのコスト構造の見直しも進めた。たとえば商船三井はコンテナ船の運賃を、商船港運はコンテナターミナル料金を、現場作業を担当する住井運輸は荷役料金を、内航フィーダー船社である井本商運は内航フィーダー運賃をそれぞれ一定程度引き下げた。それにより、瀬戸内圏の地方コンテナ港が、釜山港をハブ港とする輸送ルートと同等以下の料金を荷主に提示する等の試みを断続的に行ってきた。

②　上組神戸コンテナターミナル（KGCT）の整備と運営

　一方で、スーパー中枢港湾プロジェクトが開始される直前に港運大手の上組は、神戸港 PC18 ターミナルを単独で借り受ける。これは前述した「若狭裁定」と呼ばれた船社によるコンテナターミナル運営の独占を打破した動きであるとともに、日本のコンテナターミナルが、船社のコストセンターではなく、港運のプロフィットセンターとなる先行モデルとなった。港運事業者は、港湾物流作業をサービスとして販売する事業者である。そして、港運ターミナルは多数の船社を誘致することができるため、ターミナルの稼働率を高めることが可能である。

　そして、KGCT も KICT と同様に瀬戸内圏における内航フィーダー輸送による集荷力強化に乗り出す。

　最初の構想は、KGCT が供用開始された当初のもので、瀬戸内海を航行する内航船の船腹の空きスペースを借りて、KGCT にコンテナ貨物を集荷するというものであった。次はスーパー中枢港湾プロジェクトの時期に、単体では内航船よりも建造・運航コストが安く、大量輸送が可能なバージ（はしけ）による瀬戸内集荷の仕組み構築が試みられた。さらに、国際コンテナ戦略港湾政策に移行すると、西日本内航フィーダー合同会社の設立と同社による瀬戸内集荷が行われた。これは、当該会社に神戸港および瀬戸内の港運事業者が共同出資することで、出資会社が取り扱っているコンテナ貨物を集荷し、神戸港の出資会社運営ターミナルで荷役できる仕組みであった。これらの取り組みは、神戸港をハブとする外航船社の神戸港寄港停止や港湾政策の中断、あるいは出資会社の間での貨物（荷主）情報の取り扱いの調整不備と航路スケジュールの調整の難しさ等によって、結果的には頓挫した。

　KICT は、他の港運事業者を誘致することで間接的に船社も誘致し、KGCT は直接的に複数の船社を誘致している。両方とも直接、間接を問わなければ複

図 2-2　神戸港

数の船社を誘致することで、ターミナルの生産性を向上させる戦略をとっている。また、内航フィーダーネットワーク充実の試みの背景として、①神戸港の直近の後背地である関西経済の低迷による発生貨物量の減少、②そもそも神戸港が西日本全域を集荷圏としていたこと、③神戸港コンテナターミナルの稼働率を上げて生産性向上を達成するためには、広域集荷が必要であることがあげられる。この広域集荷の仕組みは、個別船社あるいは港運事業者の戦略としては、展開が簡単ではなかったといえる。それに対して、国際コンテナ戦略港湾政策の展開に対応して設立された港湾運営会社である阪神国際港湾株式会社は港湾政策を背景に広域集荷を制度化していくことになる。

(2) 阪神国際港湾株式会社の設立とその戦略

① 阪神国際港湾設立とその背景

　阪神国際港湾株式会社は、神戸港埠頭株式会社と大阪港埠頭株式会社を国際コンテナ戦略港湾政策の枠組みのなかで統合し、2014 年 10 月 1 日に設立された港湾運営会社である。同社は国が 34.2％、神戸市・大阪市がそれぞれ 30.8％、残りを 3 メガ銀行が出資する部分的国有会社であり、神戸市、大阪市もその経営に関与する出資構成になっている。阪神国際港湾が設立されるに至った経緯を概観すると下記のようになる。

　かつて神戸市は「神戸市株式会社」と呼ばれたように、六甲山脈を削り、住宅地・各種工業・商業団地を整備するとともに、そこで発生した土砂で神戸港のコンテナターミナルの埋め立てを行い、船社を誘致した。そこでは産業、住宅地とコンテナターミナルの同時整備によってさまざまな産業を誘致するとともに、それがもたらす土地売却益によってさらなる造成地を整備するという好循環が見られた。神戸港埠頭公社による神戸港コンテナターミナル運営は、この「神戸市株式会社」の活動のなかに組み込まれていたといえる。

　しかし 1980 年代後半以降、日本企業の海外進出の増加と人口増の鈍化等に

より、上記の好循環に翳りが見えてきた時に、1995年の阪神・淡路大震災が起こる。神戸港は、大震災以前から徐々に進行していた集荷圏の縮小と地元関西圏の製造業の空洞化、そして北東アジアからのトランシップ貨物の減少が、大震災によって一気に加速することになる。そして、震災後の神戸港復旧は、神戸港コンテナターミナルのダウンサイジングをともなわない文字通りの「復旧」であり、貨物が減るなかでターミナル施設の過剰が顕在化する。前述したKICTの共同運営やKGCT供用開始はこのような状況のもとで進められた。

　一方で、神戸港「復旧」は膨大な予算を投入したことから、神戸港埠頭公社は多額の負債を抱えることになる。そしてこれが神戸市財政を大きく圧迫した。スーパー中枢港湾プロジェクトおよび国際コンテナ戦略港湾政策は、神戸港埠頭公社の資産を国費で買い上げ、同公社の負債を軽減することも裏の目的の１つとなった。とりわけ、国際コンテナ戦略港湾政策のもとで国費による同公社資産の買い上げは急速に進み、同公社の負債は精算されることになる。

②　阪神国際港湾の港湾戦略

　債務を清算して施策展開が容易になっただけではなく、阪神国際港湾は国と神戸市・大阪市の出資会社としてこれら３者から集荷戦略を展開する際に一定の補助を受けることになる。そして、西日本一帯を集荷圏として設定し、内航フィーダー輸送で神戸港に地方コンテナ港発着貨物を集荷するネットワークを構築することへのインセンティブ措置（補助金）を展開している。具体的には、国が50％の補助をする「国際戦略港湾競争力強化対策事業」を使って、外航コンテナ航路の誘致や内航フィーダー航路の競争力強化、さらには荷主向け補助金制度を展開している。近年の特徴は荷主に直接、集荷アプローチをしていることと、アジア航路も補助対象としていることである。後者については、神戸港がすでに釜山港等の近隣東アジアの巨大コンテナ港と真正面から競争することが難しいという、現状を直視した施策であることを示している。これら集荷措置が、KICTやKGCTによるかつての瀬戸内集荷の試みを肩代わりするものとなっている。

2-3　名古屋港－名古屋港運協会と２つの民間ターミナル：NUCT、TCB

(1)　名古屋港運協会主導での港湾運営体制

　名古屋港は、神戸港や横浜港等の船社主導で発展してきた商業港湾ではなく、後背地に立地するメーカー等の荷主の物流需要に対応して成長してきた産業港

表 2-8　日本各ブロックの貨物量シェア

（単位：トンベース／％）

		輸出	輸入
環日本海地		5.7	5.1
	北海道	0.9	1.6
	西東北	0.8	0.4
	北陸	3.4	2.8
	山陰	0.6	0.3
九州・山口		11.4	8.8
拡大関東圏		27.7	39.4
	東東北	3.2	2.3
	関東	24.5	37.1
東海		31.3	19.8
瀬戸内圏		23.7	26.6
	近畿	15.2	20.9
	山陽	5.8	4.0
	四国	2.7	1.7
沖縄		0.3	0.3

（注）西東北とは秋田、山形両県、北陸は新潟、富山、石川、福井4県、山陰は鳥取、島根両県、東東北は青森、岩手、宮城、福島4県、東海は山梨、長野、岐阜、静岡、愛知、三重の6県、山陽は岡山、広島両県。
（出所）国土交通省『全国コンテナ貨物流動調査』2018年版より筆者作成。

湾である。そのため、名古屋港はこれまでは、後背地である東海地域の貨物、特に輸出貨物の取り扱いの効率化に重点を置いてきた。［表2-8］にあるように、東海地域は日本最大の輸出貨物発生地点である。また［表2-9］を見るとわかるように、名古屋港は日本からの実入コンテナ貨物の輸出の2割を取り扱っている。

　しかしかつては名古屋港は、西の神戸港、東の横浜港の間にあり、貨物がある時だけ定期船が寄港する「中間港」という位置づけであった。貨物量の増減が激しかったことから、名古屋港の港運事業者は互いに自社所属の港湾労働者を融通して波動性の大きさに対応する仕組みを早くから作っていた。また、貨物量が不安定であることから、名古屋港には船社がコンテナターミナルを単独で借り受けることはなかった。NCBターミナルが当初は日本船社6社、その後の統合で3社による共同借受という変則的な形で始まったことが、このことを端的に物語っている。これらのことから、コンテナターミナル運営は、船社と荷主と港運事業者の3者のバランスによって担われてきた。その中でも主導性を発揮してきたのが、地元港運事業者を中核とする名古屋港運協会である。とりわけそのターミナル部会が、名古屋港のコンテナターミナル全体の運営の実務を取り仕切っている。

　以下では2つのコンテナターミナル運営会社、荷主が出資している飛島コンテナ埠頭株式会社（以下、TCBと略）と港運事業者主導で設立された名古屋ユナイテッドコンテナターミナル株式会社（以下、NUCTと略）の戦略を見る。

表 2-9　５大港の輸出コンテナ貨物量と構成比（2021年）（単位：TEU）

		輸出全体	実入のみ	空のみ	空比率
東京港		1,970,341	927,087	1,043,254	52.9%
	構成比	22.1%	16.7%	31.0%	
横浜港		1,368,247	979,595	388,652	28.4%
	構成比	15.4%	17.7%	11.5%	
名古屋港		1,323,728	1,060,902	262,826	19.9%
	構成比	14.9%	19.1%	7.8%	
大阪港		961,632	407,655	553,977	57.6%
	構成比	10.8%	7.4%	16.4%	
神戸港		1,147,823	917,365	230,458	20.1%
	構成比	12.9%	16.5%	6.8%	
日本全体		8,913,594	5,544,235	3,369,359	37.8%
	構成比	100.0%	100.0%	100.0%	

（注）構成比は日本全国の取扱量に占める割合。
（出所）港湾近代化促進協議会『外貿コンテナ集計 2021 年 1 月 − 12 月』。

(2) 飛島コンテナ埠頭株式会社（TCB）

TCB は 2003 年 7 月に設立されたコンテナターミナル運営会社で、トヨタ自動車が 100% 出資している飛島物流サービスが 30% を出資し筆頭株主になっており、それ以外には邦船 3 社と名古屋港の港運事業者 6 社が出資している。TCB はガントリークレーンや

図 2-3　名古屋港

ゲート、管理棟等の上物施設を独自に整備することで自動化機器・施設である遠隔操作 RTG と自動搬送機（AGV）およびその前提となる情報システムを導入するとともに、ターミナル料金を自前の施設整備をもとに自己裁量で決めることができる環境を整えた。このように TCB は、①情報システムによる一元管理の徹底を基盤とした自動化コンテナターミナルであること、②船社ターミナルでも港運ターミナルでもない荷主・港運・船社「三位一体」での所有と運

表 2-10　名古屋港各ターミナルのコンテナ貨物取扱量（2022年）

（単位：TEU）

	NUCT	TCB	NCB	飛島北	飛島南	合計
取扱量	1,144,602	493,668	534,503	106,348	251,830	2,531,334
構成比（％）	45.2	19.5	21.1	4.2	9.9	100.0

（出所）名古屋港管理組合資料より作成。

営という特徴をもつこと、③上物施設を自前で整備していること、という点でそれまでの日本のコンテナターミナルとは大きく異なる。飛島コンテナターミナルは2005年に供用開始後、現在に至っている。

　TCBがこのような特殊な性格をもつ背景の1つには、荷主としてのトヨタ自動車の自動車部品輸出物流の効率化（その後、自動車部品輸入の効率化も）というグローバルなサプライチェーンマネジメントを、地元港湾である名古屋港を使って促進しようとする意図があったことがあげられる。それが正しいかどうかは別にして、概して荷主は日本の港湾が輸出入物流の際に、ボトルネックになっているという認識をもつケースが多い。TCBは、荷主主導でのコンテナターミナル運営の実現を試みた日本では珍しい事例といえる。また、他のコンテナターミナルでは実現しなかった自動化が進められた背景には、荷主主導という要因もあるが、その前にすべての港運事業者がターミナル作業に参加し、以前から合意形成の基盤ができていたことが大きく寄与したと考えられる。

（3）名古屋ユナイテッドコンテナターミナル株式会社（NUCT）

　一方、NUCTは名古屋港の港運事業者主導のコンテナターミナル運営会社として、名古屋港の港運事業者8社が共同出資して2000年10月2日に設立され、名古屋港鍋田埠頭で2001年からコンテナターミナル運営を始めた。NUCTは供用開始後、コンテナターミナル料金の安さを武器にした集荷を行い、中国航路を中心にアジア航路を積極的に誘致している。その結果、［表2-10］にあるように名古屋港のコンテナ貨物取扱量全体の45％をNUCTが取り扱っている。なおTCBはおよそ2割なので、倍以上の取扱量となっている。

　NUCTが共同運営体制をとることができたのは、まずは前述した名古屋港運協会、とりわけターミナル部会が名古屋港の港運事業者を束ねてきたことが前提にある。さらに、名古屋港運協会が、独自の情報システムである名古屋ユナイテッドターミナルシステム（NUTS）を構築したことにより、港運事業者

の共同化はより促進されることになった。すなわち、集中ゲートの設置やバンプールの一元管理等、名古屋港運協会主導でのコンテナターミナル運営が、より多様かつより進化した形で展開している。現在進められている NUCT への遠隔操作 RTG の導入もこの延長線上にある。

　これまで見てきたように、名古屋港は5大港のなかで単独船社のターミナルがない特殊な港湾である。以前は、このことは名古屋港の後進性あるいはコンテナターミナルとしての成熟度の低さと見なされてきた。しかし日本においては、いわば「周回遅れ」の主要港コンテナターミナル運営のあり方であったからこそ、結果的には港運主導による港湾全体の運営と主体的な戦略展開の基盤の整備という条件を整えることができた。それにより、現在の日本のコンテナターミナルに適合する、複数の港運事業者によるコンテナターミナルの共同運営の「トップランナー」になりえたといえる。

小　括

　これまで見てきたように、日本の主要コンテナ港の港湾戦略は、その組織的特徴として単一船社によるターミナル運営から、複数船社を顧客にもつ港運事業者主体のターミナル運営へと変容することでターミナルの生産性を向上させてきた。これは、日本経済の地盤沈下とそれによる輸出貨物量の低迷、およびこれらがもたらす欧米基幹航路の縮小という環境変化への組織的対応ということがいえる。

　一方で、現在の日本の主要港コンテナターミナルは、その集荷圏がほぼ日本国内に限定されている。これは日本の港湾が、もともと日本の産業振興のために機能してきたことの結果である。諸外国の巨大港湾のコンテナターミナルの集荷圏が海外を含んだものとなっており、そのトランシップ比率が高いことと比較すると、港湾・コンテナターミナルの役割の違いが明確になっている。今後は日本の産業振興を優先しつつ、海外の貨物の集荷＝海外の荷主のニーズへの対応を港湾戦略に加えていくのか否かが一つの論点となる。

【参考文献】
津守貴之［1997］『東アジア物流体制と日本経済』御茶の水書房
津守貴之［2011］「今後の日本のコンテナ港湾運営体制と名古屋港」『名古屋港』
津守貴之［2013］「大震災と港湾政策」日本港湾経済学会『港湾経済研究』第51号
津守貴之［2017］『日本のコンテナ港湾政策』成山堂書店

第3章　中国のコンテナ港湾戦略と主要港の概要

3-1　概　　説

　本章では、日中間の貿易状況を概観したうえで、国際貿易を支える中国のコンテナ港湾の現状を述べる。

　2001 年に中国は WTO に加盟し、「世界の工場」として本格的な経済発展が始まった。それにあわせて多数の日系企業が中国へ進出し、日中貿易は急速に成長する。しかし、中国の反日運動の高まりは、日系企業の工場の一部を東南アジアへシフトさせる「チャイナプラスワン」の動きを生み出すことになる。日中貿易は、日中韓 ASEAN（東南アジア諸国連合）の 4 地域間の貿易の要素を含む複雑な貿易形態を生み出す一方、物流の面では、中国・ASEAN クロスボーダー輸送という北東アジア物流と東南アジア物流の融合に向かう新しい流れを生み出すことになった。

　日中貿易は、2022 年 1 月 1 日に発効した RCEP（地域的な包括的経済連携）協定により、今後、大きく変貌すると予想されている。なぜなら、RCEP は北東アジアの日中韓 3 カ国にとっては、初めての FTA（自由貿易協定）であり、貿易量増加の影響は、北東アジア地域および東南アジア地域をあわせた東アジア地域の海上コンテナ輸送（アジア域内航路）の活性化をもたらすと予想されているからである。さらには、グローバルな基幹航路である北米・中南米航路および欧州・地中海・中東航路の活性化、ひいては、東アジアのコンテナ港湾の取扱量の増大・活性化をもたらすことが予想されている[1]。

　中国のコンテナ港湾の取扱量は、21 世紀に入ってから、貿易量の増加に合わせて、急速に伸びてきた。貿易額は 2004 年に約 110 兆円を超えたが、世界の工場として生産品の内陸から港湾への効率的輸送、また逆に、港湾にあふれるコンテナの内陸への効率的輸送が喫緊の課題となった。2003 年 6 月末に「中国港口（港湾）法」が公布され、2004 年 1 月に施行された。2006 年に国務院

1「SPECIAL REPORT（李蓉茜）「RCEP 下机遇与挑戦並存，港航企業謀划長遠」、（李蓉茜）「RCEP 将如何影響区域内貿易量」、（李蓉茜）「RCEP 背景下集装箱貨量前景看好港航企業提前開啓布局」、（葛依东）「RCEP 背景下中国与亜洲区域内航運発展的思考」」航運交易公報 2021/12（2021 年 3 月 30 日出版）、上海《航運交易公報》出版社

は、「全国沿海港口布局規画」（以下、「全国沿海港湾配置計画」）を承認し、中国の沿海港湾を整備のため五大港湾群に分けて整理した。「環渤海地区港湾群」「長江デルタ地区港湾群」「東南沿海地区港湾群」「珠江デルタ地区港湾群」「西南沿海地区港湾群」の５つである［図3-1］。旧交通部（現、交通運輸部）は、これに沿い国家発展改革委員会と共同で港湾整備を進めていった[2]。一方、内陸輸送に関しては、当初は、高速道路網などの整備推進が中心だったが、港頭地区の渋滞や混雑を解消するためにさらなる対策が必要となった。そして、旧鉄道部と交通運輸部（2013年3月統合し交通運輸部）が共同して2011年に「鉄水連運発展合作協議の共同推進について」に調印し、国際海上コンテナの鉄道輸送が本格的に開始された。鉄水連運とは、鉄道による海上コンテナ輸送のことで、旧鉄道部が主に使用していた用語だが、旧交通部は、海上コンテナ輸送の鉄道による一貫輸送という意味で「海鉄連運」という用語を使用していた。いわゆる「SEA&RAIL」のことである。以下、現交通運輸部が使用する「海鉄連運」を使用する。

　海鉄連運政策は、その後発展し港湾の整備には、鉄道駅をセットとする戦略的展開をみせる。港湾を港頭地区の鉄道駅および西安や重慶や成都などの内陸の鉄道コンテナセンター駅と連携させ、すでに1992年に開始されていたユーラシア・ランドブリッジを2011年に中欧班列に衣替えし、新しく展開させていくことになった。その中欧班列を支えるために、さらに、内陸鉄道コンテナセンター駅を中心とした『国際陸港』を生み出すことになった。これが、海港たる沿海港湾と結びつき、鉄道とランドブリッジが同時に発展する好循環を生み出していった。中国の港湾発展戦略は、海運発展戦略の土台となり、そのうえで港湾自体の整備戦略と海鉄連運政策を車の両輪として発展していったのである。

　こうして、中国港湾は右肩上がりの発展を生み出し、2022年の世界のコンテナ港湾取扱量では、世界トップ10のうち7港を占め、上海港は13年連続首

2　2006年12月18日に国務院国有資産監督管理委員会（SASAC）が「国有資本調整と国有企業再編との推進に関する指導意見」を公表し、中国政府が今後管理を強化する7大産業として、軍事・電力・石油石化・電信・石炭・民航と並んで水運が挙げられた。水運とは、国際海運のことである。（「国務院国資委による「国有資本調整と国有企業再編―国家管理を行う7大産業を発表―」（日本郵船株式会社調査グループ『調査月報2007年1・2月号合併号』）を参照））。

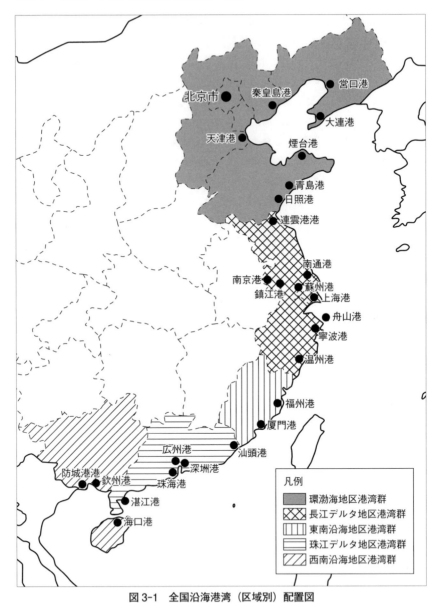

図 3-1　全国沿海港湾（区域別）配置図

（出所）全国沿海港口布局規画（中華人民共和国交通部）2006 年 9 月より作成。

位を維持した[3]。だが、現在の五大港湾群を基礎とした上海港を中心とする構図は、今後、RCEP下で大きく変動していくことが予想される。なぜなら、コロナ禍における中欧班列の急速な発展と、西部大開発の一環として開発された西部陸海新通道のハブ港である欽州港・防城港港・北海港の3港で構成される広西北部湾港や広州港等、ASEANとの関わりの深い港湾等のさらなる成長や重慶を中心とした欽州港・ベトナム・ラオス・ミャンマーへ展開する鉄道ネットワークを通して、東南アジア物流と北東アジア物流が、相互に連携・浸透し、東アジア全体の物流ルートのあり方や流れが、大きく変化すると予想されているからである。いわゆる陸のシルクロード（陸の物流）と海のシルクロード（海の物流）の相互連携の好循環が、東アジア地域全体を自由な物流エリアに変化させつつある。

3-2　日中間の貿易状況

(1) 貿易額について

　日中貿易はほとんどが海上輸送を通じて行われる。貿易量増大は必然的にストレートに両国の海運および港湾に活性化をもたらす。財務省貿易統計によると、日中貿易総額は、1995年の73兆796億円から2021年の167兆9,665億円と2.3倍増、日本から中国への輸出総額については、1995年の41兆5,309億円から2021年の83兆914億円と倍増となった［表3-1］［表3-2］。中国から日本への輸入総額は、1995年の31兆5,488億円から2021年の84兆8,750億円と2.7倍増、輸出から輸入を引いた貿易差額は、1995年の9兆9,821億円の黒字から、2021年には1兆7,836億円の赤字となっており、2011年以降入超傾向が続いている。

(2) 貿易量について

　財務省貿易統計によると、日中貿易実績は2008年は約3,200万トンだったが、2021年は約3,100万トンとそれほど変化はない。日本からの輸出は、2008年の約1,100万トンから2021年の約900万トンと減少傾向にある。中国からの輸入は、2008年の約2,100万トンから2021年の約2,200万トンと微増傾向である。輸出と輸入の差は、輸入が圧倒的に多く、2008年は約1,000万トンの

---

3 Lloyd's List（ONE HUNDRED PORTS2022）

表 3-1　日中貿易総額の推移　　　（単位：億円）

	貿易総額		貿易総額
1995 年	730,796	2008 年	1,599,728
1996 年	827,247	2009 年	1,056,700
1997 年	918,942	2010 年	1,281,646
1998 年	872,987	2011 年	1,364,100
1999 年	828,156	2012 年	1,344,362
2000 年	925,926	2013 年	1,510,167
2001 年	913,948	2014 年	1,590,021
2002 年	943,365	2015 年	1,540,195
2003 年	989,104	2016 年	1,360,777
2004 年	1,103,866	2017 年	1,536,657
2005 年	1,226,059	2018 年	1,641,821
2006 年	1,425,905	2019 年	1,555,312
2007 年	1,570,674	2020 年	1,364,100
		2021 年	1,679,665

（出所）財務省貿易統計。

表 3-2　日中貿易輸出入額の推移　　　（単位：億円）

	輸出額	輸入額	差額		輸出額	輸入額	差額
1995 年	415,309	315,488	99,821	2008 年	810,181	789,547	20,634
1996 年	447,313	379,934	67,379	2009 年	541,706	514,994	26,712
1997 年	509,380	409,562	99,818	2010 年	673,996	607,650	66,346
1998 年	506,450	366,536	139,914	2011 年	655,465	681,112	− 25,647
1999 年	475,476	352,680	122,796	2012 年	637,476	706,886	− 69,410
2000 年	516,542	409,384	107,158	2013 年	697,742	812,425	− 114,683
2001 年	489,792	424,155	65,637	2014 年	730,930	859,091	− 128,161
2002 年	521,090	422,275	98,815	2015 年	756,139	784,055	− 27,916
2003 年	545,484	443,620	101,864	2016 年	700,358	660,420	39,938
2004 年	611,700	492,166	119,534	2017 年	782,865	753,792	29,073
2005 年	656,565	569,494	87,071	2018 年	814,788	827,033	− 12,245
2006 年	752,462	673,443	79,019	2019 年	769,317	785,995	− 16,678
2007 年	839,314	731,359	107,955	2020 年	683,991	680,108	3,883
				2021 年	830,914	848,750	− 17,836

（出所）財務省貿易統計。

表3-3　日中貿易実績　　　　　　　　　　（単位：トン）

	輸出入総トン数	日本から輸出	中国から輸入	輸出−輸入
2008 年	32,165,112	11,044,089	21,121,023	− 10,076,933
2009 年	30,847,038	12,744,634	18,102,403	− 5,357,769
2010 年	34,350,955	13,408,985	20,941,971	− 7,532,986
2011 年	35,762,108	12,732,529	23,029,579	− 10,297,049
2012 年	35,307,980	12,516,675	22,791,306	− 10,274,631
2013 年	35,068,057	12,413,438	22,654,619	− 10,241,181
2014 年	34,411,172	11,513,401	22,897,771	− 11,384,370
2015 年	32,663,674	11,241,079	21,422,595	− 10,181,517
2016 年	32,620,183	11,239,769	21,380,414	− 10,140,644
2017 年	33,755,913	11,531,189	22,224,724	− 10,693,535
2018 年	32,908,728	11,270,188	21,638,541	− 10,368,353
2019 年	31,220,117	9,718,500	21,501,617	− 11,783,117
2020 年	29,622,369	9,896,928	19,725,441	− 9,828,513
2021 年	31,238,913	9,435,729	21,803,184	− 12,367,455

（出所）財務省貿易統計より日本海事センターでまとめたものから筆者作成。

輸入超過で輸入は輸出の2倍であった。2021年は、約1,200万トンの輸入超過で輸入は輸出の2.3倍とやや増加となった。

3-3　中国におけるコンテナ港湾の整備・運営

　中国政府が中国の沿海港を五大港湾群に整理して開発してきたことを述べたが、港湾開発の基本的な考え方は、各地区の有力なハブ港を対象として、「国際航運（海運）センター」を設置することによって海運の発展拡大を、港湾戦略によって支えるというものである。その一番手として戦略的に位置づけられたのが上海港である。

(1)　上海港から始まった中国の国際海運戦略と国際港湾戦略

　上海港のハブ港化戦略という港湾戦略は、長江経済ベルト開発という国家戦略を土台とする海運振興政策であり、中国の国際海運戦略は、国家の経済発展戦略と位置づけられている。そのなかで「上海国際航運センター」の構築は、海運業の輸送の健全な発展を促進するための全体的なレイアウトと関連措置を

図3-2　上海港

促進し、海運強国建設の方向性が大きく打ち出され、初めて策定された国家レベルの国際海運戦略となった。

　上海国際航運センターの範囲は、上海市・江蘇省・浙江省・安徽省の「3省1市」で、長江流域の外貿貨物の輸出入の大部分が、上海港および長江河口の各港湾を通過する必要があるた

め、それらの主要な貨物も射程に入れることになっている。さらに、中国の内陸部にはすでに一連の内陸のコンテナ貨物ヤード駅があり、内河港には「無水港（ドライポート）」や国際港務区と呼ばれるものがある。たとえば、西安が、道路や鉄道を通じて物資を集め、沿海港やユーラシア大陸と連なる大規模な国際港務区（国際陸港）を建設したことにより、国際航運センターの影響力は、より遠く、より深い経済的後背地にさらに広がることになった。ちなみに、西安国際陸港のことを「西安港」と、まるで海港のように呼ぶ。以上のことから、国際航運センターの概念は、沿海港や内河港だけでなく、内陸貨物集積地域へも広がり、さまざまな輸送手段によって、沿海港から内陸につながり、その効果は徐々に外延に拡大し、不断に発展していくことになった。これが、上海港のハブ港化戦略の実態的な流れである。

(2) 上海国際航運センターの建設と現状

　上海国際航運センターの建設は、3つの主要な役割をもつとされている。1つ目は、浦東新区の開発促進、2つ目は長江経済流域の開発促進、3つ目は上海の国際競争力の向上である。これらを通じて、長江デルタ地区の経済発展を図り、長江経済ベルトの発展へとつなぎ、国家経済発展戦略を形成するとされている。現在では、この戦略から「一帯一路」構想へとつなげることが目標とされている。また、上海国際航運センター建設では5つの主要な目標が掲げられている。第一に、現代海運の貨物集運体制の最適化である。上海国際航運センターのサービス効率を向上させるために、「3省1市」およびその経済的後背地の良好な集運体制として、鉄道の輸送能力を強化し、上海国際航運センター

のサービス範囲を、さらに内陸に拡大することとしているが、これは、「長江デルタ一体化戦略」として実施されており、上海港のコンテナ輸送のハブ港化の強化戦略といえる。第二に、現代海運のサービスシステムを発展させること、第三に、国際海運のための総合試験区の確立を探求することである。たとえば、洋山総合保税区は、港湾および海運業務のためのより良い開発環境を継続的に構築することとされている。第四に、現代の海運支援サービスシステムを発展させ、海運関連産業の全体的な進歩を促進すること、第五に、クルーズ産業の発展をルール化することである。クルーズ航路、運航便、観光客の数は、上海港の新しい明るいポイントになるとされている。

　これまでの実践とトライアルの結果、上海国際航運センターは、目標を掲げた当時の期待を大きく上回る展開となっている。実際に、上海港は、2022年の取扱量が4,730万TEUと世界第1位で、13年連続首位をキープする世界最大の港湾に成長している。他の天津港や大連港や青島港の国際航運センターの機能・発展もまったく同様の考え方で捕らえられるのである。

3-4　中国におけるコンテナ貨物取扱状況

（1）港別コンテナ貨物取扱量

　まずは、コンテナ港湾の特徴を示す代表的な指標としてのコンテナ貨物取扱量を詳細に見てみたい。これは海上コンテナ荷動き量という航路上の流れを、ピンポイントの量で表した数字であると考えられる。海上荷動き量の動向を見たうえで、港湾のコンテナ貨物取扱量を見ることが大変有意義である。

　［表3-4］で、欧州・北米・アジア域内航路の荷動き量を見てみたい。2011年には、欧州航路、北米航路、アジア域内航路3航路合計で約7,300万TEUであったが、2021年のそれは、約9,800万TEUである。11年で約2,500万TEU、34.2％もの増加である。これに中東航路や中南米航路やNZ・豪州航路などを加えれば、現在、東アジアで約1億TEU以上のコンテナが動いており、ピンポイントで港湾が取り扱っていることになる。中国の港別コンテナ取扱量を見てみると、その急成長ぶりがうかがえる。

　東アジアの荷動き量は1億TEUを越えるが、中国全国のコンテナ取扱量は、2011年1億6,400万TEUであり、11年後には、2億9,587万TEUと約1億3,000万TEU、約1.8倍に増加している［表3-5］。わが国港湾の2021年のコンテナ取扱量は約2,246万TEUなので、中国の2021年2億8,272万TEUと

45

表3-4　欧州・北米・アジア域内航路の航路別荷動き

（単位：千TEU）

	欧州航路	北米航路	アジア域内航路
2011 年	20,431	22,087	31,371
2012 年	20,175	22,617	33,723
2013 年	21,227	22,514	36,152
2014 年	22,244	23,060	37,413
2015 年	21,856	23,719	37,631
2016 年	22,651	25,080	39,214
2017 年	23,662	23,218	40,803
2018 年	23,838	24,603	42,408
2019 年	24,845	24,509	43,437
2020 年	23,978	24,832	43,210
2021 年	24,820	26,367	47,146

（出所）日本海事センター資料（CTS社データ）より筆者作成。

比較すると、わが国の約13倍であり、2021年の中国の人口14.12億人と日本の人口1.3億人の約10倍強とそれほど違いがないのは面白い傾向である。

　トップ10の港湾の取扱量を五大港湾群別に整理すると［表3-6］の通りである。

　五大港湾群別にコンテナ取扱量を見ると、長江デルタ地区にコンテナが集中し、2022年は全体の約41％を占め[4]、環渤海地区、珠江デルタ地区は同程度で、それぞれ約25％、約27％を占め、東南沿海地区が少なめで、約6％程度。西南沿海地区はRCEP下で急速に伸び始めている地区であることがわかるが、約3％である。2022年は、トップ10の港湾だけで、中国全体の約72％を占めており、この状況は変わらないものの、大連港、営口港、連雲港港は伸び悩み、北部湾港、広州港などは、ASEANとの関係により急速に伸びていくことが予想される［表3-5］［表3-6］。

---

[4] 長江デルタ港湾群の2021年のコンテナ取扱量は、すでに1億TEUを越えている。「長江デルタ港湾群コンテナ取扱量1億TEU突破」（中華人民共和国交通運輸部HP（出所）中国交通新聞ネット2021年12月15日付）。
https://www.mot.gov.cn/jiaotongyaowen/202112/t20211215_3631283.html（最終閲覧日2023年3月3日）

表 3-5　中国港湾コンテナ取扱量　　　　　　　　　　（単位：万 TEU）

	2011年	2012年	2013年	2014年	2015年	2016年	2017年	2018年	2019年	2020年	2021年	2022年
1	上海港	上海港	上海港	上海港	上海港	上海港	上海港	上海港	上海港	上海港	上海港	上海港
	3,173.93	3,252.90	3,361.70	3,528.50	3,654.00	3,713.00	4,018.00	4,201.02	4,330.00	4,350.00	4,703.00	4,730.00
2	深圳港	深圳港	深圳港	深圳港	深圳港	深圳港	深圳港	寧波舟山港	寧波舟山港	寧波舟山港	寧波舟山港	寧波舟山港
	2,257.08	2,294.13	2,327.80	2,403.00	2,420.40	2,422.00	2,525.00	2,635.08	2,753.00	2,872.00	3,108.00	3,335.00
3	寧波舟山港	寧波舟山港	寧波舟山港	寧波舟山港	寧波舟山港	寧波舟山港	寧波舟山港	深圳港	深圳港	深圳港	深圳港	深圳港
	1,471.92	1,683.00	1,732.68	1,945.00	2,062.00	2,157.00	2,464.00	2,573.59	2,577.00	2,655.00	2,877.00	3,004.00
4	広州港	広州港	青島港	青島港	広州港	広州港	広州港	広州港	広州港	広州港	広州港	青島港
	1,426.04	1,474.36	1,552.00	1,662.44	1,762.49	1,858.00	2,010.00	2,162.27	2,283.00	2,317.00	2,418.00	2,567.00
5	青島港	青島港	広州港	広州港	青島港	青島港	青島港	青島港	青島港	青島港	青島港	広州港
	1,302.01	1,450.00	1,530.82	1,616.00	1,751.00	1,801.00	1,830.00	1,931.54	2,101.00	2,201.00	2,371.00	2,460.00
6	天津港	天津港	天津港	天津港	天津港	天津港	天津港	天津港	天津港	天津港	天津港	天津港
	1,158.76	1,230.00	1,300.00	1,405.00	1,409.00	1,450.00	1,504.00	1,600.69	1,730.00	1,835.00	2,027.00	2,102.00
7	廈門港	大連港	大連港	大連港	大連港	廈門港	廈門港	廈門港	廈門港	廈門港	廈門港	廈門港
	646.50	806.40	991.20	1,012.76	945.00	960.00	1,040.00	1,070.23	1,112.00	1,141.00	1,205.00	1,243.00
8	大連港	廈門港	廈門港	廈門港	廈門港	大連港	大連港	大連港	大連港	営口港	北部湾港	北部湾港
	640.03	720.17	800.79	857.24	918.28	959.00	970.00	976.74	876.00	565.00	601.00	702.00
9	連雲港港	連雲港港	連雲港港	営口港	営口港	営口港	営口港	営口港	大連港	営口港	営口港	日照港
	485.19	182.52	548.80	576.82	592.20	601.00	627.00	648.74	548.00	511.00	521.00	580.00
10	営口港	営口港	営口港	連雲港港	連雲港港	連雲港港	連雲港港	連雲港港	連雲港港	北部湾港	日照港	連雲港港
	403.30	485.10	530.10	500.54	500.90	469.00	472.00	473.14	478.00	505.00	517.00	557.00
全国	16,400.00	17,651.00	18,878.00	20,244.00	21,156.00	22,000.00	23,680.00	25,100.00	26,107.00	26,430.00	28,272.00	29,587.00

（出所）中国交通運輸部（2015 年以外）、2015 年：Lloyd's List（One Hundred Ports2017）。

表 3-6　中国港湾トップ10の五大港湾群別コンテナ取扱量

（単位：万 TEU）

	環渤海地区港湾群	長江デルタ地区港湾群	東南沿海地区港湾群	珠江デルタ地区港湾群	西南沿海地区港湾群	トップ10合計
2011 年	3,504.10	5,131.04	646.50	3,683.12	0.00	12,964.76
2012 年	3,971.50	5,118.42	720.17	3,768.49	0.00	13,578.58
2013 年	4,373.30	5,643.18	800.79	3,858.62	0.00	14,675.89
2014 年	4,657.02	5,974.04	857.24	4,019.00	0.00	15,507.30
2015 年	4,697.20	6,216.90	918.28	4,182.89	0.00	16,015.27
2016 年	4,811.00	6,339.00	960.00	4,280.00	0.00	16,390.00
2017 年	4,931.00	6,954.00	1,040.00	4,535.00	0.00	17,460.00
2018 年	5,157.71	7,309.24	1,070.23	4,735.86	0.00	18,273.04
2019 年	5,255.00	7,561.00	1,112.00	4,860.00	0.00	18,788.00
2020 年	5,112.00	7,222.00	1,141.00	4,972.00	505.00	18,952.00
2021 年	5,436.00	7,811.00	1,205.00	5,295.00	601.00	20,348.00
2022 年	5,249.00	8,622.00	1,243.00	5,464.00	702.00	21,280.00

（出所）中国交通運輸部（2015 年以外）、2015 年：Lloyd's List（One Hundred Ports2017）。

3-5　主要港における概要

(1) 環渤海地区港湾群

　この港湾群に属する主要港湾には、大連港、営口港、秦皇島港、唐山港、天津港、青島港、威海港、煙台港、日照港などがある。環渤海地区といっても天津港を航運センターとする三北（華北・東北・西北）地区と青島港を中心とする山東港区に分かれる。今回は、天津港について述べる。

　天津港は、2001年中国がWTOに加入後、経済のグローバル化に直面したが、濱海新区開発を推進し国家戦略の機会を捉え、港湾管理者の天津港務局は、天津港集団へと移行体制を整え、政企分離を実現し、高速成長期に入った。広大な泥の堆積地を埋め立て陸地に造成した後、30万トン級の原油ターミナルや当時アジア最大のコンテナターミナルやアジア最大規模の国際クルーズ船の母港および全国最長の人工海浜を造成した。さらに、中国で最大の面積を誇る政策的に最適な天津東疆保税港区を開発し、百億元を投資して、「北煤南移(北炭南運)」プロジェクトを完成させた。ガントリークレーンを他港に先んじて導入し、数路線の内陸無水港の海鉄連運通道を構築し、全国沿海港のトップグループとして活動し、地域経済の発展に大きな影響を及ぼした。

　天津港のターミナルの総延長は40.25㎞、専用バース192、そのうち、万トン級以上のバースは128ある。天津港は、2019年1月の習近平総書記来訪後、世界レベルのスマートポート、グリーンポート建設に力を入れ、中国四大戦略の1つの京津冀（キョウ・シン・キ：北京・天津・河北）共同発展と一帯一路の共同建設を推進した。北方国際航運ハブとして、京津冀および三北（華北・東北・西北）地区と世界貿易の重要ルートとなり、同時に3本のユーラシア・ランドブリッジの越境通道と連携する港湾として、コンテナ航路130余り、世界約200の国家と地域の800以上の港湾と海運の往来を有している。そのうち一帯一路コンテナ航路は40以上あり、60%以上の外貿貨物が一帯一路沿線国家から来ている。

　天津港は、二連浩特、阿拉山口、満州里の3路線のランドブリッジ国境駅と42路線の海鉄連運通道を擁しており、2021年の海鉄連運量は100万TEUを突破し、全国トップ3に数えられている。天津港の経済の後背地は、北京、天津および華北、西北等の地域を主としている。そのうち、直接的にかかわるのは、北京市、河北省、山西省で、その延長線上に、陝西、甘粛、寧夏、青海、

新疆、内モンゴル、四川、チベッ
ト等の省区と外モンゴル地区が
ある。コロナ禍の港湾危機にも
かかわらず、2022年の天津港
はさらなる発展を見せ、コンテ
ナ取扱量は、2,102万TEUで
世界第8位を維持している。

図3-3　青島港

　スマート化・グリーン化につ
いては、天津港北疆港区Cター
ミナルに注目する。このターミ
ナルは、世界初のスマートなゼ
ロカーボンターミナルである。2021年10月に大規模商用運用を開始し、安定
稼働している。ファーウェイ（華為技術）と天津港集団が取り組むCNPプロ
ジェクトであり、5GとL4（レベル4）の自律運用技術を応用し、より安全で
効率的な運用を実現している。ちなみに、Cターミナルは、平行蔵置式の自動
化ターミナルである。

(2)　長江デルタ地区港湾群

　この港湾群に属する主要港湾には、上海港、寧波舟山港、連雲港港などがあ
る。超巨大港である上海港について述べる。

　上海港は、上港集団（上海国際港務（集団）有限公司：英語名称SIPG）に
よって運営管理される。2006年10月26日に上海市場に上場された中国最大
の港湾株式会社である。営業分野は、コンテナターミナル業務、バルクターミ
ナル業務、港湾物流業、港湾サービス業の4つからなる。ターミナル荷役業務、
倉庫保管業務、海運業務、陸運業務、代理店業務などを行う。上海地区に13
社の支社、100%子会社30社、資本参加16社を擁する。上海港は、2022年の
コンテナ取扱4,730万TEUで連続13年世界一を達成している。持続可能な
会社発展を戦略の要として置き、「上港集団"十四五"発展規画（2021～2025）」
を策定、世界一流の海運ハブになることを戦略目標とし、一帯一路、長江経済
ベルト、長江デルタ一体化、上海自貿区建設を推進している。スマートポート、
グリーンポート、科学技術ポート、高効率化ポートを実現し、世界一のコンテ
ナ港として、安定した成長を実現することが具体的な目標である。

　上海港の主要なコンテナターミナルは、洋山、外高橋、呉淞三大港区に分布し、共有コンテナターミナル 49、コンテナガントリークレーン 176 台、コンテナヤード面積 758 万㎡。バルクターミナルはバルク貨物、雑貨および特殊貨物の荷役、自動車荷役、クルーズターミナルなどで、主に、羅涇（ラケイ）、呉淞（ゴショウ）、龍呉（リュウゴ）、外高橋（ソトタカハシ）港エリアと北外灘エリアに配置されている。

　2021 年は、コロナ禍に直面したが、上港集団は、防疫を徹底し作業効率を引き揚げた。2021 年は、取扱量 4,703.3 万 TEU で連続 12 年世界第 1 位を維持した。洋山区は 2,281.3 万 TEU で過去最高を更新し、トンベースでは、5.39 億トン、内バルク取扱量は 8,238.8 万トンであった。T/S 量は 610 万 TEU で、前年同期比 14.4% 増、コンテナ取扱量の 13.0% を占めた。PCC の自動車取扱量は、193.4 万台で全国第 1 位だった。長江フィーダー関係は、1,235.6 万 TEU を取り扱った。上港集団が、積極的に推進している長江デルタ地域一体化発展戦略では、太倉港と「滬太同港」「滬蘇同城」（滬は上海、太は太倉、蘇は蘇州、城は都市のこと）を標榜して運営の一体化を図り、両港の集貨力を強化、太倉港取扱量 1,000 万 TEU の実現に向けて相互協力を展開している。海鉄連運政策としては、2019 年に上海港海鉄連運有限公司を作り、上海芦潮港鉄道コンテナセンター駅を中心として、2021 年海鉄連運年度目標 30 万 TEU を設定し、21 年末には、36.9 万 TEU で、前年同期比 60% の増加を達成した。

　上港集団はまた、海運業務を展開しており、傘下の錦江航運を利用して、コンテナ船事業に進出し、海鉄連運業務の強化と錦江航運と長江の会社と共同して武漢－日本快速航路を 2021 年 1 月 29 日に正式就航させ、武漢を日本企業が、中国中西部地区および東欧国家の市場への国際複合輸送の新通道（中部陸海連運大通道）を開拓する橋頭保として位置づける。つまり、これを基礎として、5 つの定期船モデルに依拠して、蕪湖－日本快速航路を日本の各基本港に対して全面的に接続するフィーダーサービスの構築へとつなげている。

　自動化については、洋山港第四期自動化ターミナルの建設に注目する。2017 年 12 月 10 日に世界最大の自動化コンテナターミナル「上海国際航運センター洋山深水港区四期工程」の運用が開始された。伝統的なコンテナターミナルに対して、洋山四期自動化ターミナルは最大の特徴として、ターミナルの積卸し、水平輸送、デポ積卸し、環境の全スマート化、無人化の実現、ターミナル運営コストの引き下げ、作業効率と安全性の引き上げがあげられる。さらに、カー

ボンニュートラルの重要な意義をもっており、グループのスマート港、グリーン港、DX港、効率港のモデル港となっている。

洋山四期の規模は絶えず拡大し、毎年躍進し新段階を迎えており、2020年には420万TEUを突破、初期の目標を達成した。2021年には、洋山四期は、生産規模、産業能力の引き上げ、産出量の増加という新発展段階に達し、2021年末には、累計で取扱量570万TEUに到達、全港湾の12.1%を占めた。2017～2021年末の累計は、1,152.55万TEUとなった。ガントリークレーンの時間当たりの最高作業量は57.4個/時間、1隻当たり平均作業量は最高47.33個/時間、昼夜あわせての最高取扱量は、2万5,488TEUである。洋山四期の自動化は、全業務の自動化と核心業務のスマート化を行い、労働生産性は、伝統的なターミナルの213%となっている。2021年末、第四期ターミナルは、7つのコンテナターミナル、26台のガントリークレーン、119台のトランステナー、135台のAGVを備え、ターミナルの処理能力630万TEUを実現した。

(3) 東南沿海地区港湾群

この港湾群に属する主要港湾には、福州港、厦門港などがある。今、勢いのある厦門港について述べる。

厦門港は、厦門港湾管理局により管轄される沿海主要港湾で、国家総合運輸システムの重要ハブである。コンテナ基幹航路、クルーズ船始発港および海峡両岸港の重要港で、東南沿海地区の国際航運センターである。厦門港は、厦門市の東渡、海滄、翔安の3つの港区と漳州市の招銀、后石、石碼、古雷、東山、詔安の6つの九大港区からなり、環厦門湾と環東山湾に分散配置されている。自然の海岸線の総延長は約899km、計画港湾海岸線は約106kmである。

インフラ整備状況は、バース182、コンテナ・クルーズ・石炭専用ターミナルなどは一通り揃っており、そのうち、万トン級以上のバースが79（20万トン級コンテナバース5、嵩嶼ターミナル3、遠海ターミナル2）、貨物取扱能力（トンベース）1.31億トン、コンテナ貨物取扱能力1,220万TEU、自動車ターミナル取扱能力99.5万台。現有航路総延長705km、そのうち、万トン級以上の深水航路210km、20万トン級主要航路水深−16.6～−17.1m、20万トン級コンテナ船と20万トン級バルク船の組合せ航行が可能であり、世界最大の大型コンテナ船と世界最大の大型豪華客船を受入れ可能である。

コンテナ貨物取扱量は、2017年以降連続6年間1,000万TEUを越えており、

表 3-7　厦門港の基本状況

	バース数	設計能力		
		コンテナ （万 TEU）	一般貨物 （万トン）	自動車 （万台）
東渡港区	67	259	3,315	71.5
海滄港区	39	904	4,034	−
翔安港区	5	−	330	−
招銀港区	16	52	707	28.0
后石港区	3	−	1,257	−
石碼港区	16	2	296	−
古雷港区	20	−	2,760	−
東山港区	9	3	381	−
詔安港区	1	−	5	−
	176	1,220	13,085	99.5

（出所）厦門港湾管理局ホームページから筆者作成。
（LNG、石油その他は除外）

2021 年は 1,205 万 TEU、伸び率は 5.6％ で、アントワープ港を追い抜き世界第 13 位であった。2022 年は、1,243 万 TEU で、伸び率は 3.1％。過去最高の取扱量となった。中国国内では第 7 位となっており、天津港に次ぐ規模となっている。2021 年の台湾最大の高雄港約 986 万 TEU と比較すると、219 万 TEU の差をつけている。

　コンテナ航路は、159 航路、そのうち、国際航路（外航航路）102、国内フィーダー港 13 航路、内貿（内航）航路 44。52 の国家と地区（香港・台湾を含む）141 港につながっている。各港区の状況は、［表 3-7］の通りである。

　コンテナも一般貨物も取扱量でメインの港区は、海滄港区であり、次に東渡港区である。東渡港区は、完成自動車輸送も得意としているところである。海滄港区、東渡港区では、大量のコンテナを処理するため、「"十四五"規画」「厦門港総合規画（2035）》などに従い、積極的にターミナルの自動化、スマート化、グリーン化に取り組んでいる。厦門港のコンテナターミナルにおける、インテリジェント化が浸透するに従い、コストは下がり、効率化が進んだ。その結果、厦門港の国際的な競争力の高まりとともにコンテナ船航路は増加し、2021 年厦門港の取扱量が、世界第 13 位にまで伸長した。

（4）珠江デルタ地区港湾群

　この港湾群に属する主要港湾には、広州港、深圳港、珠海港、汕頭港などがある。常時上位にいる深圳港について述べる。

　深圳港は、2022年の港湾取扱量が、3,004万TEU、前年比127万TEU、4.4％増で、世界第4位の港湾である。

　深圳港は、広東省深圳市にあり、東部港湾区と西部港湾区の諸港で構成される。東部港湾区は、塩田（イェンティエン）港を主要港とする大鵬湾に位置し、西部港湾区は、深圳の西部海岸線と公沙水路（媽湾水路、大鏟水路、大鏟湾入港航路を含む）に沿って、南東から西に東家頭、蛇口、赤湾、媽湾、大鏟湾、福永などの港がある。塩田港が最大の港湾で、蛇口（シェコウ）、赤湾（チーワン）、大鏟湾（ダーチャンワン）、媽湾（マーワン）は、主力港湾として位置づけられる。深圳港の直接的な後背地は、深圳市、惠州市、東莞市、珠江デルタ地域の一部であり、積替え輸送の後背地の範囲は、京広鉄道および京九鉄道沿線の湖南、江西、広東北、広東東、広東西および広西の西江両岸とかなり広範である。深圳港の集貨システムは、道路が主であり、海鉄連運や江海連運などの運送比率が低いため、大湾区（グレーターベイエリア）水運の一体化を追求して、江海連運や海鉄連運に力を入れ、深圳と珠江デルタ港湾群の水路輸送ネットワークを完成させ、次第に道路による集貨比率の低減をめざしている。深圳港は、既に60路線の艀（はしけ）輸送のサービスがあり、そのネットワークは、珠江デルタ全体の50以上のターミナルに及んでいる。

　深圳港は多くの港区に分かれており、蛇口港区からは香港にもわずか20海里（約40km弱）と近いため、香港との関係も深い。港湾管理も華北、華東と異なり、多数の機関がかかわり運営している。

　最大港湾である塩田港には、深圳市が運営する塩田港集団の塩田港（YTP）とHPH（Hutchison Port Holdings Limited：和記港口集団有限公司）が運営する塩田国際コンテナターミナル（YICT）がある。

　まず、YTPだが、1985年に設立され、港湾、海運、物流、海洋、エネルギー、工業都市開発、産業金融を行う海洋経済総合サービスオペレータと位置づけている。グループ傘下に14の国内外の大型港湾を所有し、深圳港の港湾取扱量の55％を担っている。産業園区内に総面積120万平方米の敷地を有し、国際混載、コールドチェーン物流、保税倉庫国際混載、保税倉庫、保税商品販売など港湾・海運サービスに力を入れている。

　次に YICT だが、シンガポールで上場する HPH に属する会社で、そのネットワークの一員である。傘下の港湾や物流メンバーとはグループ資源を共有している。華南地区では、YICT は、最初に超大型船舶を受け入れたサービス能力をもつ自然の深水港であり、世界レベルでみても最も忙しい港の一つである。

　蛇口港は、招商局（China Merchant）が開発し、蛇口コンテナターミナル会社（SCT）が管理する港湾である。SCT は、招商局港口控股有限公司（CMPort）と香港現代コンテナターミナル（Modern Terminals Limited ：MTL）の合弁会社で、コンテナターミナル 9 つ、巨大船ターナル 5 つ、年最大処理能力 650万 TEU を有する会社である。自動化ターミナルはもたないが、着岸船舶への陸電供給、RTG の電化などに取り組んでいる。

　赤湾港には、赤湾コンテナターミナル会社（Chiwan Container Terminal：CCT）が運営管理するコンテナターミナルがある。招商局と香港現代コンテナターミナル（MTL）の合弁会社である。現在、岸壁総延長 3,719m の 9 バース、年間処理能力 620 万 TEU の施設が稼働中である。2019 年の港湾取扱量は 511万 TEU。

　大鏟湾港には、大鏟湾ターミナル会社がある。深圳大鏟湾現代港口発展有限公司と現代コンテナーミナル会社の 2 社で株式 65% を保有し、塩田港集団と深圳市大鏟湾港投資発展有限公司の 2 社で株式 35% を保有する。岸壁総延長2,430m の 7 バース、年間処理能力 250 万 TEU の施設が稼働中で 2021 年の取扱量は 170 万 TEU。

　最後に、自動化で注目を集める媽湾の自動化コンテナターミナルについて述べる。このターミナルは、新規の自動ターミナルではなく、旧来のターミナルをアップグレード改造したスマートターミナルである。媽湾は元来、深圳経済特区以来のバルク雑貨を取り扱う港湾で華麗な変身を遂げた。このプロジェクトは、総投資額 43.7 億元、改造後の岸壁長は 1,930m、バース数は 5 つ。設計年間取扱量は、300 万 TEU。世界最大のコンテナ船の入港にも対応できるようだ。

(5)　西南沿海地区港湾群

　この港湾群に属する主要港湾には、湛江港、北部湾港、海口港などがある。特に、北部湾港は、2017 年に始動した西部陸海新通道により、急速な成長を遂げており、なかでも欽州港は成長著しい。北部湾港について述べる。

　北部湾港は、正式には広西北部湾港という。広西チワン族自治区に属する港湾であり、欽州市にある欽州港、防城港市にある防城港港、北海市にある北海港と３つの港湾から構成されている。全体を統轄するのは、広西北部湾国際港務集団（略称：北部湾港集団）であり、その下に港湾業務・サービス全般を運営・管理する北部湾港股份有限公司（略称：北港股份）というホールディングカンパニーがあり、さらにその下に、３つの港湾をそれぞれ管理する、北部湾港欽州碼頭有限公司（北部湾港欽州ターミナル会社）、北部湾港防城港碼頭有限公司（北部湾港防城港ターミナル会社）、北部湾港北海碼頭有限公司（北部湾港北海ターミナル会社）がある。

　2023年現在、北部湾港は次の設備を擁している。沿海バース82、万トン級以上のバース77、10万トン級以上のバース32、15万トン級以上バース15、20万トン級以上のバース4、30万トン級以上1、年間貨物取扱能力3.55億トン、年間コンテナ貨物取扱能力870万TEUである。また、以下の航路を保有している。内外貿コンテナ航路75航路、うち、外航47航路（遠洋航路6）、内航28航路。100以上の国家と地域の200以上の港湾をカバーしている。主要外航航路は、東南アジア、日韓、北米、南米、南アフリカと太平洋島嶼国を、内航航路は、営口、天津、青島、日照、太倉、上海、寧波、広州、深圳、厦門等多数の港湾をカバーしている。

　北部湾港３港の実績は、［表3-8］の通りである。

　まず、欽州港がコンテナ貨物主体の港湾であることがわかる。実際に他の２港はバルク貨物が多く、北部湾港は機能分けをしている。もともと中国西南部は資源が少なく、工業が未発達な地域が多く、北の資源や食料や製品を南に運ぶことが多い。主要な貨物は、金属鉱石、石炭、食料、非金属鉱、硫黄、化学肥料、鉄鋼、木材、エネルギー化工製品等である。北部湾港は、元来バルク専用の港湾だった。

　現在、コンテナターミナルは、広西北部湾国際コンテナターミナル会社が管理しているが、バルク・雑貨専用の勒溝作業区は、バルク・雑貨の鉄道専用線をもっており、大欖坪作業区は鉄道コンテナセンター駅をもっている。目下、5万トン級1つと7万トン級2つを改造して4つの自動化コンテナターミナルを新設しているが、大欖坪南作業区の7-8番バースに、10万トン級の自動化コンテナターミナル（第一期）と9-10番バースに20万トン級自動化コンテナターミナル（第二期）を建設中である。7-10までの岸壁の総延長は1,302m、

表 3-8　北部湾港 3 港の実績　　　（単位：万 TEU）

	2018年	2019年	2020年	2021年	2022年
北海港	26	38	50	61	71
欽州港	232	302	395	463	541
防城港港	31	42	60	77	90
合計	289	382	505	601	702

（出所）中国交通運輸部のホームページより筆者作成。

総投資額は 71 億元となる。鉄道コンテナセンター駅はターミナル後方に設置され、自動化ターミナルと鉄道一体運営管理型の自動化コンテナターミナル、国内初の海鉄連運自動化コンテナターミナルとなる。欽州港は、西部陸海新通道の輸送量の成長により、2021 年東京港を追い抜いて 463 万 TEU を扱い、世界第 44 位の港湾へと成長した。2022 年は既に 541 万 TEU と確実に成長している。

　防城港港や北海港は、太宗貨物をバルク・雑貨としているが、バルクターミナルの拡大戦略やスマート化、グリーン化戦略を進めており、珠江デルタ、長江デルタ、環渤海地域等の経済圏との国内ネットワーク形成、海運のグローバルネットワーク形成、鉄道ネットワーク形成を積極的に推進している。

(6) 香 港 港

　2021 年の香港港のコンテナ貨物取扱量は、1,779 万 8 千 TEU と世界第 9 位であった。香港港は 1989～2004 年までコンテナ貨物取扱量で世界第 1 位を維持し、世界のコンテナ港湾をけん引してきたが、2007 年第 3 位、2013 年第 4位、2015 年第 5 位、2018 年第 6 位、2019 年第 8 位、2020 年第 9 位となり、2021年も引き続き第 9 位である。この原因は、香港港の高い港湾料金と近隣の華南地域の諸港湾との競争によるものであると指摘されている[5]。香港の地位の低下は、他港湾が成長することによる相対的なものではなく、取扱量の減少による。2009 年には 2,104 万 TEU と 2,000 万 TEU を越えていたが、2021 年は 1,700万 TEU 台に下落しており、同じ地域にある深圳港が 2,600 万 TEU 台で毎年成長しているのと比較しても明白である。香港は、かつてはアジアの海運・港湾・

---

5 池上寛編（2013）『アジアにおける海上輸送と中韓台の港湾』アジア経済研究所

表 3-9 香港港のコンテナ取扱量 （単位：千 TEU、%）

	コンテナ取扱量			前年比率		
	葵涌－青衣コンテナターミナル	葵涌－青衣コンテナターミナル以外	合計	葵涌－青衣コンテナターミナル	葵涌－青衣コンテナターミナル以外	合計
2012年	17,475	5,642	23,117	0.3	−19.0	−5.2
2013年	17,118	5,234	22,352	−2.0	−7.2	−3.3
2014年	17,587	4,639	22,226	2.7	−11.4	−0.6
2015年	15,572	4,500	20,073	−11.5	−3.0	−9.7
2016年	15,203	4,609	19,813	−2.4	2.4	−1.3
2017年	16,236	4,534	20,770	6.8	−1.6	4.8
2018年	15,473	4,123	19,596	−4.7	−9.1	−5.7
2019年	14,220	4,083	18,303	−8.1	−1.0	−6.6
2020年	14,456	3,513	17,969	1.7	−14.0	−1.8
2021年	14,580	3,219	17,798	0.9	−8.4	−1.0
2022年	12,869	3,766	16,635	−11.7	17.0	−6.5

（出所）香港海運港湾局ホームページ。

貿易・金融のセンターとまで言われていたが、「世界の工場」を目指して輸出を大規模に促進し、海運戦略と港湾戦略を駆使してきた中国本土の諸港湾都市の経済成長には追従できなくなってきているのが、実態である。詳細は［表3-9］より明らかである。コンテナ取扱量は、毎年減り続けている。

　香港港のコンテナターミナルは9つある。葵涌（きちょう）－青衣（せいい）コンテナターミナル（［図3-4］参照）が主力のターミナルで、約80％を取扱う（2022年）。香港港には、ターミナル・オペレーターが5社ある。現在、ACT（Asia Container Terminals Limited：亜洲貨柜碼頭有限公司）、COSCO-HIT（COSCO-HIT Terminals（Hong Kong）Limited：中遠－国際貨柜碼頭（香港）有限公司）、HIT（Hong Kong International Terminals Limited：香港国際貨柜碼頭有限公司）、MTL（Modern Terminals Limited：現代貨箱碼頭有限公司）、Goodman DP World Hong Kong Ltd である。これらは、グローバル・ターミナル・オペレーターと呼ばれる港湾企業資本（MTL を除けば、HPH（Hutchison Port Holdings Limited（和記港口集団有限公司））、COSCO Shipping Ports Limited（以前の COSCO Pacific Limited）、DP World）の関連企業である。

　9つのコンテナターミナルの広さは279ha、岸壁長は7,649m、24のバースを有している。葵涌－青衣コンテナターミナルの水深は、当初−15m だった

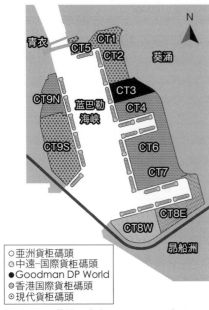

図 3-4　葵涌－青衣コンテナターミナル
（出所）香港海運港湾局ホームページ。

が、2016 年に－17m に浚渫した。コンテナ取り扱い能力は、2,000 万 TUE である。

　2019 年 1 月 ACT, HIT, COSCO-HIT and Modern Terminals Limited の 4 社が、Hong Kong Seaport Alliance を結成し、葵涌－青衣コンテナターミナルの 23 バースの連携的運営を開始した。ちなみに、ACT は HPH と COSCO Shipping Ports Limited の合弁会社である。

　自動化については、HIT（香港国際貨柜碼頭有限公司）が、CT9N にラバータイヤガントリークレーン遠隔操作システムを導入し、現在 29 台が稼働中であり、2012 年に CT6 にレールマウントガントリークレーン遠隔操作システムを導入して、現在 23 台のクレーンが稼働中であり、効率性を 20% 向上し、CO_2 排出量を 30% 減少させたとしている[6]。

（7）コロナ禍の影響について[7]

　2021 年半ば以降、華東・華南の超巨大コンテナ港で中国の港湾当局は、厳しい新型コロナ対策を実施したが、7 月の台風の影響もあり、港湾での深刻な滞船状況が続いた。本船スペース不足、コンテナ不足、3 月末に発生したスエズ運河の巨大コンテナ船座礁事故の影響が、さらに追い打ちをかけ、コンテナ

---

6 HIT の HP：https://www.hit.com.hk/en/Innovation/Improving-Efficiency.html（最終閲覧日 2023 年 9 月 12 日）

7（福山秀夫）「中国港湾は前例のない危機を経験している―華東・華南のコンテナ港湾の危機―」海事トピックス No.19（2021 年 10 月 4 日付）、（福山秀夫）「中国港湾は前例のない危機を経験している－バルク港湾の危機－」海事トピックス No.20（2021 年 10 月 12 日付）（（公財）日本海事センター）

船市場の運賃暴騰をさらに深刻化させる事態に至った。コンテナターミナルに限らず中国北部や華東・華南の鉄鉱石・石炭・糧食を取扱うバルクターミナルもさらに深刻な状況に陥り、中国メディアも、「中国港湾は前例のない危機を経験している」と報じるほどの状況だった。

① 深圳塩田港の事例

2021年5月21日、港で新型コロナウイルス感染者が発見された時は、塩田港はしばらくその機能を停止し、国際海運物流に大きな影響を与えた。この深圳の感染流行のケースでは、塩田港で船積みする船が、2週間待機することになり、約16万個のコンテナが船積みを待つことになった。塩田港の当時の作業量は、通常の平均30%にまで落ちた。深圳には塩田港以外にも蛇口港、赤湾港があるが、感染発生以後は、それらの港や近隣の広州南沙港、香港へ船が回され、塩田港を抜港する例がドミノ式に相次いだ。船舶滞在時間は、通常0.5日程度だったものが、16日までに跳ね上がった。しかし、その後、感染がコントロールされるに従い、次第に港湾混雑は緩んでいくことになった。

② 寧波舟山港の事例

2021年8月11日に新型コロナ感染症が1件発生した際、梅山港区が一時閉鎖された。8月19日に中国政府商務部がその影響について、船舶を他港区へ移したため港の運営全体は平穏に行われていると発表された。たった1件だったので、外国報道は、港湾当局の対応によるグローバル・サプライチェーンへの影響についての懸念を示していたが、港湾当局は、5月、6月に発生した塩田港での滞船による深刻な影響よりは小さいとした。理由は、寧波舟山港の8月の1日のコンテナ取扱量が7月の平均単日取扱量の90%を維持しているためとした。これに対し、交通運輸部は、かなり厳格なガイドラインの適用を開始し、中国のほとんどの港湾は、すべての乗組員に対してPCR検査を行い、船舶は陰性の結果が確認されるまでは港湾に留まらねばならず、特に、インドに停泊したことがある場合、または、乗組員が中国に入ってから14日以内に交代した場合は、船舶を14〜28日間隔離することになっており、滞船悪化の原因の一つになった。

2022年も上海のロックダウンに伴い、港湾も大きな影響を受けたが、これは港湾自体に起因する問題ではなく、都市機能能の低下による影響であった。港頭地区は厳格な管理体制のもと、ガイドライン通り機能しており、荷役作業は比較的問題なく行われた。ただ、従来の伝統的な港湾業務ではコロナ禍の状

況には対応できないことが明らかになり、港湾業務のDX化が、さらに一層重要であることが認識され、スマート化、グリーン化が、今後の最重要課題となっている。

3-6　中国における今後のコンテナ港湾の開発計画

　これからの中国における港湾開発の指針として示されている最重要課題は、「世界一流港湾」を建設することである。「世界一流港湾」とは、平たくいえば、「世界クラスの港湾」のことである。2019年に中国の交通運輸部など9つの政府部門が発表した「世界一流港湾建設についての指導意見」では、①2025年までに世界レベルの港湾建設のために、主要港湾のグリーン化、スマート化、

表3-10　「世界一流港湾建設についての指導意見」における6分野19項目の発展目標

6分野	19項目
①港湾総合サービス能力引上げへの注力	1）供給システムのシステム最適化
	2）港湾総合サービス機能の向上
	3）複合輸送重点化のための弱点の補強
②グリーン港湾建設の加速	1）汚染防止の強化
	2）クリーンで低炭素な港湾エネルギーシステムの構築
	3）省資源、リサイクル、生態保護の強化
③スマート港湾建設の加速	1）AI港湾システムの構築
	2）スマート物流構築の加速
④開放と融合の発展の加速	1）海運と港湾の共同発展の推進
	2）港湾・産業・都市の密な融合発展の推進
	3）港湾ビジネス環境の最適化の継続
	4）一帯一路建設による良好なサービスの提供
⑤安全な港湾建設の加速	1）本質的安全への注力
	2）二重防止の仕組み構築の推進
	3）安全保障と応急能力強化への注力
⑥港湾管理システムの現代化の推進	1）重点領域の改革の深化
	2）法規、政策、基準の改善の推進
	3）健全な市場監督体制の確立
	4）人材グループ構築の強化

（出所）「九部門連合印発《関于建設世界一流港口的指導意見》」（中華人民共和国　国務院ホームページ）より筆者作成。

安全化の実現へ踏み出し、地域の重要港や一般港の専業化・規模レベルを引き上げる、②2035年までに全国港湾の発展水準全体を飛躍的に引き上げ、主要港湾全体が世界レベルに到達し、若干のハブ港湾が世界レベル港湾になり、グローバル港湾のグリーン化、スマート化を先導する、③2050年までに全体が世界レベル港湾に達し、若干の世界レベル港湾群を形成し、発展水準において世界のトップレベルに位置するという目標が掲げられた。これを実現するために、具体的に6つの分野で19項目があげられている。

　中国港湾の今後の開発計画は、スマート化、グリーン化、高効率化、国内外の交通モードの連携、高品質のサービス提供等に積極的な投資をする方向で、建てられていくことになる。つまり、複合一貫輸送が完ぺきな形で実現されるサプライチェーンの重要拠点としての港湾が建設されることになる。それが、「世界レベルの港湾」である。

【参考文献】
日本国際貿易促進協会［2010］『日中貿易必携2010』日本国際貿易促進協会
池上寛編［2013］『アジアにおける海上輸送と中韓台の港湾』アジア経済研究所
小島末夫［2017］『世界の物流を変える中国の挑戦』ケイセイ出版
山本裕・男澤智治編著［2020］『物流を学ぶ　基礎から実務まで』中央経済社
日本郵船株式会社調査グループ［2007］『調査月報2007年1・2月号合併号』日本郵船株式会社
Lloyd's List Intelligence『Lloyd's List ONE HUNDRED PORTS』（2009～2022）
福山秀夫・男澤智治［2021.6］「中欧班列と日韓発貨物の接続の現状と展望―陸港の発展戦略と日韓の活用戦略―」『日本物流学会誌』No.29、37-44頁
上海航運交易所［2022］『航運交易公報2022年/18号』（上海《航运交易公报》出版社）

財務省貿易統計：https://www.customs.go.jp/toukei/info/
（公財）日本海事センター：https://www.jpmac.or.jp/
中国港口集装箱網ネット：http://portcontainer.com/index.do
中華人民共和国国務院ホームページ：http://www.gov.cn/gwyzzjg/
天津港集団ホームページ：https://www.ptacn.com/
山東港口　青島港国際股份有限公司のホームページ：https://www.qingdao-port.com/portal/ch
山東港口　渤海湾港ネット：http://www.sdbbpg.cn/#/
厦門港口管理局ホームページ：http://port.xm.gov.cn/
深圳港集団ホームページ：http://www.ytport.com/
塩田港集団（YTP）ホームページ：http://www.ytport.com/
塩田国際コンテナターミナル（YICT）ホームページ：https://www.yict.com.cn/index.html
香港海運港湾局ホームページ：https://www.hkmpb.gov.hk/tc/index.html
中華人民共和国国家発展改革委員会ホームページ：「西部陸海新通道総合規画」より
中国交通運輸部ホームページ：https://www.mot.gov.cn/

北部湾港集団のホームページ：https：//www.bbwgw.com/en
北部湾港股份有限公司のホームページ：https：//www.bbwport.cn/index.html
大陸橋物流連盟平台（LANDBRIDGE.COM）：http：//www.landbridge.com/

第4章　中欧班列と中国の港湾

4-1　概　　説

　本章では、国際貿易を支えるユーラシア・ランドブリッジとしての中欧班列の現況を概観したうえで、中欧班列と中国港湾の関係について述べる。

　コロナ禍で、コンテナ海上輸送と港湾は大きく混乱した。一方で、中欧班列は、輸送運賃の急騰する海上輸送とベリー輸送のできない航空貨物輸送の代替輸送手段として活用され、急成長した。これは、現在、中国におけるコンテナリゼーションが、海運、港湾、鉄道、道路、河川等による統一的な交通戦略や計画に基づいて展開されてきたため、それほどの軋轢や抵抗もなく、代替輸送への切り替えが可能となったことを示している。中国では、国際複合一貫輸送やランドブリッジ輸送という国際的な循環と海鉄連運やバルク輸送など国内輸送の国内的な循環の連携が、経済や物流の発展を推進する原動力となっている。

4-2　中欧班列の現況

(1)　中欧班列の概要

　まず、中欧班列の概要を説明する。輸送ルートは、［図4-1］のとおりである。中欧班列とは、2011年3月に開始された中国と欧州を結ぶ国際列車のことであり、そのルートは、満州里（マンジョウリ）を国境駅とする東通道、二連浩特（アルレンホト）を国境駅とする中通道、阿拉山口（アラシャンコウ）を国境駅とする西通道の3ルートに分けられている。さらに、西3通道は、シベリア鉄道につながる西1通道、カスピ海を渡る西2通道、現在計画中の西3通道の3ルートに分けられ、基本5通道となっている。現在の国境駅は、2012年に西通道に霍尔果斯（ホルゴス）駅が、2017年に東通道に綏芬河（スイフンガ）駅が追加され、全部で5つになっている。東・中・西の3通道ともシベリア鉄道を利用するが、メインルートは、西1通道からシベリア鉄道経由、ベラルーシのブレストとポーランドのマワシェビチェで欧州側の鉄道と接続されるルートとなっている。西2通道は、カスピ海ルートと呼ばれ、ウクライナ戦争による西1通道のリスク回避のための代替ルートとして注目を浴び、西3通道は、中国・キルギス・ウズベキスタン鉄道建設が2023年から開始され、将

図 4-1　中欧班列路線計画図

（出所）中国一帯一路ネットより筆者作成。

来のルートとして期待されている状況である。

(2) 中欧班列のコンテナ貨物輸送量

中欧班列の取扱量について、［表 4-1］と［図 4-2］を見ると、中欧班列の急成長ぶりがよくわかる。

中欧班列が始まった 2011 年は、列車便数で 17 便、コンテナ数で 1,000TEUであったが、2013 年に一帯一路構想が発表された翌年の 2014 年は、308 便、2万 6,000TEU とそれぞれ 285％、271.4％ と急増した。そして、2020 年コロナ禍が始まった年は、1 万 2,400 便、113 万 5,000TEU と 2019 年に比べて 50.8％、56.6％ の急増となった。2022 年は、2 月にウクライナ戦争が始まり、欧州航路はその影響を受けたが、海上コンテナ輸送の混乱が正常化に向かいつつあるなかで、1 万 6,562 便、161 万 4,000TEU で 9.1％、10.1％ と順調に増加し、勢いは鈍ったものの、欧州航路・北米航路の急激な荷動き減少と比較すると、依然として増勢を保っている。

［表 4-2］で国別の荷動きを見ると、対ロシアの荷動きが列車数で 45.9％ 増加、コンテナ数で 47％ 増加している。対ベラルーシでは、列車数・コンテナ数でそれぞれ、101.9％ 増加、105.8％ 増加と急増している。これは中国からの輸出の増加と考えられる。一方で、2 カ国以外（欧州）では、列車便数、コン

表 4-1 中欧班列コンテナ貨物輸送量の推移

	列車便数（便）	輸送コンテナ数（TEU）	社会情勢
2011 年	17	1,000	
	147.1%	300.0%	
2012 年	42	4,000	
	90.5%	75.0%	
2013 年	80	7,000	一帯一路構想発表
	285.0%	271.4%	
2014 年	308	26,000	
	164.6%	161.5%	
2015 年	815	68,000	
	108.8%	57.4%	
2016 年	1,702	107,000	
	115.8%	197.2%	
2017 年	3,673	318,000	
	73.6%	70.8%	
2018 年	6,377	543,000	
	29.0%	33.5%	
2019 年	8,225	725,000	
	50.8%	56.6%	
2020 年	12,400	1,135,000	
	22.4%	29.0%	コロナ禍
2021 年	15,183	1,464,000	
	9.1%	10.2%	
2022 年	16,562	1,614,000	ウクライナ戦争

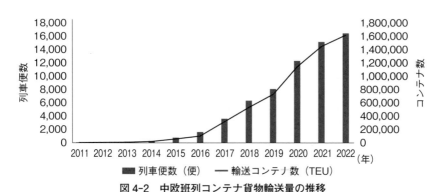

図 4-2 中欧班列コンテナ貨物輸送量の推移

（出所）DailyCargo2020 年 11 月 17 日付及び日本海事新聞 2021 年 1 月 12 日付および Daily-
Cargo2022 年 3 月 3 日付より筆者作成。2023-01-04「国鉄集団：2022 年開行中欧班列
1.6 万列、発送 160 万標箱」（大陸橋物流連盟公共信息平台）。

表4-2　2022年国別荷動き

	列車数	増加数	増加率	構成比	コンテナ数 (TEU)	増加数 (TEU)	増加率	構成比
対ロシア	10,109	3,179	45.9%	61.0%	993,817.00	317,920.25	47.0%	61.6%
対ベラルーシ	1,795	906	101.9%	10.8%	178,295.50	91,674.50	105.8%	11.0%
2カ国合計	11,904	4,085	52.2%	71.9%	1,172,112.50	409,594.75	53.7%	72.6%
それ以外	4,658	−2,706	−36.7%	28.1%	441,995.75	−259,534.5	−37.0%	27.4%
総合計	16,562	1,379	9.1%	100.0%	1,614,108.25	150,060.25	10.2%	100.0%

（出所）2023-02-23「2022年12月開行信息按境外国家統計」『大陸橋物流連盟公共信息平台』
　　　より筆者作成。

表4-3　2022年国境別荷動き

		列車数	増加数	増加率	構成比	コンテナ数 (TEU)	増加数 (TEU)	増加率	構成比
西通道	阿拉山口	5,141	202	4.1%	31.0%	499,488.75	30,512.00	6.5%	30.9%
	霍尔果斯	3,150	440	16.2%	19.0%	299,889.00	40,636.25	15.7%	18.6%
	合計	8,291	642	8.4%	50.1%	799,377.75	71,148.25	9.8%	49.5%
中通道	二連浩特	2,549	−183	−6.7%	15.4%	267,782.25	−7,700.25	−2.8%	16.6%
東通道	満洲里	4,838	590	13.9%	29.2%	465,328.25	55,744.25	13.6%	28.8%
	綏芬河	884	330	59.6%	5.3%	81,620.00	30,868.00	60.8%	5.1%
	合計	5,722	920	19.2%	34.5%	546,948.25	86,612.25	18.8%	33.9%
	総合計	16,562	1,379	9.1%	100.0%	1,614,108.25	150,060.25	10.2%	100.0%

（出所）2023-02-23「2022年12月開行信息按境内口岸站統計」『大陸橋物流連盟公共信息平台』
　　　より筆者作成。

テナ数それぞれで、36.7％の減少、37.0％の減少と急減している。これは、ウクライナ戦争によるシベリア鉄道利用・ベラルーシ通過のリスク回避の影響だと思われる。

　対ロシア、対ベラルーシの荷動き急増が、中欧班列のどのルートを利用して行われているかを、［表4-3］で見てみると、東通道の利用が増大していることがわかる。特に、綏芬河が、列車便数、コンテナ数それぞれ59.6％、60.8％と急増しており、綏芬河ルートが利用されていることがわかる。もちろん、通常ルートの満州里利用も列車便数、コンテナ数それぞれ13.9％、13.6％と増加している。阿拉山口の利用が少ないのは、やはりリスク回避が原因だと考えられる。ホルゴスが満州里より多いのは、西2通道のカスピ海ルートの利用頻度が高まっていることを示すものと推察される。二連浩特が減少しているが、別

の理由が働いているものと考えられる。

　今後、荷動きは増勢を維持していくと考えられる。2023 年 2 月に発生した
トルコ大地震の復興需要、ウクライナ戦争の復興需要などで、今後、中欧班列
の活用が予想される。

4-3　中欧班列と海運

　中欧班列は、単なる鉄道輸送サービスではなく、ランドブリッジであること
から海運との関係が深い。港湾との関係を述べる前に、まず、海運との関係か
ら始める。

　中欧班列は、2011 年 3 月、重慶発の渝新欧国際列車をもって始まるが、こ
れは、新しく構築された輸送サービスではなく、1992 年に始まった「ユーラ
シア・ランドブリッジ」という鉄道コンテナ輸送が、衣替えして、2016 年に
「中欧班列」というブランド名を与えられて、再出発したものである。

　ランドブリッジ輸送とは、元来、海上輸送のコンテナを港湾経由で陸上に揚
げ、鉄道やトラックなどで大陸を渡り、さらに海上輸送につなぐことから名づ
けられたコンテナリゼーションの一形態である。アメリカ・ランドブリッジ
（ALB）や、シベリア・ランドブリッジ（SLB）が、その先駆けとなった。1991
年のソ連崩壊とともに、SLB サービスは崩壊し、翌年に中国が新しいランド
ブリッジをユーラシア・ランドブリッジと名付けて開始した。日本では、これ
を SLB になぞらえて、CLB（チャイナ・ランドブリッジ）と呼んだ。したがっ
て、ユーラシア・ランドブリッジも SLB のナホトカ港やボストーチヌイ港と
同様の輸送システムとしての港湾ノードを必然的にもっている。連雲港港・大
連港・天津港がそれである。そして、輸送システムとして、連雲港港−阿拉山
口ルート、大連港−満州里ルート、天津港−二連浩特ルートの基本的な 3 ルー
トが構築された。これを三大海鉄連運ルートと中国では呼んだのである。2011
年 9 月には、《コンテナ鉄水連運モデルプロジェクトの通知》が公布され、「第
十二次五カ年計画」のもとで青島港、寧波港、深圳港発のルートが加えられ 6
大海鉄連運ルートを目指すこととなり、2016 年の「中欧班列建設発展計画」の
基礎となった。

　さて、衣替えした中欧班列と従来のユーラシア・ランドブリッジとは、何が
違うのか。それは、港湾発の基本的な三大海鉄連運ルートは維持しながらも、
新しく中国の内陸に建設した中国鉄道コンテナセンター駅を起点として出発す

図 4-3　成都鉄道コンテナセンター駅

る国際列車サービスを、三大海鉄連ルートシステムのなかに加えたという点である。ランドブリッジとは言いづらくなったため、中欧班列という新しいブランド名の枠組みのなかにこれまでのランドブリッジサービスを含めたのである。したがって、中欧班列とは、ランドブリッジサービスを含んだ国際列車のことである。2011 年 3 月に、三大海鉄連運ルートとは異なる重慶鉄道コンテナセンター駅発の渝新欧国際列車を皮切りに、内陸発の新しいタイプの国際列車が出発し、2013 年までの 2 年間に、たくさんの国際列車が、鉄道コンテナセンター駅から続々と出発していった。この新しい展開のことを「ユーラシア・ランドブリッジの新展開」と呼ぶ。

　旧鉄道部は、中国全土の港湾で荷卸しされるコンテナ貨物や国内で発生するコンテナ貨物を処理するための 18 のハブ駅として、18 カ所に鉄道コンテナセンター駅建設を開始した。2006 年の昆明駅を皮切りに建設が始まった。18 カ所とは、瀋陽・ハルピン・大連・天津・北京・鄭州・青島・西安・武漢・重慶・成都・蘭州・ウルムチ・昆明・上海・寧波・深圳・広州である。これらの駅から 2011〜13 年にかけて続々と国際列車が出発したが、カザフスタン国境駅が阿拉山口だけでは渋滞を解消しきれないということで、2012 年 12 月にホルゴス（霍尔果斯）という第二国境駅（口岸駅）が西通道に建設され、東通道側でも 2017 年 7 月綏芬河（スイフンガ）駅が中欧班列の国境駅として追加さ

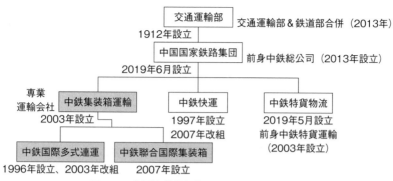

図4-4 中国鉄道貨物輸送のための組織概要図
（出所）各種資料より筆者作成。

れた。

　では、なぜ18カ所の鉄道コンテンセンター駅を建設する必要があったのか。

　2000年代初め、中国港湾の急成長により、海上コンテナの内陸輸送が交通運輸部の喫緊の課題となっていた。一方、もともと人民革命軍事委員会傘下にあった巨大組織である鉄道部は、国家物資、資源物資の優先的輸送が義務づけられており、旧態依然たる状況にあった。2001年WTO加盟以降の市場経済導入に対処するための現代化の課題が、鉄道部には重くのしかかっていた。コンテナリゼーションが、両者の課題を解決する回答であることは、欧米の成功を見れば明らかだったため、両者は提携することになった。だが、鉄道部の旧態依然たる状況、インフラの乏しい当時の中国では、ことはそう簡単ではなかった。日々、海外の競争にさらされている海運や港湾とは異なり、鉄道は最初から旧習を引きずり、インフラ不足に悩まされ、その困難のなかで、組織改革を行いながら、一からインフラを構築しインフラ不足を解消する必要があった。

　まず、最初に取り組んだのは、コンテナを専用に取り扱う「中鉄集装箱運輸有限公司（CRCT）」を2003年に設立した［図4-4］。コンテナ以外は、「中鉄快運」と「中鉄特貨」にまかせる3社体制とした。同時に1996年に設立されていた子会社の中鉄国際多式連運有限公司（CRIMT）（多式連運とは複合輸送のこと）を2003年に改組してコンテナの国際複合輸送に特化させた。2007年には18カ所鉄道コンテナセンター駅建設において、2006年にはすでに建設されていた昆明鉄道コンテナセンター駅の運営を開始するために、2007年に中鉄聯合国際集装箱有限公司（CUIRC）を設立し運営を任せた。2010年までに、

昆明（2006年11月）・上海（2006年12月）・重慶（2009年12月）・成都（2010年3月）・鄭州（2010年4月）・大連（2010年7月）・青島（2010年8月）・武漢（2010年9月）・西安（2010年12月）等9つの鉄道コンテナセンター駅が稼働しており、こうして最低限の運営体制が整い、2011年3月に渝新欧国際列車が運行開始に漕ぎつけ、5月に鉄道部と交通運輸部が「鉄水連運発展合作協議の共同推進について」に署名した。その後、国際列車が次々と開業し、海鉄連運が急激に進んでいった。

　鉄道コンテナセンター駅は、SEA&RAIL における海運の視点から見ると、港湾からの輸送ルートの確保とルート上にコンテナ貨物を保管・蔵置・通関・配送する拠点である。海運にとって、輸入コンテナ貨物が港湾を出発した後、迅速に輸送され、迅速に荷主に引き渡され、戻ってきた空コンテナを保管、蔵置、修理等ができ、さらに、輸出のために使えるようにする拠点が必要である。これが鉄道拠点である場合は、港湾から大量のコンテナ貨物を迅速に輸送する列車の運行体制が必要となる。鉄道コンテナセンター駅は、以上の条件を満たす、海鉄連運とランドブリッジに対応可能な港湾補完機能を有する拠点である必要がある。この拠点を内陸港（インランドコンテナポート：ICP）、または、無水港（ドライポート）という。18カ所の鉄道コンテナセンター駅は、当初より陸港（無水港）型と海港（港湾）型の2つのタイプが建設された。瀋陽・ハルピン・北京・鄭州・西安・重慶・成都・蘭州・ウルムチ・昆明は陸港型といえる。大連・天津・青島・武漢・上海・寧波・深圳・広州などは、海港型といえる。重慶と武漢は河川港でもあるため両方の性格を兼ね備えた特殊な内陸港といえる。したがって、中欧班列は類型的には、陸港型駅発、海港型駅発、および陸海港型駅発の3種類があるといえる。海港型のコンテナセンター駅と陸港型コンテナセンター駅は、相互補完性のあるコンテナセンター駅といえる。中国の海鉄連運とランドブリッジは、北米の西海岸から東海岸へ向かうインターモーダル輸送と比較されるが、北米が米国とカナダの二国間のもので、地政学的影響は少ないが、中欧班列は、沿海部の約2億 TEU 以上のコンテナと内陸国境駅を往来するコンテナが、周辺の多数の国と往来するため、集散拠点の多さ、ルート選定の複雑さ、モード選定の複雑さ、貿易手続きの複雑さ等複合的で重層的であり、地政学的な影響も受けやすい。

　たとえば、日韓からのコンテナ貨物をどのようにつなげば、最適ルートを構築できるのかを考えると大変難しい。日中韓の海上ネットワークを利用してつ

なぐ場合、多数のルートとモードの検討、実際の利便性、コストやリードタイムの問題、中国沿海港や釜山港の選択、鉄道コンテナセンター駅の選択、輸送手続き、中国の国内事情等さまざまな問題がある。さらに、日韓側から見れば、中欧班列の利用しやすい環境・体制が、まだまだ不十分である。中欧班列を利用しやすい環境・体制を構築するためには、海運と港湾のシステム的な連携メカニズムの研究・構築が今後重要な課題となる。特に、海運にとっては、鉄道の先にいる顧客へのサービス提供のために、鉄道・港湾との提携が最重要課題となる。

　第3章で、港湾戦略が海運戦略を支えることが、中国の経済発展戦略の一つの特徴となっていることについて述べたが、中国のすべての港湾が、コンテナ輸送による国際複合一貫輸送だけでなく、国際バルク輸送においても、海運を支えるための集運（集貨）戦略を展開している。そこに、2013年以降は、一帯一路イニシアチブが加わり、海のシルクロードである海運と連携することが、至上命題となった。同時に、交通運輸部が推進する「海鉄連運政策」と鉄道部が推進する中国鉄道の現代化としての「鉄水連運政策」が、国家の基本政策となり、これを海運戦略に統合するため、2013年3月17日に鉄道部が解体され、交通運輸部が吸収し、行政部門の国家鉄道局と鉄道運行を担う現業部門の中国鉄道総公司に二分されて、鉄道は現代化を目指して新たな出発をした。中鉄総公司は、2019年6月に、現在の中国国家鉄路集団に改組されたが、この鉄道部の解体をもって、中国における鉄道と海運の自由な連携が本格化し、国内の交通体系と国際の交通体系が一体化する方向性が打ち出され、双循環における好循環が生まれ、現在のような海運・港湾・鉄道の一体的急成長が始まったのである。

　中国鉄道コンテナ輸送には、「海鉄連運」と「ランドブリッジ」の2つの核がある。日韓のビジネス上では、前者は、海運と鉄道の協調が最重要ポイントであり、後者は海運と鉄道の協調と競争の側面が現れる。これまで沿海港湾経由で欧州方面に輸送されていたコンテナが、鉄道による輸送に切り替わり、ランドブリッジに貨物が流れるとすれば、その分海運市場の貨物が、減少することになり、競争的側面が生まれることになる。だが、大事なことは、海運や物流業者や荷主が多くの選択肢を有し自由に選択できる利便性を確保し、持続可能なコンテナ輸送が行われることである。今や多くの海運・物流企業が、輸送ルートやモードの多様化については、ロジスティクス戦略を駆使し、サプライ

図 4-5　青島港の自動化コンテナターミナル

チェーンの最適化を考えるようになっている。特に、コロナ禍における海上輸送の混乱を経験した多数の企業が、中欧班列という輸送モード・ルートの活用を、サプライチェーン強靭化の選択肢に加える新たな方向性を模索し始めている。今後は海運と鉄道と港湾の一層の自由な連携が必要となり、三者が連携する統一的なメカニズムをもった体制の構築が必要になると考えられる。海運と鉄道と港湾の協調提携による複合一貫輸送の効率化が最重要課題となる。海運と鉄道の関係は、必ずしも競争だけではない。北米航路でも同様であるが、LA（ロサンゼルス）・LB（ロングビーチ）港では、海運と鉄道の 3 社が連携し IPI（インテリア・ポイント・インターモーダル）という複合輸送サービスを行っているが、全貨物の約 60% を占めている[1]。つまり、海鉄連運率が 60% ということである。海鉄連運率は、欧米では一般に 20〜30% といわれており、60% というのは、かなり達成が困難な数字である。これに近づこうとするならば、海運と中国国家鉄路集団の協調による海鉄連運強化と中欧班列の強化のために、両者がもっと深い連携関係を形成し、オンドックレールやニヤドックレールなどの具体的な業務提携が必要であることを示している。ちなみに、2020 年の中国の全国港湾の海鉄連運量は、687.19 万 TEU、中国全国のコンテナ取扱量が 2 億 6,430 万 TEU で、海鉄連運率は 2.6% であった[2]。2021 年は同様に海鉄連運量 754 万 TEU、全国コンテナ取扱量は、2 億 8,272 万 TEU で、海鉄連運率は 2.7% である[3]。欧米の 20

1 日刊 CARGO2012 年 7 月 19 日付「ロサンゼルス港　5 年間で 13 億ドルの投資計画　ゲートウェー機能さらに強化」

2（出所）「2021 年中国集装箱鉄水連運市場発展現状及競争格局分析中外発展水平差距較大」（前瞻産業研究院）2021-3-18。

3（出所）《中国集装箱行業与多式連運発展報告（2021 年度）》正式公布。（中国水運ネット：2022-12-12）。

～30% にはまったく届いていない状況である。海鉄連運率は、各港別ではもっと上がるのだが、中国全土の貨物量はあまりにも大量すぎるのが原因である。

今後、海運と港湾と鉄道が、システムとして連携する安定した体制を構築してゆくことが、重要な課題となるだろう。

4-4　中欧班列と港湾

中欧班列は、国際循環の国際コンテナ貨物を、中国の海運戦略と港湾戦略に基づいて、海鉄連運政策に依拠した鉄道戦略にあわせて国内輸送し、一帯一路構想を土台とする国際循環の鉄道戦略にあわせて輸送するインターモーダルシステムである。インフラとしては、鉄道と港湾の具体的連携が最重要課題となる。第3章で説明したように、中国の港湾は国際航運センターというかなり広域な地域を設定した集貨メカニズムによるマーケティングを行っている。五大港湾群がそれぞれの港湾群ごとに、地域一体化運営を推進して集貨力を強化し国際競争力を高め、内陸港や内河港の営業戦略にも関わっている。さらに提携等により集貨戦略を展開し、自らの影響力の及ぶ範囲を絶えず拡大している。中国の港湾は日本の港湾と異なり、社会経済発展計画、交通発展計画、港湾発展計画等のさまざまな計画を土台にして、自ら自立して自由に港湾戦略を展開している。これができるのは、あくまでも海運戦略を支えることが、国家経済戦略発展に貢献するという考え方があるからである。

中国の主要港湾は、国際航運センターを中心とした五大港湾群地域の一体化運営戦略、海鉄連運戦略、中欧班列との連携戦略、一帯一路の振興戦略、港湾の建設戦略（自動化、スマート化、グリーン化）を、一斉に追及している。一斉に同じことに取り組むため、社会的な相互連関効果が発揮され、物事が早く進展する。港湾戦略と中欧班列・一帯一路との関係においても、積極的な戦略が打ち出されている。

天津港は、京津冀共同発展と一帯一路の共同建設を推進し、北方国際航運ハブとして、京津冀および三北地区と世界貿易の重要ルートとなり、同時に3本のユーラシア・ランドブリッジの越境通道と連携する港湾として、コンテナ航路130余り、世界の約200の国家と地域の800以上の港湾と海運の往来を確保している。

青島港は、天津港と並び、環渤海港湾群の中心的港湾であり、「一帯一路」の交差点にある重要な橋頭堡であると自らを位置づけ、中欧班列との接続サービ

スを強化している。

　上海港は、上港集団が、港湾型の鉄道コンテナセンター駅を利用して中欧班列の輸送量の増大を図るだけでなく、傘下の錦江航運を利用して、コンテナ船事業に進出している。武漢－日本快速航路を 2021 年 1 月 29 日に正式就航させ、武漢を日本企業が、中国中西部地区および東欧国家の市場への国際複合輸送の新通道として活用できるよう中欧班列との接続サービスを展開している。また、武漢新港も、傘下の武漢新港大通国際航運有限公司の日本・韓国直行便を利用して、上海同様の中欧班列との接続サービスを行っている。この通道は、中部陸海連運大通道と呼ばれている。

　北部湾港は、構成港の 1 つである欽州港が、西部陸海新通道の拠点港として、鉄道をコンテナターミナルまで引き入れ、中欧班列との接続システムを構築し、取扱量を急速に伸ばしている。このシステムは、現在、最先端の SEA&RAIL に対応する鉄道一体運営管理型の自動化コンテナターミナルとなり、国内初の海鉄連運自動化コンテナターミナルとなっている。

　このように中国港湾は、中欧班列を海上輸送と並んで活用することをビジネスの中心に置いている。単に、鉄道を業者とみるのではなく、鉄道コンテナセンター駅に自らの複合輸送部門、コンテナの修理部門、税関や検査部門を設置したり、港湾と鉄道の共通の EDI プラットフォームを導入したりとさまざまな事業を展開している。鉄道コンテナセンター駅を中欧班列との接続のために使うだけではなく、自らの集貨のため、船社も利用可能な無水港として活用し、影響力を広げ、集貨圏の拡大に努めているのである。

4-5　港湾と国際陸港

　港湾の航運センターの集貨圏の拡大は、海運戦略を支援するための港湾戦略ではあるが、港湾の影響力を五大港湾群のエリアを越えて拡大し、無水港の高度化・高品質化を生み出していった。地域企業へのサービス提供のための税関や通関施設の誘致、貿易拡大や貿易品の輸入販売、商業施設の建設、金融サービスの提供と発展していく。一方、鉄道の海鉄連運政策とランドブリッジ拡大戦略に基づいて展開された鉄道コンテナセンター駅は、地域企業へのサービスと利便性の提供のために発展し、鉄道駅を中心とした物流園区や保税区、試験区などが人民政府と協力して建設されていった。海運・港湾側からの無水港の展開と鉄道側からのコンテナセンター駅とコンテナ取扱駅の高度化・自動化の

展開が統合されて、国際港務区と呼ばれる港湾に匹敵するインフラを保有する巨大エリアとしての国際陸港を誕生させた。これらの国際陸港は、それぞれのエリアの歴史的特色を反映した個性のある国際陸港として形成されていったのである。国際港湾は、国際陸港の親と見なされ、国際陸港は、子という位置づけで、国際陸港同士は子同士の関係で並列的な関係を保つ。国境駅は、この中でも特殊な位置づけをもち、国際陸港を介して、港湾との連携を維持する体制ができあがっている。国際港湾から見れば国境駅まで含めて影響力が及ぶ航運センターの範囲であり、国際陸港から見れば、沿海部の国際港湾が自らの集貨の範囲となり、相互の影響力がカバーしあう相互連携の広大なエリアができあがっている。現在、国際陸港と国際港湾との協調と競争が展開されているのである。

　国際陸港は、国際貿易の内陸ハブとなり、他の陸港、港湾、国境ハブ都市と連携している。鉄道コンテナセンター駅が中心となっているケースが多く、ブロックトレインを運営するプラットフォーム会社（中鉄国際多式連運有限公司等）が、政務・商務・貿易・金融なども管理している。政府や地方政府の後押しを受け運営され、陸港独自の中欧班列の発展戦略や海鉄連運政策を展開する。

　2022年の中欧班列の都市別実績トップ10は、以下の通りであるが、ほぼ、国際陸港内にある鉄道コンテナセンター駅の実績と見てよい。

　［表4-4］の第1位の西安と3位の成都、4位の鄭州の国際陸港をここでは取り上げる。国際陸港内には、中欧班列のプラットフォーム会社があり、ブロックトレインを編成して中欧班列の運行の基点となっている。簡単に整理すると以下の通りである。

①　鄭州国際陸港

　鄭州国際陸港は、鄭州陸港と呼称される。鄭州経済技術開発区の中にあり、陸港商務区や国際陸港園区などから構成されており、面積は、5.78㎢。経済技術開発区が51%の株式を保有、河南物資集団公司が49%の株式を保有している。鄭州センター駅とプラットフォームとしてのブロックトレイン運用会社の鄭州国際陸港開発建設有限公司（ZIH）がある。運行する列車は、鄭欧班列と呼称される。ZIHは2013年6月に設立された。ZIHはドイツにZZH国際多式連運という支店を設置し、国内主要都市に34の事務所を配置している。サービス範囲は、鄭州を中心として、23省・8つの港湾とASEANや日韓を含んだ半径1,500kmに及んでいる。鄭州陸港の2019年の運航便数は、中国第4位の

表4-4　中欧班列都市別実績トップ10（2022年）

		往行	復行	列車便数	往行	復行	コンテナ数（TEU）
1	西安	1,634	1,703	3,337	161,113	167,079	328,191
2	重慶	1,065	1,561	2,626	104,090	152,321	256,411
3	成都	894	932	1,826	87,962	90,194	178,156
4	鄭州	451	495	946	44,093	42,010	86,103
5	長沙	460	394	854	44,960	38,752	83,712
6	義烏	390	445	835	38,676	43,549	82,225
7	広州	520	8	528	51,314	826	52,140
8	瀋陽	256	268	524	25,602	25,412	51,014
9	済南	117	368	485	11,594	38,602	50,196
10	武漢	248	267	515	24,319	25,468	49,787

（出所）2023-02-23「2022年12月開行信息按境内城市統計」『大陸橋物流連盟公共信息平台』より筆者作成。

750便、6万757TEUだったが、コロナ禍の2022年運行便数は、中国第4位の946便、8万6,103TEUである。コロナ禍の代替輸送により、列車便数で26.1％、コンテナ数で41.7％と急増した［表4-4］。

ZIHは、中国の8大港（天津、青島、連雲港、上海、寧波、厦門、深圳、広州）を24時間以内でカバーするSEA & RAIL、ROAD & RAIL、AIR & RAILの複合輸送能力を有している。8つの中核都市ネットワーク（ハンブルグ、ミュンヘン、ルージュ、ワルシャワ、ブレスト、タシケント、アルマティ、ハノイ）と9つの2級レベルの都市ネットワーク（ドュイスブルグ、プラハ、パリ、ブダペスト、ルモ、ミラノ、ミンスク、St.ペテルスブルク、モスクワ）を構築しており、DHL・DSV・パナルピナなど100以上の輸送会社と強い連携関係を築いている。ブロックトレインには、鄭欧班列、鄭露班列、鄭中亜班列、ハノイまでの鄭ASEAN班列、韓国との鄭韓班列、日本との鄭日班列があり、鄭韓班列では釜山へ毎日1便、仁川へ週4便でつなぎ、鄭日班列で東京、大阪とそれぞれ週3便でつないでいるが8日程度かかるという。ZIHは、鄭州をハブ港として、ASEAN、日韓をネットワーク圏として積極的にビジネスを展開している。コンテナはZIHと書かれた所有コンテナを使用する。

② **西安国際陸港**

西安国際陸港は、西安港と呼称される中国（陝西）自由貿易区国際港務区と

いう陸港のことである。西安市の西安国際港務区管理員会が管理する西安国際港務区陸港集団が、港務区のさまざまな物流施設や関連施設を運営管理する。西安港は、2008 年に設立され、広さは 44.6 ㎢である。「西安陸港」とは呼ばず、「西安港」という港湾の港であるかのような呼び方をするのは、他の内陸ハブ港と異なり、西安が上海や青島と同様に世界と貿易をする開かれた海港と同等という考え方があるようだ。中欧班列を管理運営するプラットフォーム会社は、陸港集団の 100％子会社の西安国際陸港多式連運有限公司であり、中欧班列の運営管理を行っており、「長安号」というブロックトレインを仕立てる。また、日本通運にもブロックトレインを仕立てることを認めているが、それを「中欧班列（長安号）日通専列」と呼んでいる。「専列」とは「専用列車」のことである。一方、中亜班列という中央アジアとの国際列車があるが、そのブロックトレインを仕立てるのは、港湾局傘下の CMGL（招商局）である。

　日本通運も多式連運会社も中央アジア貨物については CMGL に依頼することになっている。ビジネスには「西安港」と書かれた所有コンテナを利用する。

　日本通運は、将来的には中国全土のオペレーションを西安でコントロールすることを目標としているが、西安港のハブ港戦略にも大きな影響を及ぼすものと思われる。日本通運は、西安港と大変深い関係をもっており、西安港の日本通運に対する信頼は大きく、西安港は、外資の日本通運とともに歩む陸港という他の陸港にはない特色をもっている。西安港のコロナ前の 2019 年運行便数は、中国第 3 位 1,137 便、10 万 1,602TEU であったが、コロナ禍の 2022 年運行便数は、中国第 1 位 3,337 便、32 万 8,191TEU である。西安港は、コロナ禍で最も活用された国際陸港であり、コロナ禍前との比較で運航便数は 193.5％、コンテナ数は 223％の爆増であった［表 4-4］。

③　成都国際陸港[4]

　成都国際陸港は成都鉄路港と呼称され、2016〜2019 年まで 4 年連続で運行便数、取扱量とも中国第 1 位を誇った。2019 年の運行便数は 1,576 便、取扱量は 13 万 5,132TEU だった。しかし、コロナ禍で潮目が変化し、2022 年は、第 1 位を西安に奪われ、第 3 位に転落した。だが、運航便数で、1,826 便、取扱量で 17 万 8,156TEU となり、列車便数で 15.9％、コンテナ数で 31.8％の増加

---

4 2019 年訪中時資料：中鉄聯合国際集装箱有限公司、西安国際陸港多式連運有限公司、中国成都国際鉄路港、成都国際鉄路港投資発展（集団）有限公司、成都自貿通供応鏈服務有限公司のパンフレットより。

と面目を保った。ちなみに、第2位は重慶であった。

　成都では、他の陸港とは異なり、国際鉄路港を自由貿易区と一帯一路大港区の中核と位置づけたため、成都鉄路港と呼称され、鉄路港が経済技術開発区と同等の言葉として使用されている。正式には、中国（四川）自由貿易試験区成都国際鉄路港片区という。鉄路港の中に、成都国際鉄路港投資発展（集団）有限公司（CIPI：成都港投）というプラットフォーム会社があり、鉄路港の融資、投資、建設、経営等を行い、片区のインフラの整備・建設、ブロックトレインの運営、鉄路港の税関、駅の運営、鉄道物流ルートの建設や国際貿易や金融、情報等のサービスをする。成都鉄路港の面積は33.6 km²である。CIPIは、2017年11月に設立され成都市と青白江区の両政府と中国鉄道成都局集団がサポートする。CIPIがブロックトレインの運営をすると書いたが、正確にいうとCIPIの下に3つの子会社があって、成都国際鉄路班列有限公司（CDIRS）がブロックトレインを運行し、残り2社は、成都国際陸港運営有限公司（CIPO）と成都自貿通サプライチェーンサービス有限公司（CIPT）となっている。前者は、陸港と名がつくが、税関駅のサービスに責任を負い、後者は、国際外貿の政務・商務・貿易・金融等のサプライチェーンに責任を負うこととなっている。CIPIは統轄会社のような存在である。したがって、中欧班列に使用するコンテナは、CDIRSの文字が書かれたものが使用されている。

　成都発の中欧班列の一般名称は、「蓉欧班列」または「蓉欧快鉄」というが、CIPIの戦略は、その蓉欧班列のハブ港になるということである。キーワードは、「四向拓展」（全方位拡張）、「全域開放」（グローバルオープン）の2つである。そのために、7路線の国際鉄道と5路線の国際鉄海連運（RAIL&SEA）ルート作りを進めている。そして、蓉欧班列からさらに広がるという意味で、「蓉欧＋」戦略と名づけられた。ルートは東西南北に広がり、東は韓国・日本・太平洋という位置づけになっている。これらの戦略は、当然のことながら、沿海部の国際港湾との強力な提携関係が前提となっている。成都鉄路港の発展戦略を簡単に説明する。東西南北に向かって具体的な拡大ルートを設定している。日韓との関係では、東向の「提昇東向」が重要である。

・西向　「深化西向」
　　①阿拉山口〜欧州ティルブルク、ニュルンベルク、ウッジ等
　　②成格鉄道通過ホルゴス経由〜イスタンブール汎欧州鉄道ルート
　　③中国・パキスタン鉄道経由グワダル港からインド洋への鉄海連運ルート

・南向 「突出南向」

④西線（成都〜広通〜大理〜瑞麗〜ミャンマー（チャオピュー））

⑤中線（成都〜昆明〜玉渓〜磨憨〜ラオス（ビエンチャン）〜タイ（バンコク））

⑥東線（成都〜昆明〜玉渓〜蒙自〜河口〜ベトナム（ハノイ））

⑦成都〜欽州→ASEAN（"蓉欧＋" ASEAN 鉄海連運）

・東向 「提昇東向」

⑧成都〜深圳→香港・マカオ（深蓉欧）

⑨成都〜寧波→台湾海峡（甬蓉欧）

⑩成都〜上海→日韓以東（滬蓉欧）

⑪成都〜天津→日韓以東（津蓉欧）

・北向 「拡大北方」

⑫成都〜二連浩特〜蒙古〜ロシア（モスクワ）中蒙露経済回廊

　また、CIPI はコスコシッピングロジスティクス（成都）や市政府と戦略提携協議にサインしており、戦略を具体的なビジネスとして、展開している。

　それを図に整理すると、［図 4-6］のとおりである。下記の図はコスコロジスティクスのサービス図である。

　国際陸港の戦略は、内陸の鉄道だけではなく、港湾と連携して、日本や韓国

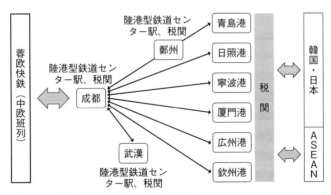

図 4-6　コスコシッピングロジスティクス（成都）の成都中欧班列接続サービス（"蓉欧＋"モデル）

（出所）2019 年訪中時資料（成都中遠海運物流有限公司 COSCO SHIPPING LOGISTICS (CHENGDU) CO., LTD）より筆者作成。

と中欧班列を接続することである。国際陸港は、港湾の集貨戦略にこたえる形で、自らが集貨したコンテナ貨物を港湾とつないだり、港湾からの貨物を受け入れ、配送したり、中継転送したりするのである。国際陸港の港湾と海運との強力な連携が、明確に見てとれる。逆にいえば、海運と港湾は、鉄道コンテナセンター駅と国際陸港を海陸複合輸送の拠点とせざるをえないのである。

4-6　今後の展望

　コロナ禍で混乱したグローバルな海上コンテナ輸送の正常化が、今進みつつある。世界ではこれまでの轍を踏まないように、グローバル・サプライチェーンの強靭化・最適化が叫ばれている。コロナ禍では、世界の工場・消費地として頭角を現してきた東アジアと欧米間の荷動き動向に関心が集まった。今後もそれは続いていく。海上輸送の基幹航路の欧州航路や北米航路は、荷動きの急減により、運賃が2019年のコロナ前までに戻ってしまったが、グローバル・サプライチェーンの強靭化・最適化に多くの企業が期待をかけ、商機を見出そうとしている。輸送ルート・モードの多元化、サプライチェーンの多元化が、そのカギとなるが、中欧班列は多元化を担う有力な輸送ルートの一つとなりつつある。ウクライナ戦争では、日系企業の多くが、経済制裁を受けたシベリア鉄道の輸送リスク回避を選択しているが、その代替ルートとして、中欧班列の西2通道と呼ばれるカスピ海ルートに関係者の注目が集まっている。カザフスタン政府は、アクタウ港にコンテナターミナルを建設するとの発表を2023年3月に行った。中国・キルギス・ウズベキスタン鉄道建設が、2023年から開始される。各国では、輸送の効率化とデジタル化とグリーン化を図るためのインフラや貿易手続きのDX化が始まっている。鉄道、港湾、海運、道路、河川等すべてに同様なことが求められており、これまで以上に各国の協力・協調や提携が重要になってきている。

　［図4-7］は東アジアの複合輸送の日中韓アセアンを中心とした簡単な概要図である。これはこれまで説明してきた海運・港湾・鉄道・国際陸港の諸関係の概要図である。

【参考文献】
福山秀夫（2013.9）（2013.10）「中国鉄道コンテナ輸送と海運（上）」、「中国鉄道コンテナ輸送と海運（下）」『海運』（一般社団法人日本海運集会所）
福山秀夫（2013）「コンテナ海鉄連運の現状と今後の展開」『LOGI-BIZ2013SETEMBER』（ラ

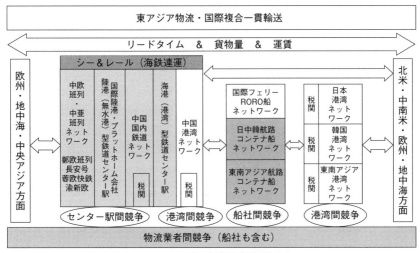

図 4-7　東アジア国際複合輸送概要図

（出所）福山秀夫・男澤智治（2021）「中欧班列と日韓発貨物の接続の現状と展望—陸港の発展
戦略と日韓の活用戦略—」（日本物流学会誌 No.29）の図を筆者改訂。

イノスパブリケーションズ）

福山秀夫（2014）「中鉄集装箱運輸（CRCTC）」『LOGI-BIZ2014APRIL』（ライノスパブリケー
　ションズ）

男澤智治（2020）「日本発・韓国発貨物の中欧班列への接続」『LOGI-BIZ2020APRIL』（ライノ
　スパブリケーションズ）

福山秀夫（2020）「中欧班列の拡張と日韓発貨物の連携戦略」『LOGI-BIZ2020MAY』（ライノス
　パブリケーションズ）

福山秀夫・男澤智治（2021）「中欧班列と日韓発貨物の接続の現状と展望—陸港の発展戦略と
　日韓の活用戦略—」（日本物流学会誌 No.29）

中国一帯一路ネット：https://www.yidaiyilu.gov.cn/zchj/rcjd/60645.htm
https://www.hkmpb.gov.hk/images/container_terminals_map_cn.png
中華人民共和国国家発展改革委員会ホームページ：「西部陸海新通道総合規画」
中国交通運輸部ホームページ：https://www.mot.gov.cn/
北部湾港集団のホームページ：https://www.bbwgw.com/en
北部湾港股份有限公司のホームページ：https://www.bbwport.cn/index.html
大陸橋物流連盟公共信息平台（LANDBRIDGE.COM）：http://www.landbridge.com/

第5章　韓国のコンテナ港湾戦略と主要港の概要

5-1　概　　説

　韓国では、海上輸送が輸出入貨物輸送量の99.7％程度を占めており、さらに貿易依存度は70％内外に達するほど対外依存的な経済構造となっている。したがって、港湾産業の国際貿易環境の変化についての適切な対応は、国際貿易の円滑な遂行のために重要な課題となる。効率的で安定した港湾輸送サービスの提供は、韓国経済の国際競争力の向上に寄与するだけではなく、経済安全保障の面でもきわめて重要な意義をもつ。さらに、港湾産業が発展すると、当該産業自体で創出される付加価値および雇用の増加が国家経済発展に寄与することになる。国際貿易の中心的な役割はコンテナ港湾が担当しており、特にCOVID-19以来、グローバル貿易環境は急速に変化している。そのため、韓国のコンテナ港湾の現状を把握し、今後の発展計画を探ってみる必要があると思われる。

　ここでは、韓国国内のコンテナ港湾の整備および運営状況、2000年度以降のコンテナ港湾における物流量の推移を概観したうえで、COVID-19以降の変化や状況と今後の発展計画について探ってみたい。

5-2　日韓間の貿易状況

　日本と比べた韓国の輸出規模は、1980年は13.4％（韓国175億ドル、日本1,304億ドル）であったが、2000年は35.9％、2010年は60.6％、2021年は85.2％と着実に高くなり、2022年は90％を上回っている。2022年1〜5月の累計で日韓の輸出額の差は2012年に1,094億ドルと1千億ドルを上回ったが、2021年には557億ドル、2022年には162億ドルへ減った。

　しかし、日韓の輸出額の格差縮小以外では、総合的な経済力での両国間のギャップは依然として大きいといわれている。日本企業の海外進出は韓国側よりはるかに先んじており、現地に直接投資をした事例が多い。そのため、日本は貿易収支赤字でも経常収支では黒字を達成しており、貿易赤字による日本経済全般への衝撃は小さくなっている。また、韓国に比べて内需市場が大きく、輸出が全体経済で占める割合がはるかに小さいといえる。

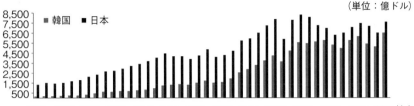

図 5-1　1980-2021年の日韓輸出額の推移

図 5-2　毎年 5 月の累計の日韓間の輸出額の差

（出所）産業通商資源部（2022）、「2022 年　輸出入動向」『報道資料』より作成。

　両国間の輸出額の格差が急減するなかでも、韓国の対日貿易赤字の流れはそのまま続いている。2022 年 1〜6 月の日本に対する韓国の輸出額は 160 億ドル、輸入額は 282 億ドルと 122 億ドルの赤字であった。同じ期間の韓国の貿易赤字額は 103 億ドルを上回る水準である。2020 年に 209 億ドル、2021 年 245 億ドルの赤字であったのと同様の流れである。しかし、過去最大の対日貿易赤字となった 2010 年の 361 億ドルと比べると改善が進んでいる[1]。

　一方で、素材・部品・装備（装置や設備）分野の日本の依存度は少しずつ低下している。これは日本の韓国に対する輸出規制の後、サプライチェーンで一部の多様化がなされたことによる影響とみられる。韓国の産業通産資源部の「素材部品総合情報網」を見ると、2022 年 6 月まで韓国の素材・部品・装備（装置や設備）の全体の輸入額は 1,300 億 6,700 万ドルであり、このうち日本からの輸入は 200 億 7,200 万ドルで 15.4% を占めた。日本の輸出規制の初年度の 2019 年には、この割合は 17.1%、2020 年には 17.2%、2021 年には 15.8% であっ

---

1 キム・ヨンベ（2022）、「韓国輸出規模、日本の 95% 水準…対日貿易赤字は相変わらず」、『ハンギョレ新聞』https://www.hani.co.kr/arti/economy/economy_general/1053198.html

た[2]。

　日本は、韓国に対して貿易黒字を記録しているにもかかわらず、貿易全体では赤字状態に陥っている。日本の貿易収支は、2022 年 6 月までに 11 カ月連続赤字を記録しており、2022 年上半期の貿易赤字は 7 兆 9,000 億円（約 644 億ドル）で半期基準で史上最大であった。日本が韓国・ドイツのようにエネルギー輸入依存度が高く、ウクライナ侵攻によるエネルギー価格の急騰による影響が直撃したかたちとなった。日本の 2022 年上半期のエネルギー源別輸入増加率は原油 105.4%、液化天然ガス（LNG）95.0%、石炭 216.5% であった。

5-3　韓国における港湾の整備・運営

(1) 全国港湾の現況

　韓国の港湾は港湾法上では 31 の貿易港（関税法では 25 の国際港[3]）と 31 の沿岸港に区分され、地方海洋水産庁（国家管理港）および各道市庁（地方管理港）により管理されている。ここに港湾管理公社体制を導入し、計 4 つ（仁川、釜山、蔚山、麗水光陽）の港湾公社が当該港湾の船舶入出港およびターミナル、荷役管理を行っている。

(2) コンテナ港湾の運営状況

　現在、港湾公社が設立されている釜山港、仁川港、麗水光陽港、蔚山港などは各港湾公社がその所有権をもって管理しており、その他のターミナルは各地方の海洋水産庁が管理主体としての役割を果たしている。ただし、民間ターミナルの場合、民間企業が投資し開発したもので、民間企業によって管理・運営が行われている。一部のターミナル運営会社の場合、政府と民間企業の投資範囲によって運営権が決定され、これによりコスト構造も異なって現れることがある。

　コンテナターミナル運営会社は、企業の統合・解体によって継続的に変更されてきた。たとえば釜山北港の戡蠻埠頭と神仙台埠頭の場合、当初は運営会社

2　キム・ヨンベ（2022）、前掲ウェブサイト。

3　ちなみに、関税法施行令第 155 条（国際港の指定）（25 個）では、仁川港，釜山港，馬山港，麗水港，木浦港，群山港，濟州港，東海・墨湖港，蔚山港，統營港，三千浦港，長承浦港，浦項港，長項港，玉浦港，光陽港，平澤・唐津港，大山港，三陟港，鎭海港，莞島港，束草港，古縣港，京仁港，保寧港となっている。

表5-1　国内コンテナターミナルの施設・装備の現況

(単位：千TEU/年)

港湾名	施設の現況（2017年基準）					荷役の能力
	バースの長さ (m)	バースの数 (個)	Q/C	T/C	TGS*	
釜山港	9,930	34	114	351	110,886	19,131
光陽港	3,700	12	26	104	32,206	3,840
仁川港	3,087	9	25	90	25,198	1,952
平澤・唐津港	1,760	7	6	13	11,686	1,064
蔚山港	1,140	5	7	16	6,090	1,187
その他の港**	3,185	21	11	17	22,210	1,373
全国（合計）	22,802	88	189	591	208,276	28,742

（注）＊ TGS：Twenty Ground Slot のことで 20ft コンテナ 1 個が置かれる床面積を意味しており、TGS は海洋水産部（2015）に明示された数値である。
　　 ＊＊ その他の港は群山港、木浦港、浦項港、馬山港、大山港、京仁港である。
（出所）海洋水産部（2016）、『第 3 次全国港湾基本計画修正計画』；海洋水産部（2015）、『コンテナ港湾適正荷役能力の見直し』；海洋水産部（2017）、『港湾業務編覧』；韓国海洋水産開発院（2018）、『2017 年品目別港湾物量予測報告書』より作成。

により運営されたが、港湾のバースの運営効率性の向上などを目的に 2016 年に統合を進めることになった。また、韓進海運の破産によって SM 商船がターミナル運営権を買収するなど、経営問題による運営権の移転が行われたケースもある。

(3) コンテナ港湾の施設・整備現況

　韓国のコンテナターミナルは、1978 年の釜山子城台埠頭での 4 バースの整備を皮切りに、貨物量が増加するにつれて継続的に開発されてきた。現在、単一ターミナルとして最大である釜山新港の釜山新港湾株式会社（第 2 埠頭、PNC）は、5,000 トン級の 6 バースと岸壁 2,000 の規模となっている。その他のターミナルは 1〜4 バースが運営されている。

　バースの数、船の長さなど接岸能力と蔵置場（ヤード、CY）の大きさによってヤード装備の運用範囲が決められ、最終的には荷役能力を決める。賃貸ターミナルの場合、一般的にターミナルの面積に応じて賃貸料を支払うことになり、運用される装備や施設についても減価償却の形態で毎年費用として処理している。また、装備、建物、その他の施設についての動力費などの運営費も発生す

ることになる。コンテナターミナルでは、多くの人員が装備の運用および荷役作業に投入されるため、それらの人件費も費用として発生する。

　韓国のコンテナ港湾は継続的なコンテナ埠頭の開発をし、2015 年度までその施設は徐々に増加しており、現在、釜山港と仁川港を除くと、ほとんどのコンテナ港湾は取扱量に比べて荷役能力がかなり高い水準である。このような現状のため、釜山港と仁川港を除く各港湾は取扱量の誘致競争にさらされ、ターミナル運営会社は効果的な港湾運営が難しくなっている。そのため、設備や人員を投入しても十分な効果を享受できず、コスト上の非効率性が発生している。

　こうした現状から、今後の取扱量の増加と港湾開発の条件を慎重に考慮し、需要と供給のバランスがとれるように、コンテナ埠頭の機能調整、新規ターミナルの供給調整などの措置が必要であると思われる。

5-4　韓国におけるコンテナ貨物の取扱状況

　港湾の発展過程で韓国のコンテナ貨物の取扱量は 1992 年の 297 万 TEU から 2020 年の 2,901 万 TEU まで、ほぼ 30 年で 10 倍近い成長をした。2010 年初めから輸出入の取扱量は 2〜5% の成長率にとどまったものの、積替貨物は 7〜10% の高い成長率を維持している。これは韓国の戦略的港湾利用が、大きな成果を表していることを示している。また、今後も極東アジアのハブ港湾として持続的に成長し、2030 年には韓国のコンテナ貨物の取扱量は総 3,900 万 TEU に達すると見込まれている。

　コンテナ貨物取扱量の大部分を占めている釜山、仁川、光陽港の現状を見ると、2020 年の釜山港は 2,182 万 TEU で、国内のコンテナ貨物取扱量の 70% を占める。2013 年から釜山港のコンテナ貨物取扱量の成長率は 4〜6% 未満であるが、積替貨物は 7〜11% と高い成長傾向を示している。一方、光陽港は 2013 年に高い成長率を示したが、以後は不安定な状態が続き、多少運営に混乱をきたしている状況がうかがえる。また、コンテナ貨物取扱量も 2020 年は 2013 年に比べると大きな成長はできておらず、200 万 TEU 前後を記録している。仁川港で取り扱う大部分は輸出入のコンテナ貨物で、2020 年には 327 万 TEU と 2013 年と比べ 50% を超える増加率を見せている。

　国内コンテナ港湾は港湾別、ターミナル運営会社別にかなりの取扱量の差を見せている。主要コンテナ港湾である釜山港、仁川港、光陽港など 3 つの港湾で全国のコンテナの取扱量の約 93.8% を処理している。

表 5-2　コンテナ貨物取扱量の推移　　　　　　　　（単位：千 TEU）

				外港							内港		
		合計	外港計	輸出入			積替			沿岸計	入港	出港
				計	輸入	輸出	計	入港	出港			
2017年	計	27,468	27,022	16,311	8,083	8,228	10,710	5,401	5,309	447	211	235
	積	22,107	21,758	11,653	5,510	6,143	10,106	5,069	5,037	349	158	190
	空	5,361	5,263	4,659	2,574	2,085	604	332	272	98	53	45
2018年	計	28,970	28,699	16,636	8,315	8,321	12,063	6,079	5,984	272	131	141
	積	23,567	23,323	12,080	5,734	6,347	11,243	5,642	5,601	244	114	129
	空	5,403	5,375	4,555	2,581	1,975	820	436	384	28	17	11
2019年	計	29,226	29,019	16,736	8,368	8,368	12,283	6,195	6,088	206	97	110
	積	23,573	23,375	12,121	5,798	6,323	11,255	5,650	5,605	198	91	107
	空	5,653	5,644	4,616	2,570	2,045	1,028	545	483	9	6	3
2020年	計	29,101	28,916	16,429	8,139	8,290	12,487	6,289	6,198	185	85	100
	積	23,469	23,297	11,778	5,736	6,042	11,519	5,787	5,733	172	75	97
	空	5,632	5,619	4,651	2,403	2,248	968	503	465	13	10	3
2021年	計	17,620	17,511	10,133	5,075	5,058	7,378	3,718	3,660	109	51	59
	積	14,517	14,415	7,323	3,534	3,790	7,092	3,568	3,524	102	48	54
	空	3,103	3,096	2,810	1,541	1,269	286	150	136	8	3	4

（出所）海洋水産部（2022）、「Port-MIS」より作成。

　釜山港は、2021 年基準で全国のコンテナ貨物取扱量の約 75.6% である 2,270 万 TEU を処理した。ターミナル運営会社別に見ると、最も多いのが PNC（新港 2 埠頭）で、釜山港全体の約 22.4% である 508 万 TEU を処理しており、これは単一ターミナル基準では韓国内で最も多い量である。次いで BPT（神仙台埠頭・裁蠻埠頭）が 387 万 TEU で 17% 処理した。その他、HJNT（3 埠頭）が 13%（294 万 TEU）、PNIT（1 埠頭）が 12%（273 万 TEU）を記録した。釜山新港の供用開始以降、釜山北港の取扱量が徐々に新港に移転しつつ、北港のコンテナ取扱量は減少しているのに対し、新港は継続的に増加している。

　仁川港のコンテナ取扱量は、2021 年基準で全国の約 11.2% を占める 335 万 TEU と国内第 2 位となった。その他、光陽港のコンテナ取扱量は 2021 年基準で 212 万 TEU と全国の約 7.1% を占め、平沢・唐津港は約 3.1% の 93 万 TEU、蔚山港は約 1.5% の 45 万 TEU となっている。

表 5-3　港湾別のコンテナ取扱量の推移（空コンテナも含む）

（単位：千 TEU）

港湾名		取扱量（2017～2021年）				
		2017年	2018年	2019年	2020年	2021年
釜山港	全体	20,493	21,662	21,992	21,824	22,706
	輸出入	10,186	10,233	10,354	9,804	10,433
	積替	10,225	11,429	11,638	12,020	12,273
	沿岸貨物	82	−	−	−	−
光陽港	全体	2,233	2,408	2,378	2,159	2,125
	輸出入	1,754	1,823	1,798	1,788	1,788
	積替	442	585	580	371	331
	沿岸貨物	38	−	−	−	5
仁川港	全体	3,048	3,121	3,092	3,272	3,354
	輸出入	2,978	3,087	3,052	3,193	3,291
	積替	24	26	33	69	54
	沿岸貨物	45	8	7	9	8
平澤・唐津港	全体	643	690	725	793	936
	輸出入	636	684	713	781	925
	積替	5	6	12	12	11
	沿岸貨物	3	−	−	−	−
蔚山港	全体	466	490	517	536	457
	輸出入	453	485	511	532	452
	積替	2	5	7	4	5
	沿岸貨物	11	−	−	−	−
その他の港*	全体	584	599	521	518	461
	輸出入	304	324	308	331	278
	積替	12	12	13	11	15
	沿岸貨物	268	263	200	175	167
全国の荷動量	全体	27,468	28,970	29,226	29,101	30,038
	輸出入	16,311	16,636	16,736	16,429	17,167
	積替	10,710	12,063	12,283	12,487	12,690
	沿岸貨物	447	271	206	185	181

（注）*その他の港は、群山港、木浦港、浦項港、馬山港、大山港、京仁港である。
（出所）海洋水産統計システム（2022）、「海運物流/港湾別コンテナ処理実績/港湾別コンテナ処理実績」、海洋水産部（2023）ホームページ『港湾業務編覧』より作成。

5-5　韓国の主要コンテナ港湾の概要

(1) 釜山港

　釜山港は釜山広域市にある韓国最大の貿易港である。1876年2月27日に近代港としては最初に開港した。釜山港湾公社が運営し、貿易規模およびコンテナ取扱量1位を記録している。2019年基準ではコンテナ港湾として世界6位の取扱量であったが、2023年現在では、第7位となっている。韓国全体の海上輸出貨物の40%、コンテナ貨物の80%、水産物生産量の42%を取り扱っている。

① 釜山北港

　中区、東区、南区、影島区にまたがっており、近くに京釜線、京釜高速鉄道と終着駅の釜山駅がある。戡蠻埠頭、子城台埠頭、神仙台埠頭、新戡蠻埠頭、牛岩埠頭など5つのコンテナ埠頭と6つの一般埠頭があり、日本の九州と大阪行きの旅客船もここで停泊する。新港が建設された後、貨物量の半分以上が新港へ移っており、釜山港全体に占める北港の割合はますます減っている。

② 子城台埠頭

　韓国初のコンテナ専用埠頭として釜山港第1、2段階の開発事業の一環として1982年に完工された。供用開始時には、公営埠頭として釜山コンテナ埠頭運営公社（BCTOC：Busan Container Terminal Operation Corporation）が運営してきた。1997年7月に民営化され、現代商船が買収して2002年に運営会社が変更され、現在は韓国ハッチソンターミナルが運営している。50,000トン級コンテナ船4隻と10,000トン級コンテナ船1隻が同時に接岸でき、年間荷役能力は170万TEUである。

③ 新戡蠻埠頭

　1995年当時、政府のフィーダー埠頭の建設計画に基づき建設が始まったが、1996年7月に政府の港湾基本計画の変更により、接岸の能力が50,000トン級に上昇された。2002年2月に完工し、合弁法人である東部釜山コンテナターミナルにより運営されている。新戡蠻埠頭は50,000トン級コンテナ船2隻と、5,000トン級フィーダー船1隻が同時に接岸でき、年間78万TEUを処理する能力を備えている。

④ 戡蠻埠頭

　子城台コンテナターミナルの完工の以降、釜山港のコンテナ取扱量は急激に

増加し、1991 年に神仙台コンテナターミナの供用を開始したにもかかわらず、釜山港のコンテナ埠頭の施設が依然として不足しており、1991 年に釜山港第 4 段階開発事業として戡蠻埠頭を着工し、1997 年 12 月に完工した。50,000 トン級船舶 4 隻が同時に接岸することができ、年間 156 万 TEU のコンテナを処理する能力を備えている。

⑤　神仙台埠頭

釜山港の急増するコンテナ貨物の処理のために 1985 年から 1991 年まで施行された釜山港 3 段階開発事業に基づき、コンテナ専用ターミナルとして建設され 1991 年 6 月に供用を開始した。荷役会社および船会社のコンソーシアムで構成された釜山港ターミナル（BPT）により運営されている。50,000 トン級船舶 5 隻が同時に接岸することができ、年間 200 万 TEU の荷役能力を備えている。

⑥　釜山新港

飽和状態の北港のかわりとして釜山西端の釜山広域市江西区と慶尚南道昌原市鎮海区またがる地域に新しく建設されたコンテナ港湾である。現在、韓国で取扱量が一番多い港湾である。

1997 年に着工し、2006 年の 3 バースを皮切りに順次供用を開始している。現在も一部ターミナルは工事中で、2040 年までに 34 バースが追加され、年間 1,584 万 TEU 以上の処理能力を有するメガトン級コンテナ港湾として建設が行われる予定である。完工時には、北東アジアの国際物流の中心港として、しっかりと位置づけられることになるであろう。

新港のコンテナ埠頭は北・南・西コンテナ埠頭に区分されるが、北コンテナ埠頭はすべて完工しており、南コンテナターミナルは半分ほど完工し、それぞれ開港している。西コンテナターミナルは現在建設中である。また、各ターミナルは現代商船、PSA、インタージスなど世界的な海運会社により利用されている。事業が完了すると総 57 バースの埠頭が稼働する予定であり、2019 年時点では、24 バースが稼働している。そのほか、接岸施設である岸壁は 45 バース、14.71km の規模で開発が進められ、年間コンテナ 13,250 トン級の処理能力を備える予定である。

新港は、既存の北港のコンテナ貨物の飽和だけではなく、施設の老朽化や水深も浅かったため、幹線航路の積替貨物を誘致し、高付加価値の産業を育成する目的をもって建てられた。新港の北側と南側は、釜山鎮海経済自由区域の後

背地に指定されており、北港にはなかった再加工施設が入っており、埠頭の自動化など最先端施設が導入され、中国、香港、シンガポールなど競争国の港湾との競争でも遅れをとらない施設を誇っている。

現在は1バースを除くすべてがコンテナ埠頭である。1バースは多目的埠頭であるが、主に新港付近の江西区に工場があるルノーサムスン自動車の輸出埠頭として使用されており、船積みを待つルノーサムスン車が埠頭で非常に多く見られる。時には昌原市にある韓国GMもここで輸出車両を船積する。2020年までフィーダー埠頭の4バースと梁谷埠頭の1バースも追加された。

(2) 仁 川 港

仁川港は位置的に中国と近く、中国の経済成長と貿易拡大が多くの影響を及ぼすことが予測できる。そのため、仁川港は「物流の心臓」ともいわれ、中国だけではなくさまざまな国とも交流を積極的にしている。仁川港は西区には北港、中区にある内港、南港と延壽区の仁川新港から成り立っている。他には仁川中区にある沿岸埠頭に仁川港旅客ターミナルが運営されている。

① 仁川北港

仁川北港の多目的埠頭は仁川西区にあり、西区北城洞と原昌洞一帯に5万トン級など計17隻の船舶を同時に接岸することができる大きな規模を見せている。主に原木、鉄、飼料用の副原料など原材料の貨物を扱う。ソウルと首都圏の約2,500万人の後背地人口があり、仁川国際空港とも近く、第2外郭循環道路を通じて首都圏の主要産業都市に迅速な物資の供給ができるという利点を示している。これは海上物流だけではなく、陸路物流においての強みも有する。

② 仁川内港埠頭

閘門の奥にある区域で、1974年に韓国初のコンテナ埠頭として東洋最大規模の閘門が作られた。2000年代に南港、北港など外港が相次いで開港し、内港の取扱量は減ったが、自動車や雑貨埠頭など計48バースがまだ稼働中で、一部の施設は仁川市民のための休息空間のように変貌する予定である。

③ 仁川南港

3,000TEU級船舶を接岸することができるコンテナ専用埠頭7バースから成り立っており、近くには仁川港旅客ターミナルがあるという特徴がある。南港は物流だけではなく、クルーズ船が入港し、さらには釣り体験のために訪れる訪問客の需要も増加している。この点で南港は多目的埠頭といえる。

(3) 光 陽 港

　全羅南道光陽市の黄吉洞と桃李洞に位置する貿易港である。1969 年に開港した三日港を 1986 年に吸収することで、麗水市（麗川）地域の港湾と光陽市の地域港湾に分けて運営されている。一般貨物の取扱量は国内 1 位、コンテナの取扱量は釜山港と仁川港に次ぎ 3 位となっている。光陽港は東には蟾津江流域の慶尚南道河東郡および南海郡と接しており、麗水、順川、光陽、麗川の都市に囲まれている。地理的に中国に近接し、中国の積替貨物の拠点港として最適な位置にあり、光陽製鉄所、麗水国家産業団地、栗村地方産業団地が産業ベルトを形成している。

　光陽港のコンテナ港湾は 1987 年に開発事業を開始し、1998 年に供用を開始した。総延長 3.7km、幅 600m の十分な野積場と航路水深 20m 以上、岸壁水深 17m 以上を確保し、24 列コンテナクレーンを保有するなど 2 万 TEU 級以上の世界最大コンテナ船が寄港できる十分な港湾施設を保有している。光陽港コンテナ埠頭は、12 のバースで年間 384 万 TEU のコンテナ貨物処理能力を備えており、空コンテナの蔵置場を確保した 100％ のオンドックシステムを実現しているため、コスト削減の面でも優れている。1 年に約 6 万隻の船が出入りし、週 87 便が寄港している。

(4) 蔚 山 港

　蔚山広域市にある貿易港であり、蔚山港湾公社が運営している。蔚山広域市の東海岸である蔚山湾内に位置し、1992 年から多くの貨物を処理しており、最初の工業港である本港に南側の温山港、長生浦港と東側の尾浦港を含む全港を蔚山港と呼ぶ。後背地に大規模工業団地が造成され、本港と温山港は中化学工業、尾浦港は造船工業の支援港湾として発展している。本港内部の長生浦港は、過去の捕鯨船の集結地として有名であった場所でもある。

　国内最大の工業団地が造成されるにつれて、港湾施設の拡充が必要となり整備が進められた。港湾法上の 1 種港工業港としてかなり大きな規模を有しており、液体貨物取扱量は全国第 1 位で、貨物取扱量は全国第 3 位で、船舶の入港は全国第 2 位の実績を備えている。蔚山港は液体貨物の重点港湾であり、液体貨物が全貨物の 80％ を占め、全国の液体貨物の 32％ をここで扱っている。

① 本　　港

　本港は蔚山港の中枢的な役割を果たしている。荷役の能力は 3,202 万 8 千ト

ンを処理でき、61隻の船舶が接岸できる施設が整っており、蔚山港のなかで最も大きい。自動車、化学製品、一般貨物などを取り扱う。

② 温山港

蔚山本港から南に約10kmの地点に位置する工業港として、1973年に蔚山港に編入された。温山港の後背地には非鉄金属工業団地または第4石油化学団地と呼ばれる温山工業団地があり、この港は工業団地の銅・亜鉛・アルミニウムなどの非鉄金属や石油精製・パルプ工業などに必要な原料および製品の海上輸送を円滑にするための目的で1976年7月に着工された。

③ 新港

1997年に開港し、いまだ開発中である。北東アジアを代表するオイルハブとして開発され、原油や石油精製品などの輸出入や保管・加工などといった機能を兼ね備えた石油物流の中心港湾として飛躍することが期待されている。2021年に第1段階として蔚山新港が竣工され、蔚山港全体としては132バースの接岸能力、年間8,900万トンの荷役能力と年間2億5,300万トンの港湾貨物の処理能力を備え、世界4大のオイルハブ港湾の一角をめざしている。現在、第1段階に続き、第2段階の開発が2026年の完工を目標に進められている。現在は2,272万9千トンの荷役能力を有し、セメント、鉄材、木材、雑貨、その他の鉱石、液体化学、油類、石炭などを扱っている。

(5) 平澤・唐津港

平澤・唐津港は、牙山湾を挟んで京畿道平澤市浦升邑から忠清南道唐津市松山面までを結ぶ大規模な貿易港である。港内の水面積94.990㎢で水深11〜18mで管理されており、平澤・唐津港は大きく東埠頭、西埠頭、松嶽埠頭、そして古垈埠頭に分かれいる。ほかに旅客埠頭と砂埠頭、ドルフィン埠頭がある。中国と最短距離に位置する地理的特徴を備えた平澤・唐津港は、3大国策港湾および5大国策開発事業に選定され、持続的な成長を遂げており、2020年基準で合計64バースを運営しており、2022年までに79バースを拡充している[4]。

平澤・唐津港は現在、岸壁14,424m、小型船埠頭616m、残橋10基、防波堤1,006mが配置されている。韓国GM、現代製鉄、セメント、発電所など大規模産業施設が集まっている代表的な工業港であり、自動車専用バース、中国と

---

4 海洋水産部（2021）、「第4次全国貿易港基本計画：平沢・唐津港基本計画」。

の立地的利点、後背地の消費力の増加に伴うコンテナ需要が増加し、コンテナ取扱量が増加傾向にある。コンテナ専用埠頭は東埠頭に6，7（560m），8，9（480m）および14，15，16（720m）のバースが設けられており、いずれも2,000〜3,000TEU級の船舶が接岸できる規模である。

5-6　新型コロナウイルス感染症への対応

　韓国は、COVID-19によるコンテナ取扱量減少の影響から比較的迅速に回復したと評価できる。2020年度の韓国のコンテナ取扱量は輸出入の貨物量の減少にもかかわらず、積替貨物の増加に支えられ、前年比0.4%減少の2,910万TEUを記録した。輸出入の貨物量は2019年の1,674万TEUと比べ、1.8%減少の1,643万TEUを記録したが、輸出は829万TEU（1.0%減）、輸入は813万TEU（2.8%減）と、輸入貨物で大きな落ち込みを示した。相対的に輸出貨物の減少傾向が少ないのは、日本（11.1%減）、ベトナム（2.1%減）などへの輸出が減少したにもかかわらず、対中国・対米国の輸出が大きく増え（それぞれ7.3%増、5.3%増）、これらの減少を相殺させたことによるものとみられる。また、このような困難な状況でも、積替貨物は2019年の1,228万TEUと比べ、1.7%増加した1,248万TEUを記録し、韓国港湾の競争力が向上しているものとみられる。また、2021年の総貨物取扱量は3,003万TEUで、2020年と比べ、3.2%増加し、2019年のCOVID-19以前の水準を超えた。

　COVID-19が長期化するにつれて、2021年度は世界的に港湾の船混と滞船（congestion）が長期化した。港湾の船混と滞船がこのように深刻な事態となったのは、世界中の物流現場でCOVID-19感染症の患者が発生し、港湾と内陸輸送がドミノのように渋滞する状況が続いているためである。これにより空コ

表5-4　全国貿易港のコンテナ取扱量（2019-2021年度）

（単位：千TEU）

	2019年度	2020年度	2021年度
総取扱量	29,226	29,101	30,038
前年対比（%）	0.9	− 0.4	3.2
輸出入貨物	16,736	16,429	17,167
積替貨物	12,283	12,487	12,690
沿岸輸送	206	185	181

（出所）海洋水産部（2022）ホームページより作成。

ンテナが回収できず、コンテナ不足と運賃の上昇を引き起こした。

　また、船腹不足の問題もある。COVID-19 以前から数年間沈滞期を経験してきた海運産業は船舶発注に消極的であり、COVID-19 で 2021 年は貨物量が萎縮した。しかし、2022 年には貨物量が急激に増加し、深刻な船腹不足を引き起こした。これは、米国の港湾で起こった史上最悪の滞船が続いたことで、世界各国の港湾が連鎖的に影響を受けたと分析されている。2022 年夏期のピークシーズンと COVID-19 の再拡散により、米国西海岸の代表港湾であるロサンゼルス（LA）とロングビーチでの滞船は史上最悪の状況となった。COVID-19 の再拡散により荷役を担当する人員、コンテナを米国全域に輸送するトラックの運転手が不足したことが、米国港湾の滞船の主な原因であるとみられている。韓国は、このような状況に対応するために輸出貨物の保管場所の供給を拡大している。韓国政府は貨物を一時的に保管できるように釜山港の周辺に70,000㎡規模の臨時野積場を設け、西側コンテナ後背地の一部（40,000㎡、1,400 TEU）と北港の牛岩埠頭の一部（1 万㎡、1,900TEU）を輸出貨物の保管場所として追加供給し、今後も継続的に供給していく方針である。

　一方、2020 年から始まった COVID-19 が 2021 年度にもおさまらず、変異と拡散を続けている。COVID-19 の事態で対内・外経済活動が萎縮して海運・港湾業界の被害が大きくなると、海洋水産部と釜山港湾公社（BPA）・仁川港湾公社（IPA）・蔚山港湾公社（UPA）・麗水光陽港湾公社（YGPA）は 2020 年から港湾連携事業者と港湾後背地の入居業者を対象に船舶料、賃貸料や港湾施設専用使用料などを減免する政策を施行してきており、同措置を 2021 年末まで延長・持続することを明らかにした。同減免措置は四半期の減少基準を含めて6 カ月間で 1 回に限り減免し、減免期間は 2021 年 12 月 31 日までとするが、2021 年度の第 4 四半期基準の減免期間は 2022 年 3 月 31 日までである[5]。

5-7　今後のコンテナ港湾の開発計画（港湾政策方向・推進戦略）

(1)　概　要

　「第 4 次全国港湾基本計画（2021〜2030 年）」によると、韓国はグローバル競争力を備えた高付加価値のスマート港湾の実現を追求している。そのために、①最先端・環境にやさしい高付加価値のデジタル港湾構築、②港湾と物流およ

---

5 キム、ウジョン（2021）、「港湾業界コロナ 19 支援減免政策」、『海洋韓国』http：//m.monthlymaritimekorea.com/news/articleView.html?idxno=31611 をもとにまとめたものである。

びサービスを先導する特化港湾の構築、③地域と共にする共生港湾の構築、④市民と国家、海洋領土の守護のための安全港湾の構築を図ることを目標に掲げている。

　特に、韓国最大のコンテナ港であり、北東アジアで重要な役割を担う釜山港は世界的な先進港湾に飛躍するための取り組みに拍車をかけている。釜山港を量的・質的な成長を通じて、世界をつなぐグローバルハブ港（Hub-Port）に跳躍させるため、港湾建設から管理まで全過程にスマート技術を適用し、無人自動化ターミナルを建設するなどスマート港湾の構築に積極的に乗り出している。

　過去の韓国のコンテナ港湾は、貨物取扱量の拡大を中心に据え、量的な成長に集中していた。その結果、港湾基本計画が定立した1990年代に比べて、現在は10倍を超えるコンテナ貨物を処理しているが、その過程のなかで港湾インフラの老朽化、港湾の付加価値および後背地事業の開発不足、地域経済に十分な波及効果をもたらしていないことや港湾地域の排出ガスの急増といった環境問題など多くの課題が指摘された。

　このような課題をもとに、2021年から2030年までの港湾開発政策の基調は、①北東アジアハブ港のあり方の強化および港湾別の特化開発の戦略、②クルーズ、マリーナなど海洋観光の需要に対応するインフラの拡充、③気候変動に対応した環境にやさしい港湾政策の推進と防災機能の強化、④人口減少と産業が衰退した諸島地域のインフラの拡充および国家管理沿岸湾の制度の導入である。ちなみに、これを国内コンテナ港湾を中心に開発計画を整理すれば、次の通り

表 5-5　2030年の韓国国内港湾の貨物取扱量の増加推移の展望

（単位：百万トン（RT），%）

区　分		2010年	2015年	2019年	2030年	2010-2019年 平均増加率	2019-2030年 平均増加率
全国		1,204	1,463	1,644	1,957	3.5	1.6
	釜山港	262	360	469	616	6.7	2.5
	光陽港	207	272	310	344	4.6	0.9
	蔚山港	172	191	202	246	1.8	1.8
	仁川港	150	158	157	185	0.6	1.5
	平澤・唐津港	77	112	113	126	4.4	1.0
	その他の港湾	337	371	392	440	1.7	1.0

（出所）韓国海洋水産開発院（2018）、前掲報告書、115ページより作成。

である。

　まず、国内の港湾における貨物量は2030年までに年平均1.6%成長するとみられ、そのうちコンテナ部分は年平均2.5%増加すると見込まれる。これらの成長率に基づき、釜山港のコンテナ取扱量は全体の31.5%（3,012 TEU）まで増加すると予想される。

(2) 21バース規模の「鎮海新港」の開発

① 鎮海新港の建設計画

　鎮海新港は鎮海区椋島の西側に位置し、12兆543億ウォンの事業費を投入し、3万TEU級の17バースとフィーダー4バースなど総21バースのコンテナ埠頭を造成する。2022年に着工し、2030年から段階的な供用開始を予定している。鎮海新港は、増加を続ける東北アジアの港湾貨物に備えるため、大水深（20〜23m）・大容量（長さ400m、幅8m）の超大型ターミナルとして建設が進められている。さらに、港湾自動化システムを導入し、バース、ヤード、クレーンまで自動化された設備を構築し、5G通信を利用したリアルタイムでの情報共有が可能となる。これらにより世界第3位の物流ハブ港への浮上を目指している。昌原市は、東北アジア最大の物流拠点となる鎮海新港が造成されるだけに、今後鎮海新港の物流機能と昌原市の産業動力を組み合わせて経済的相乗効果が発揮されるように、慶尚南道と協力して鎮海新港の後背地の都市開発も積極的に進められる計画である。

② 鎮海新港の経済効果

　韓国海洋水産開発院では、鎮海新港の開発による経済的波及効果として、28兆4,758億ウォンの生産誘発効果と22兆1,788億ウォンの付加価値の誘発効果、そして17万8,222人の就業誘発の効果があるとみている。大規模な港湾工事により、建設業の経済効果も5兆ウォンに達すると推算され、地域建設業者の関心も高まっている。また、港湾内のコンテナターミナルでの4,200人の雇用効果も予想される。それだけではなく、港湾の後背団地内のグローバル製造・複合物流企業の入居で良質な雇用の創出と地域経済への波及効果も非常に大きいと期待されている。

③ 後背地の道路、海洋文化空間の造成

　2021年に昌原市が提出した港湾輸送の施設計画が今回の「第4次全国港湾基本計画」に反映され、物流輸送の効率性と熊東の後背地の接近性を高めるた

図5-3　鎮海新港の見取図

（注）白い線の区分線の右側は釜山新港であり、左側は鎮海新港である。
（出所）イ・ウンス（2023）、「昌原市、金海新港本格推進2024年上半期着工」、『慶南日報』ホームページ。

め、馬川～熊東の後背地道路の建設が決められた。それだけではなく、楸島がもつ恵まれた自然環境を活した楸島海洋文化空間造成計画も反映された。これにより楸島には展望タワー、野外公園など鎮海新港にふさわしいランドマーク施設の整備が進められる予定である。

　昌原市は、今回の「第4次全国港湾基本計画」により鎮海新港が世界第3位の物流ハブ港に跳躍できるように積極的に支援する一方、近隣の地域民と漁業被害補償のための支援特別法の制定と関連インフラ拡充にも最善を尽くしていく計画である。

(3) 2030年までの港湾自動化・デジタル化の本格的な推進

　釜山港は、2023年に着工する北コンテナ埠頭での2段階の港湾後背地（52万㎡）の造成工事（事業費6,000億ウォン）から第4次産業技術を適用したスマート建設技術を導入していく予定である。2030年まで港湾自動化・デジタル化のために、まず2026年まで光陽港に港湾自動化テストベッド（5,940億ウォン）を構築して国産化技術を開発し、運営経験を積む計画である。

　その後、テストベッドの検証を経て鎮海新港に国産化された自動化技術を導入し、2030年から本格的に韓国型スマート港湾を運営していく計画である。これとともに、自動化技術の導入による雇用損失を最小限に抑え、良質な雇用に

転換するために労働組合側との協議も継続していく計画である。

　また、船会社、ターミナル運営会社など、利用主体間の情報を共有できるプラットフォームを構築し、これを自律運航船舶、自律走行トラックなどと連携することで、知能型港湾物流システムの完成をめざしている。

(4)　圏域別に特化された港湾開発の戦略の推進

　圏域別拠点港湾インフラ開発およびサービス革新で、対中国の交易拠点港として西海圏の仁川および平沢・唐津のコンテナ港湾施設および後背地を拡充することで、釜山港を環太平洋スマート物流のハブ港湾として推進し、東南圏対応のコンテナ港湾へ育成する計画である。

　このため、今後10年間、仁川港には総3兆4,813億ウォン、平沢・唐津港には合計2兆3,326億ウォン、釜山港には10兆8,232億ウォンを投資する予定であり、仁川港はコンテナ埠頭4,000 TEU級の3バースとLNGバンカリング埠頭（5,000CBM級）を造成し、平澤港はLNGバンカリングのバース開発と後背地との道路の接続、陸上電力供給システム（AMP：Alternative Maritime Power）施設の設置を行い、釜山港は新港のコンテナ埠頭の適期開発を行う予定である。また、これまで釜山港北港に散在して通航船舶の安全を脅かして美観を損なってきた小型船の係留施設を集約化し、影島区清鶴洞の後背地の安全を確保するための災害防止施設（1.3km）も反映した。

　世界第11位の港湾貨物取扱量を誇る光陽港は、後背地産業と連携して後背地の拡充から産業活性化、貨物の創出と港湾開発につながる好循環の構築をめざす。このために循環型航路（船舶通航の効率性・安全性を高める通航安全システム）を構築し、後背地の造成を進め、早期にアジア最高のスマート複合港湾として育成している。

　仁川・西海圏は中国向けの輸出入貨物を取り扱う物流拠点港湾として育成し、中国との安定的な物流網を構築していく計画である。仁川港は首都圏向けの消費財物流などへの対応を強化するために「コンテナ」埠頭を拡充（3バース）する一方、仁川新港につながる4.3kmの地下道を整備し、交通環境の改善と物流費の削減を試みている。

　平澤・唐津港は、自動車・雑貨など首都圏の産業支援港湾、木浦港は西南圏の地域産業拠点港湾、済州道は旅客・クルーズ観光の中心となる港としてそれぞれ育成していき、セ万金港は2022年に雑貨専用埠頭（2バース）を着工し

て 2025 年に完工することとなっている。

　蔚山・東海圏は、新北方政策によりエネルギーおよび物流の拠点に育成していく計画である。このため、蔚山港に石油、LNG などエネルギー埠頭(18 バース) を造成し、後背地を拡充し、道路 (5.28km) を開設し、蔚山新港と本港間の物流移動を画期的に改善していく。また、東海・墨湖港は予算を投入して 2 バースを優先的に開発することで、慢性的な滞船・滞貨の問題を解消する。

(5) 港湾と地域間の共生を通じて持続可能性を高めていく計画

　まず、LNG バンカリングターミナル（釜山、蔚山、光陽港など）、修理造船所（釜山港、平澤・唐津港）、電子商取引特化区域（仁川港）の造成などを推し進めることで、港湾のサービスを多様化し、地域の雇用も創り出していく。また、地域特性と住民のニーズを反映した特化型開発を通じて、老朽化して遊休化した港湾空間を地域経済・産業・文化拠点に転換していく計画である。このため、釜山港北港（第 2 段階）、仁川内港第 1・8 埠頭の港湾再開発事業など 14 の港湾、2,153 万㎡の敷地についての港湾再開発を推し進めている。

　これに加えて、海洋公園、親水型防波堤、水辺遊歩道など港湾地域内の親水空間の拡大で地域住民のレジャー活動を支援し、港湾の公共デザインを適用して周辺景観と調和のとれた場所に切り替えていくほか、セメント、砂、糧穀など粉塵型貨物の飛散ダストの発生を減らすために密閉型防塵荷役システムを導入し、港湾と都心間に樹林帯を設け環境にやさしい地域（Eco-Zone）を設定するなど環境被害を減らすための緩衝機能も導入していく計画である。

　その他、政府の新再生可能エネルギーの拡大と水素経済の構築戦略により、港湾内の海上風力を支援する埠頭を建設し、水素港湾の構築のための研究も実施している。また、地震・台風・強風・津波など大型自然災害などに備えて港湾設計基準を強化（再現頻度を 50 年から 100 年へ見直し）し、施設も補強して港湾の後背地に住む市民の生命と財産を保護する計画である。

　一方、海洋領土管理および不法漁業の取り締まり強化のために全国 11 の国家管理沿岸港（延坪島、白翎島、鬱陵島、楸子島など）の迅速な推進のために開発計画も整備し、韓国の中西部海域の最末端島である格列飛列島を国家管理沿岸港として予備的に指定し、海洋警察埠頭、漁業管理船の埠頭を拡充し、中西部の海域についての領土守護の機能も強化していく計画である。

　「2030 港湾政策の方向と推進戦略」により、今後 10 年間の港湾開発を蹉跌

なしに推進し、国際環境の変化の中で韓国が港湾物流先進国として成長し、グローバル競争力を備えたデジタル港湾を実現できるようにすべきであろう。

【参考文献】
韓国海洋水産開発院（2018）『2017年品目別港湾物量予測報告書』
海洋水産部（2023）『港湾業務編覧』
海洋水産部（2022）「Port-MIS」
海洋水産部（2016）『第3次全国港湾基本計画修正計画』
海洋水産部（2015）『コンテナ港湾適正荷役能力の見直し』
海洋水産部（2017）『港湾業務編覧』
海洋水産部（2021）『第4次（'21-30）全国港湾基本計画』
産業通商資源部（2022）「2022年　輸出入動向」『報道資料』

海洋水産統計システム（2022）、「海運物流/港湾別コンテナ処理実績/港湾別コンテナ処理実績」、https：//www.mof.go.kr/statPortal/mobile/commonStatViewTop.do
イ・ウンス（2023）、「昌原市、金海新港本格推進2024年上半期着工」、『慶南日報』，http：//www.gnnews.co.kr/news/articleView.html?idxno=521512
キム・ウジョン（2021）、「港湾業界コロナ19支援減免政策」、『海洋韓国』http：//m.monthlymaritimekorea.com/news/articleView.html?idxno=31611
キム・ヨンベ（2022）、「韓国輸出規模、日本の95％水準…対日貿易赤字は相変わらず」、『ハンギョレ新聞』、https：//www.hani.co.kr/arti/economy/economy_general/1053198.html
海洋水産部（2022）、https：//www.mof.go.kr

第6章　台湾のコンテナ港湾戦略と主要港の概要

6-1　概　　説

　日台間の貿易を一言でいうと、日本、台湾双方とも重要な相手である。日本側の貿易統計から、金額では台湾は輸出で6番目、輸入で6番目の相手である。同様に、台湾側から見ると、日本は輸出で4番目、輸入で2番目の相手である（いずれも2022年）。また、日台間のコンテナ輸送を見ると、日本から台湾へ輸送されたコンテナ貨物の方が台湾から日本へ輸送されたコンテナ貨物よりも多い。さらに、日本と台湾からそれぞれ輸送されている主要コンテナ貨物のうちいくつかは同一品目であり、産業内貿易が行われているという特徴が指摘できよう。

　台湾の交通部が所管する国際商業港湾には、基隆港、台中港、高雄港、花蓮港、台北港、蘇澳港、および安平港の7港湾が指定されている。これらの国際商業港湾のうち、コンテナを取り扱っているのは基隆港、台中港、高雄港および台北港の4港湾である[1]。各港湾の整備および運営は交通部が全株式を所有する台湾港務股份有限公司（以下、台湾港務公司）が行っており、この台湾港務公司には高雄、台中、基隆、および花蓮の4カ所に支社が設置されている。コンテナ埠頭の整備は高雄港を中心に実施されていて、高雄港は全台湾におけるコンテナ埠頭の半分を占め、現在第7コンテナセンターを整備中であり、一部の稼働が始まっている（2023年10月末現在）。また、2010年から2022年までの実入りコンテナ数の入港、出港の状況を見ると、アジア地域がいずれも半分以上を占めており、台湾のコンテナ輸送はアジアを中心に行われている。

　2020年から2022年にかけて蔓延した新型コロナウイルス感染症の影響は台湾にも大きな影響を与えた。台湾政府はコンテナ関係の業者だけではなく、海上輸送に関係する企業に対して給与の一部補填や防疫グッズの購入補助などのさまざまな対策を実施した。

　高雄港で現在整備している第7コンテナセンターでは、台湾港務公司が台湾

---

1 交通部が指定している国際商業港のほかに、経済部工業局が運営する麦寮工業専用港（雲林県）と和平工業専用港（花蓮県）でもコンテナを取り扱っている。ただし、本章では交通部が指定するコンテナ港湾に限定をして議論を進める。

図 6-1　基隆港

　の港湾で初めて海外のコンテナターミナル・オペレーターとの共同運営を実施
し、台湾最大のコンテナ船社である長栄海運が使用している。このセンターで
は、2 万 4,000TEU 型コンテナ船の寄港が可能となっている。

6-2　日台間の貿易の状況

（1）日台間の貿易の変化

　日本と台湾の貿易については、長年双方にとって重要な相手である。日本側
の 2022 年貿易データを使って見ると、台湾は輸出では中国、アメリカ、韓国
に次いで 4 番目、輸入では中国、アメリカ、オーストラリア、アラブ首長国連
邦、サウジアラビアに続く 6 番目の相手である。また、貿易総額に占める割合
を見ると、輸出では 7.0％、輸入では 4.3％ をそれぞれ占めている。一方、台
湾側のデータ（2022 年）から見ると、日本は輸出では中国、アメリカ、香港
に続く 4 番目、輸入では中国に次ぐ 2 番目の相手先である。これを踏まえて、
2013 年から 2022 年までの日台間貿易額を台湾側の統計を使って示したのが
［図 6-2］である。また、この図では、台湾の全輸入額、全輸出額に占める日
本の輸入額および輸出額の割合も示した[2]。

　この図からわかることは、日台間の貿易は台湾から日本への輸出額よりも、

---

2 台湾では貿易統計の改正によって統計範囲が 2016 年から変更されている。そのため、2016
年以降と 2015 年以前と直接比較をすることは適切でないことに注意が必要である。

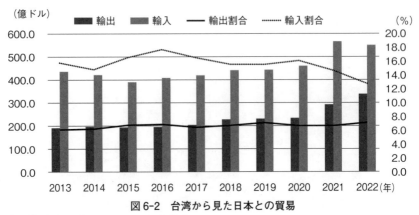

図 6-2　台湾から見た日本との貿易

（出所）台湾財政部ホームページより作成。

日本から台湾への輸入金額の方が大きく上回っていることである。つまり、日台貿易は台湾側が貿易赤字（日本側から見ると貿易黒字）を計上していることがわかる。貿易額から見ても 2013 年から 2020 年までの台湾から日本への輸出額は 200 億ドル前後の水準であり、2021 年は 300 億ドル弱、翌 2022 年は 300 億ドルを超える水準であることがわかる。一方、輸入額を見ると、最も少ないのが 2015 年であり、400 億ドルを下回る水準であることがわかる。それ以外の年では統計制度の改正に関係なく、軒並み 400 億ドルを上回る水準であり、2021 年と 2022 年は 500 億ドルを超えている。以上からわかるように、新型コロナウイルス感染症が世界的に蔓延した 2021 年、ウイズコロナやアフターコロナといわれている 2022 年において、日台貿易は活発に行われ、台湾側から見た日本への輸出、および日本からの輸入とも取扱金額は過去最高水準となった。

　次に、台湾側から見た日本との貿易が輸入、輸出それぞれに占める割合をみて見ると、日本への輸出割合はこの 10 年間すべてで 7% 前後の水準であり、安定していることが理解できよう。2021 年と 2022 年における台湾から日本への輸出額自体は前年よりも増加しているが、輸出割合自体は大きな変化がないため、輸出全体が増加したと考えられよう。一方、輸入に関して見ると、輸出割合より高い割合を占めていることがわかる。最も高い割合は 2016 年で 17.7% を占めた。一方、最も低いのは 2022 年の 12.8% であり、それ以外の年は 15% から 16% の割合を占めている。台湾は日本からの輸入依存が高いことがうかがうことができる。また、2021 年と 2022 年の日本からの輸入金額では増加し

表6-1　日台間貿易における主要取引品の推移（2013-2022年）

(単位：万ドル)

	2013年	2014年	2015年	2016年	2017年	2018年	2019年	2020年	2021年	2022年
輸出										
半導体	463,581	500,974	644,645	674,119	686,950	724,656	810,640	934,663	1,189,401	1,578,223
ストレージメディア	72,231	68,973	54,868	53,363	54,764	68,065	98,002	124,014	141,725	107,625
電子部品（半導体を除く）	114,959	132,843	88,481	68,569	55,715	43,485	34,525	30,996	46,045	45,998
鉄あるいは非合金鋼、それら製品	54,636	59,545	43,570	39,152	51,921	56,012	56,214	44,482	56,889	65,826
輸出総額	1,939,111	2,012,914	1,955,652	1,947,070	2,057,377	2,280,096	2,327,874	2,339,825	2,920,622	3,360,890
半導体が占める割合	23.9%	24.9%	33.0%	34.6%	33.4%	31.8%	34.8%	39.9%	40.7%	47.0%
輸入										
半導体	552,885	478,776	536,951	613,846	622,645	677,416	695,946	813,115	1,025,418	935,944
半導体設備	409,605	400,697	383,264	537,066	463,006	443,447	590,192	560,940	715,267	771,530
オートバイ	108,007	119,009	132,618	164,490	168,008	196,678	214,757	217,543	198,683	167,658
電子部品（半導体を除く）	142,501	137,768	131,369	129,048	145,184	149,993	134,636	173,336	235,742	232,218
鉄あるいは非合金鋼、それら製品	179,309	157,442	102,143	79,473	124,261	141,832	102,225	101,032	149,712	134,291
輸入総額	4,368,985	4,197,872	3,886,538	4,062,029	4,193,892	4,415,130	4,405,190	4,590,077	5,611,655	5,462,603
半導体が占める割合	12.7%	11.4%	13.8%	15.1%	14.8%	15.3%	15.8%	17.7%	18.3%	17.1%

（出所）［図6-2］と同じ。

ているのに対し、輸入割合は前年よりも減少した。これは新型コロナウイルス感染症の影響だけではなく、資源・エネルギーの価格高騰によって、エネルギーの輸入額が増加したことによって日本の輸入割合が減少したと考えることができる。

(2) 日台間の主な取引品

つづいて、日台貿易における主な取引品は何かを見る。［表6-1］は2013年から2022年における日台貿易の主要取引品を輸出金額と輸入金額、そして主要取引品である半導体の総額に占める割合を示したものである。まず輸出から見ると、半導体の金額がほかの取引額を大きく上回る金額であることがわかる。また、その金額も年々増加し、2013年には46億ドルであったのが、2022年には157億ドルとなり、統計制度の改正があったとはいえ、この10年間の間に2倍の水準になったことがわかる。また、日本への半導体の輸出金額が輸出全体の金額に占める割合も年々増加し、2013年には23.9%であったのが、2022年には47%を占めるまでになった。一方、半導体を除いた電子部品も2017年までは半導体に次ぐ輸出金額であった。しかし、2018年以降の電子部品の輸出額はストレージメディア（光学ディスクなどの記憶媒体）、鉄や非合金鋼といった取引品の金額を下回る水準となった。このことからもわかるように、台

湾から日本への輸出は金額面でも、割合でも半導体が中心であり、台湾の日本
への輸出は半導体に非常に偏っているといってよい。

　日本から台湾への輸入について見ると、この 10 年間で最も多いのは輸出と
同じ半導体である。ただし、半導体の場合、台湾の台湾積体電路（TSMC）に
代表されるように、今では台湾から日本へ輸出しているのは先端半導体など完
成品であり、日本から輸入している半導体は半導体そのものよりも先端半導体
を製造するために必要な材料や素材と考えるのが妥当であろう。そして、半導
体の台湾から日本への輸出同様、輸入でも年々その金額は増加傾向であり、2013
年の 55 億 2,885 万ドルから 2022 年には 93 億ドルを超える水準となった。統
計制度の変更があるとはいえ、輸入も着実に増加していることがわかる。半導
体が輸入金額全体に占める割合は、一番低いのが 2014 年の 11.4%、最も高い
のが 2021 年の 18.3% である。輸出と比べると、半導体に偏ってはいないとも
いえる。半導体に次いで日本から輸入しているのが半導体設備である。金額の
直接比較は難しいが、金額は増加していると評価してもよいであろう。それ以
外のオートバイや電子部品といった取引品の輸入額は半導体やその設備に比べ
ると、輸入額が非常に少ないことがわかる。

　半導体の輸出額と輸入額を比較すると、2013 年は輸入額の方が輸出額より
上回る水準であった。しかし、2014 年からは輸出額の方が輸入額を上回るよ
うになり、2022 年には半導体における貿易黒字は 64 億 3000 万ドルという水
準となった。近年の日本への輸出が半導体に偏っていることもあり、半導体で
の貿易黒字が大きくなったということができよう。

(3) 日台間のコンテナ貨物

　最後に、日本から台湾のコンテナ港湾に入港した貨物、あるいは台湾のコン
テナ港湾を出港して日本に輸送された貨物について考える[3]。[図 6-3] は日本
から台湾へ入港したコンテナ貨物量（入港）、台湾から日本へ出港したコンテ
ナ貨物量（出港）、そしてそれぞれが全体に占める割合を示した。日本から台
湾に入港したコンテナ輸送量は 2010 年代前半では 250 万トン前後の水準で

---

3 ここで輸入、あるいは輸出をしないのは、通関しない貨物があるためである。港湾内やそ
の周辺に設けられている科技産業園区（旧・輸出加工区）や自由貿易港区では通関せずに原
材料を運び入れて（入港貨物）、加工や組み立て、あるいは保管をして別の国や地域に輸送
すること（出港貨物）が可能となっている。

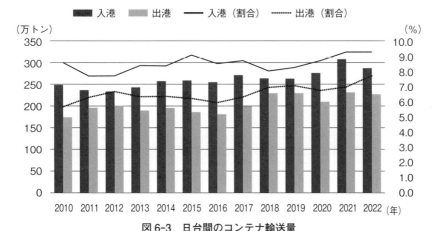

図 6-3　日台間のコンテナ輸送量

（注）台湾では 2016 年から輸出入貨物統計の変更により、2015 年以前と単純比較はできない。
（出所）台湾交通部統計査詢網ホームページより作成。

あった。統計制度が変更された 2010 年代後半から少しずつではあるが増加し、
2021 年には初めて 300 万トンを超える水準となった。2010 年代前半と直接比
較は難しいが、2016 年以降においてコンテナ貨物量が増加傾向にあることは
間違いない。また、日本向けに出港したコンテナによる貨物量は、統計が改正
される以前は 200 万トン以下の水準であり、統計改正後の 2010 年代後半は 200
万トンを超える水準となり、現在に至っている。ここから、2010 年代後半に
限定しても、日本からの貨物、日本への貨物とも、増加傾向あるといえる。入
港、出港のコンテナ貨物量を比較すると、いずれも入港の貨物量が出港の貨物
量を上回っている。これは、日台間の貿易で考えると、台湾から見た場合には
輸入額が輸出額を上回る状況と同じといってよい。

　入港および出港の貨物量全体に占める日本の貨物量の割合を見ると、5% を
いずれの年も超えているとはいえ、1 桁水準の割合であることがわかる。1 カ
国に占める割合として見た場合、十分に高く、その関係は強いといってよいで
あろう。また、日本からの入港貨物の割合の方が台湾への出港貨物よりも高い
ことが理解できよう。

　では、日台間で輸送されている主なコンテナ貨物は何であろうか。［表 6-2］
は日本から台湾にコンテナ貨物に運ばれた 22 に分類された品目のうち、2010
年から 2022 年の 13 年間の全期間で 10 万トン以上の取り扱いがあった 6 品目

表6-2　日本から台湾へ輸送された主要コンテナ貨物　　（単位：トン）

	2010年	2011年	2012年	2013年	2014年	2015年	2016年	2017年	2018年	2019年	2020年	2021年	2022年
紙・パルプ・印刷品	310,963	349,831	408,290	487,553	485,853	418,749	447,917	600,265	457,804	513,392	623,496	828,012	694,166
化学・化学関係類	484,105	434,811	392,909	383,412	422,219	397,212	440,297	446,729	432,712	420,330	447,194	502,489	493,008
ゴム・プラスチック類	493,261	462,564	435,108	439,534	436,503	452,586	426,252	441,168	526,494	490,868	480,038	479,271	435,401
卑金属類	453,957	395,027	444,333	479,380	447,685	498,098	530,831	516,927	509,859	488,904	489,810	482,334	424,923
機械電力電器類	247,109	240,041	188,855	177,357	191,072	204,002	185,711	189,319	194,586	183,896	166,070	194,864	212,452
非金属鉱石類	218,788	211,715	182,746	162,816	153,874	165,843	134,906	136,480	134,296	123,465	130,322	140,840	127,276
主要品計	2,208,183	2,093,989	2,052,241	2,130,052	2,137,206	2,136,490	2,165,914	2,330,888	2,255,751	2,220,855	2,336,930	2,627,810	2,387,226
割合	87.5%	87.3%	87.0%	86.4%	82.5%	81.6%	84.1%	85.2%	84.6%	84.1%	83.6%	84.6%	82.5%
入港貨物全体合計	2,524,134	2,397,920	2,357,607	2,464,395	2,590,677	2,619,305	2,574,923	2,736,025	2,666,306	2,639,323	2,794,861	3,105,565	2,893,208

（出所）［図6-3］と同じ。

を示している。この 6 品目は 2022 年における取り扱いが多かった順に並べた。表から明らかなように、紙類の取り扱いが圧倒的に多く、つづいて化学関係、ゴム・プラスチック類、卑金属類といった貨物が多くの年で 40 万トンを超える水準で日本から台湾で輸送されていることが理解できよう。一方、機械類や非金属鉱石の取り扱いは少ないといえる。さらに、新型コロナウイルス感染症が世界的に蔓延した 2021 年の紙類や化学関係品のコンテナ貨物取扱量は前年を大きく上回った。表に掲載したこれら 6 品目が日本から台湾へのコンテナ貨物全体に占める割合は、いずれの年も 80% を超える水準である。このことから、日本から台湾へのコンテナ貨物は限られた品目を中心に輸送されているといえよう。

　台湾から主に日本へ輸送されているコンテナ貨物の品目を示したのが［表6-3］である。［表6-2］と同様、2010 年から 2022 年まで毎年 10 万トン以上輸送したコンテナ貨物に限定した。その結果、対象となったのは 4 品目であり、［表6-2］より少ない品目であることがわかる。台湾から日本へ輸送されるコンテナ貨物もゴム・プラスチック類が特に多く、2018 年には 90 万トンを超える貨物量があったことがわかる。ゴム・プラスチック類の貨物量は卑金属類や化学関係品の倍以上であり、台湾から日本に運ばれるコンテナ貨物はゴム・プラスチック類が中心であるといえる。また、これら主要 4 品目を日本へ輸送された貨物量全体でみた場合、2015 年までは 60% 台であったのが、2016 年には 70% を超える水準となっている。［表6-2］と［表6-3］の主要コンテナ貨物を比較すると、［表6-3］の 4 品目は［表6-2］でも含まれている。公表されている

表6-3　台湾から日本へ輸送された主要コンテナ貨物　　（単位：トン）

	2010年	2011年	2012年	2013年	2014年	2015年	2016年	2017年	2018年	2019年	2020年	2021年	2022年
ゴム・プラスチック類	467,724	559,411	619,824	562,194	572,289	583,840	573,182	685,888	917,594	934,337	868,085	911,854	909,991
卑金属類	255,609	291,895	300,696	300,304	331,105	299,355	312,656	339,503	351,964	345,043	325,577	360,814	359,524
化学・化学関係類	257,550	263,305	279,498	267,948	285,260	276,527	292,078	313,516	330,929	326,994	285,315	346,029	331,066
機械電力電器類	123,034	146,951	151,718	154,971	176,221	157,855	143,822	146,407	155,575	146,947	119,660	125,121	131,008
主要品計	1,103,917	1,261,562	1,351,736	1,285,417	1,364,875	1,317,577	1,321,738	1,485,314	1,756,062	1,753,321	1,598,637	1,743,818	1,731,589
割合	62.4%	63.8%	66.2%	67.0%	68.9%	69.8%	72.0%	73.6%	75.8%	75.8%	75.5%	75.2%	76.1%
出港貨物全体合計	1,770,399	1,978,900	2,043,427	1,917,795	1,981,684	1,888,796	1,834,726	2,018,787	2,316,132	2,313,467	2,116,889	2,319,869	2,275,945

（出所）［図6-3］と同じ。

統計では、より詳細な品目は明らかではないが、これら品目は日台双方とも主要コンテナ貨物であり、産業内貿易が行われているといえよう。

6-3　台湾の国際コンテナ港湾の整備・運営

(1) 台湾の主な港湾

　台湾における国際港湾は基隆、台中、高雄、花蓮、台北、蘇澳、安平の7港湾が指定されており、従来交通部では国際港湾がある基隆、台中、高雄、花蓮に港務局を設置し、それぞれの港務局が管理運営をする形をとっていた。なお、台北港と蘇澳港には基隆港務局の分局が置かれ、独立した港務局が管理運営する形ではなかった。台北港が独立した港務局でなかったのは、台北港は元々淡水港として開発されるとともに、基隆港を補完する港湾として位置づけられたためである。蘇澳港も基隆港、安平港は高雄港の補助港湾として位置づけられている。そのため、補助港湾には港務局が設置されなかった。

　2012年3月に台湾政府は、港湾局が担った管理運営を分離させ、管理部分は港務局の業務の一部を継承した交通部航港局が担うことになり、運営部分については新たに設立された台湾港務公司（台湾港務株式会社）がその役割を果たすことになった[4]。そして、各港務局は運営部分を台湾港務公司の支社としてぶら下げる形をとった。この結果、各港務局の業務は交通部航運局が一部事業を継承し、運営部分は株式会社の組織に変更となり、政府から独立の形をとることになった[5]。また、台北港などに設置されていた分局は営業処と名称を

---

4 2011年10月25日に立法院（日本の国会に相当）が「國營港務股份有限公司設置條例」を成立させた。なお、條例は日本の「法」と同じ意味であり、法律として制定されている。

**表6-4　国際コンテナ港湾に設置されて
いるコンテナ専用埠頭数（2023
年10月15日現在）**

港湾名		埠頭数
	基隆	14
	台北	4
	台中	9
高雄	第1コンテナセンター	2
	第2コンテナセンター	4
	第3コンテナセンター	3
	第4コンテナセンター	7
	第5コンテナセンター	6
	第6コンテナセンター	4（BOT）
	第7コンテナセンター	3
	高雄港合計	29
台湾全体合計		**53**

（注）台北港の1埠頭は客貸船と兼用、台中
港の2埠頭は散雑貨用として現在使用
中である。
（出所）台湾港務公司各支社ホームページよ
り作成。

変更し、支社の下に管理を受ける形と
なった。

　6国際港湾のうち、コンテナ埠頭が
設置されているのは北から順に基隆、
台北、台中、高雄の4港である。これ
ら4港のコンテナ埠頭の設置状況を示
したのが［表6-4］である。この表か
らわかるように、最も多いのが高雄港
であり、全コンテナ埠頭56埠頭のう
ち半分以上の29埠頭を占めているこ
とがわかる。次に多いのが基隆港であ
る。高雄港と基隆港で初めてコンテナ
埠頭が整備されたのが1969年、台中
港が開港したのは1976年、台北港に
コンテナ船が初めて入港したのが
2009年2月である。コンテナ埠頭の
整備は北部の基隆港と南部の高雄港で
まず始まったこともあり、整備数が多いことが理解できよう。そして、同じ年
にコンテナ埠頭が基隆港と高雄港で整備されたが、その後高雄港に集中して整
備をしてきたことが基隆港との差を生み出したといえよう。

　基隆港のコンテナ埠頭が増えなかった要因として考えられるのが、後背地が
少ないこと、市街に近い港湾であることがあげられる。また、基隆港は台北と
いう台湾における中心都市に近いコンテナ港湾であるが、大型コンテナ船が寄
港できないことも、高雄港と大きな差がついた背景としてあげられるであろう。
台中港のコンテナ埠頭は9、台北港におけるコンテナ埠頭は4、と基隆港と高
雄港に比べるとその数自体は少ない。ただし、台中港は距離的に中国と最も近
いコンテナ港湾であり、中国のコンテナ航路が就航していることが多い。台北
港は台湾の国際コンテナ港湾のなかでは最も新しい港湾であり、コンテナ埠頭
の数はほかの国際コンテナ港湾のなかで最も少ない。ただ、現在最も多くのコ

5 ただし、政府が台湾港務股份有限公司の全株式を所有しており、現時点では株式を売却す
る予定はない。そのため、事実上国営企業と位置づけられ、一定程度政府の影響を受けやす
い状況であることいえよう。

図6-4　台北港のコンテナ埠頭

ンテナを搭載できる2万4,000TEUクラスのコンテナ船が寄港できるのが台北港と高雄港第7コンテナターミナルのみであることを考慮すると、台北港の役割が大きいことは理解できよう。さらに、コンテナ埠頭の運営のために、台湾の三大コンテナ船社である長栄海運、陽明海運、そして萬海航運の3社が2003年7月に共同出資して台北港コンテナ埠頭株式会社（中国語名：台北港貨櫃碼頭股份有限公司）を設立させ、コンテナ埠頭の整備を行うとともに、2009年2月のコンテナ埠頭における供用開始とともに、台北港のコンテナ埠頭の運営を行っている。台北のコンテナ埠頭でのガントリークレーン作業は自動化しており、供用開始時には台湾の国際コンテナ港湾のなかで最新鋭の設備を備えていた。

(2)　高雄港の整備状況

　一方、高雄港と他港を比較すると、高雄港には複数のコンテナセンターが設置されており、これは他港にはない特徴であるといえる。そのため、高雄港は台湾で中心的コンテナ港湾の役割を果たしているといってよい。台湾のコンテナ港湾の中心的役割を担う高雄港におけるコンテナ埠頭の整備状況についてまとめたものが［表6-5］である。すでに［表6-4］で指摘しているように、高雄港には現在7コンテナセンターが設置され、稼働している。そのなかで最も古いのが第1コンテナセンターであり、1970年に供用を開始している。第1

表6-5　高雄港のコンテナセンターの整備状況（2023年10月15日現在）

コンテナセンター	供用開始時期（年）	コンテナ埠頭数	埠頭あたり長さ（m）	幅（m）	水深（m）	使用者
1	1969〜1970	2	190〜230	20〜30	10	連海
2	1970〜1975	4	245〜409	30	14	万海2、OOCL2
3	1976〜1981	3	各320	30〜50	13.5〜15	CMA-CGM2、陽明系
4	1983〜1993	7	277〜320	30	13.5〜16.5	長栄3、HMM2、自営2
5	1988〜2001	6	120〜355	32〜39	13.5〜14.5	長栄3、HMM3
6	2011〜2014	4	各375	43	16	高明（陽明＋中国系）
7	2023〜2024	5（予定）	235〜480	55	18	長栄

（注）2023年7月に第5ターミナルで長栄が使用している埠頭は万海が使用予定と報道されていたが、ホームページでは長栄のままである。
（出所）台湾港務公司高雄支社ホームページより作成。

コンテナセンターがあるのは、台湾で1966年に初めて設置された高雄輸出加工区（現・前鎮科技産業園区）から最も近いコンテナセンターである。現在は2埠頭のみしか稼働していないが、元々はより多くのコンテナ埠頭が設置されていた。外国から原材料や部材を第1コンテナセンター経由で輸送し、高雄輸出加工区で製造や加工が行われ、それを再度第1コンテナセンターから第三国へ輸出した。

　第2コンテナセンターから第5コンテナセンターまでは既存のコンテナセンターが稼働している状況下でさらに整備を進め、拡張してきたといえる。その一方、第5コンテナターセンターが稼働してから第6コンテナセンターの稼働の間に、約10年間の空白ができた。この期間中に、コンテナセンターの拡張整備が実質停滞をしたといってよい。そのため、高雄港のコンテナ取扱量が頭打ちになった要因のひとつであるといってよい。

　しかしながら、政府側は何もしなかったということではない。陳水扁総統時代（2000〜2008年）の2003年11月に「新十大建設」が決定され、そのなかに「高雄港大陸間コンテナセンター（中国語名：高雄港洲際貨櫃中心）」の建設が含まれた。また、2008年3月に実施された総統選挙で馬英九候補（その後、総統）が掲げた「愛台十二建設」という総合インフラ建設に関する公約でも、このコンテナセンター建設が触れられた。コンテナセンターの建設はコンテナ埠頭の整備が中心ではあるが、ばら積み貨物埠頭、石油化学製品貯蔵設備の建設なども含まれている。コンテナ埠頭の建設に関しては、2期にわたる整

備を実施し、第6・7コンテナセンターが建設されることになった[6]。第6コンテナセンターでは4コンテナ埠頭を整備し、BOT方式で建設と運営を行うこととなり、台湾第2のコンテナ船社である陽明海運がコンテナセンターの建設と50年間の運営をすることになった。陽明海運はコンテナ埠頭の建設やその後の運営を行うために、2007年9月にコンテナセンターの建設と運営を行うための子会社である高明コンテナ埠頭株式会社（中国語名：高明貨櫃碼頭股份有限公司）を100％出資で設立させた[7]。この会社では181億9,300万元を投資し、コンテナ埠頭や関連施設の整備を行った。子会社が設立された2007年に第1期工事が着工し、2コンテナ埠頭が2011年に供用を開始した。残りの2コンテナ埠頭は2014年9月に供用を開始した。

　高雄港では、船社が台湾港務公司高雄支社からコンテナ埠頭のリースを受けて使用することが可能となっている。そのため、現在台湾最大のコンテナ船社である長栄海運、第3位の萬海航運といった台湾系コンテナ船社だけではなく、香港系のOOCL社（東方海外貨櫃航運）、フランス系のCMA-CGM社、韓国系のHMM社（旧：現代商運）といった外資系コンテナ船社も契約してコンテナ埠頭を自社やグループ専用として利用している。リースがない埠頭については台湾港務公司が自社運営し、高雄港で専用埠頭をもっていない船社のコンテナ船が寄港できるようになっている。

　台湾では、国際コンテナ港湾は高雄港を中心に整備をしてきた。一方で、交通部の直属機関である各港務局それぞれが管轄する国際商業港湾の投資や周辺地域の開発を行ってきた。そのため、台湾の国際商業港湾全体を調整する役割をそれぞれの港務局はしてこなかった。国際コンテナ港湾の整備にあたって政府はそれまでの方針を変更し、国際商業港湾全体を対象とし、かつ調整する目的で、台湾港務公司を設立させたといってもいい。この会社化への組織変更を通じて、台湾港務公司は会社組織による経営や運営の効率化を図り、第6コンテナセンターにおけるBOT方式による建設や運営の実施といった従来になかった方法で委託するということが可能となったといえる。

---

6 第7コンテナセンターについては後述する。

7 2009年6月末に台湾政府が中国による台湾への直接投資を認めた。直接投資が認められる業種に公共インフラが含まれ、陽明海運100％子会社であった高明コンテナ埠頭株式会社の株式30％を香港経由で中国の船社3社がそれぞれ10％ずつ所有することとなった。詳細は池上（2013：213-214）を参照。

表6-6　台湾におけるコンテナ取扱量　　　　　　　　（単位：TEU）

	入港					出港				
	基隆港	高雄港	台中港	台北港	合計	基隆港	高雄港	台中港	台北港	合計
2010年	918,774	4,557,041	671,150	202,018	6,348,983	845,126	4,624,170	685,802	232,726	6,387,824
2011年	916,928	4,814,254	686,415	319,894	6,737,491	832,458	4,822,034	697,163	333,500	6,685,155
2012年	831,883	4,876,684	689,781	542,797	6,941,145	775,683	4,904,537	705,624	554,367	6,940,211
2013年	847,664	4,982,383	723,223	509,024	7,062,294	765,002	4,955,336	744,382	519,854	6,984,574
2014年	888,107	5,284,335	741,223	623,418	7,537,083	797,076	5,309,000	772,536	634,819	7,513,431
2015年	758,862	5,127,165	706,756	671,318	7,264,101	686,475	5,137,255	740,634	663,188	7,227,552
2016年	752,320	5,229,312	739,946	721,381	7,442,959	635,785	5,235,548	795,065	755,948	7,422,346
2017年	765,543	5,126,820	806,158	758,566	7,457,087	652,785	5,144,198	854,505	803,177	7,454,665
2018年	789,780	5,230,400	852,003	799,671	7,671,854	682,085	5,215,326	892,123	860,327	7,649,861
2019年	792,509	5,235,470	874,928	783,841	7,686,748	662,784	5,193,164	919,038	836,550	7,611,536
2020年	814,124	4,799,759	893,046	784,408	7,291,337	718,669	4,821,903	927,940	833,723	7,302,235
2021年	854,591	4,950,631	983,925	982,302	7,771,449	746,801	4,913,808	995,369	1,026,830	7,682,808
2022年	854,752	4,736,008	871,978	883,156	7,345,894	767,955	4,755,608	913,387	906,842	7,343,792

（出所）台湾港務公司編刊『臺灣港務公司年報』各年版より作成。

6-4　台湾の国際コンテナ港湾と貨物取扱い状況 （2010－2022年）

(1) 主な港湾でのコンテナ取扱い

　つぎに、台湾における2010年から2022年における国際コンテナ港湾と貨物取扱状況について考える。すでに述べたように、4港が台湾における国際コンテナ港湾である。［表6-6］は2010年から2022年における国際コンテナ港湾のコンテナ取扱量を20フィートコンテナ換算で示したものである。

　まず、海外から台湾へ入港したコンテナ数、海外へ出港したコンテナ数とも、高雄港の取扱量がほかのコンテナ港湾よりも圧倒的に多いことが理解できよう。高雄港以外で年間取扱量が100万TEUを超えているのが台北港の2021年のみである。その意味で、台湾の国際コンテナ港湾のうち、高雄港がコンテナ取り扱いの中心であることがまずいえる。次に、高雄港以外の3港の動きである。基隆港を見ると、年を追うごとに取扱量は入港、出港とも減少傾向が続いていることがわかる。その一方で、基隆港の補助港として位置づけられている台北港の取扱量はこの間一貫して増加している。そして、入港では2018年に、出港では2016年に台北港が基隆港を上回るようになった。大型コンテナ船が寄港できることもあり、台北港の取扱量が増加したといえよう。一方で2022年は入港、出港とも台北港の取扱量が前年より大きく減少した。この動きが一過

性であるか、今後の動きを注視する必要があろう。台中港も2022年を除き増加傾向であり、入港、出港とも今後は100万TEUをそれぞれ超える可能性がある。台中港の場合、付近に科技産業園区があること、すでに指摘しているように国際コンテナ港湾のなかでもっとも中国に近いので、その可能性は十分考えられる。

　最後に、最大の取扱量を誇る高雄港について見ると、新型コロナウイルス感染症が発生する前は台北港や台中港と比べると、緩やかに取扱量が増加していた。しかし、2020年の取扱量は入港、出港とも前年より減少し、それぞれ500万TEUを下回る取扱量になった。2021年は入港、出港とも2020年を上回る取扱量があったが、いずれも500万TEUを回復できず、2022年も前年より減少している。他の3港湾は2020年、2021年とも前年を上回る取扱量であり、とくに台中港と台北港の2021年取扱量は過去最高を記録している。また、取扱量全体をみた場合でも、2021年の取扱量は入港、出港とも最も多い取扱量であった。これは、高雄港が前年より若干回復したこと、そしてほかの3港湾も前年よりも増加したことが、台湾全体のコンテナ取扱量を過去最高の水準にしたといってよいであろう。しかし、基隆港を除いた3港の2022年取扱量は前年より減少しており、今後回復できるかが焦点となろう。

　つづいて、4コンテナ港湾それぞれの入港と出港における取扱量を比較すると、基隆港は入港の取り扱い数の方が出港の取り扱い数より多い。それ以外の3港湾については、多くの年で出港の取扱量が入港の取扱量を上回っている。基隆港がほかの3港湾と違う動きをしているのは近くにある台北港との関係があろう。また、台中港と高雄港については、科技産業園区が港湾付近にあることも出港の取扱量が入港の取扱量よりも多い理由として考えられる。

（2）実入り・空コンテナの取扱量

　コンテナ輸送においては、コンテナに製品などが搬入されている実入りコンテナと何も入っていない空コンテナの2種類がある。これら港湾では入港、出港ともに、実入りコンテナと空コンテナの取扱量も公表されている。これを検討することでコンテナ港湾の実態を明らかにすることが可能であろう。［図6-5］と［図6-6］はコンテナ取扱量に占める実入りコンテナの割合を入港時と出港時の4港湾それぞれと全体平均を示したものである。まず、［図6-5］の入港時の割合を見ると、2010年から2022年の平均は80％台である。そして、

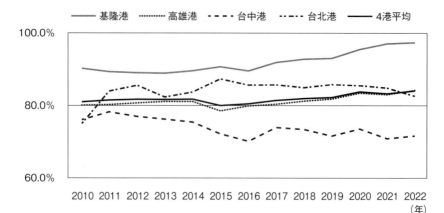

図6-5　入港時における実入りコンテナの割合

（出所）［表6-6］と同じ。

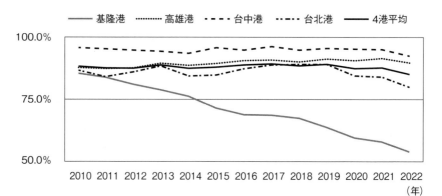

図6-6　出港時における実入りコンテナの割合

（出所）［表6-6］と同じ。

平均より高い実入りコンテナを取り扱っているのが、基隆港と台北港である。基隆港は2010年時点でも入港したコンテナのうち、90％は実入りコンテナを取り扱っており、空コンテナの取り扱い割合が非常に少ない。新型コロナウイルス感染症の影響がある2020年から2022年は95％を超える割合となっており、入港したコンテナのほとんどが実入りコンテナであった。また、台北港について見ると、2010年は平均より少ない75％ほどの割合であったが、その後は年々その割合が高くなっており、80％を超える割合となった。2020年以降

の割合は減少傾向であり、かつ2022年の割合は4港平均を若干下回ることになったが、それでも80％台を占めている。これら両港の割合が高い背景には、台北市、新北市、基隆市という合計で総人口の3割近くを占める都市に近いことがあげられよう。これら3都市は台湾の中心地といってよく、これら都市とその周辺の地域の経済や生活を支えていることを示しているといえるであろう。一方、高雄港はほぼ平均の動きと同じ動きをしており、80％台の実入りコンテナを取り扱っていたことがわかる。これら3港湾とまったく違う動きをしているのが、台中港である。台中港の入港時における実入りコンテナの割合は他の3港湾と比べても非常に低く、すべての期間で70％台である。2016年や2021年の割合はほぼ70％であり、30％のコンテナは空コンテナが入港している。違う言い方をすれば、台中港では空コンテナを必要としているといえる。

　このことは［図6-6］を見れば、明らかである。台中港から出港される実入りコンテナの割合の多くは95％を占めており、他の3港湾や平均よりもその割合は高いことがわかる。台中港では入港時における空コンテナの割合が高いのは、台中港でコンテナに貨物を積み込んで輸送するために必要と考えるのが妥当であろう。ほかの港湾について見ると、高雄港における割合は90％前後であり、入港時の割合よりも高い。また、入港時の割合と同じで、平均の動きと同じような動きをしていることがわかる。これら2港湾の割合が高いのは、すでに述べているように科技産業園区が近くにあり、その園区内で製造された製品が台中港や高雄港から出港されている、つまり輸出されていると考えるのが妥当であろう。

　一方、台北港について見ると、すべての期間で80％台であり、平均よりも若干低いことがわかる。そして、大きく動きが違っているのが、基隆港である。入港時ではほかの3港湾よりも高い実入りコンテナの割合を占めていたが、出港時においては平均を大きく下回るだけではなく、年々実入りコンテナの割合が減少している。2010年時には基隆港から出港する実入りコンテナの割合が85％であったのが、2020年には60％を下回る水準にまで下がっている。台北港の場合、まだ出港時の方が入港時よりも実入りコンテナの割合が比較的高いが、基隆港の場合には入港時の割合の方が出港時の割合の方が高い。台中港と真逆の動きになっているのは、とくに基隆港の場合には製造業がほかの港湾に比べて少なく、台北市などの生活物資を運ぶ港湾であるために基隆港から出す貨物が他港湾よりも少ないことが考えられよう。

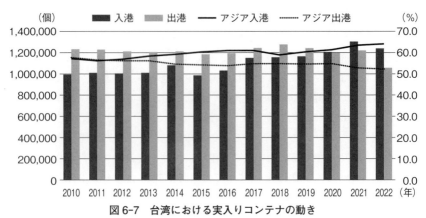

図 6-7　台湾における実入りコンテナの動き
（出所）台湾交通部統計査詢網ホームページより作成。

　つづいて、台湾における実入りコンテナ個数の動きを考える。［図 6-7］は台湾のコンテナ港湾で取り扱われた東アジア（日本、中国、香港、韓国）および東南アジア諸国（ベトナム、タイ、マレーシア、シンガポール、フィリピン、インドネシア）（以下、アジア地域）の取扱個数を示したものである。［表 6-6］は 20 フィートコンテナに換算した数値でであったが、この図の数値はコンテナの大きさに関係なく、実数で実入りコンテナ個数と実入りコンテナ個数全体に占めるアジア地域の割合を示したものである。

　取り扱った個数でみた場合、新型コロナウイルス感染症の発生前後でその動きは大きく違っている。2010 年から 2019 年まではアジア地域から台湾に運ばれた実入りコンテナ個数（入港）よりも台湾からアジア地域に運ばれた実入りコンテナ個数（出港）の方が多いことがわかる。本格的に新型コロナウイルス感染症が蔓延した 2020 年はアジア地域から運ばれたコンテナの数とアジア地域に運ばれたコンテナの数はほぼ同じであり、2021 年と 2022 年にはアジア地域から台湾に運ばれたコンテナ数の方が台湾からアジア地域に運ばれたコンテナ数よりも上回っている。この傾向が今後も続くのかどうかが注目されよう。

　また、実入りコンテナ全体に占めるアジア地域の割合を見ると、アジア地域からの入港コンテナは 2010 年で 57.4% を占めていた。その割合は少しずつ上昇し、2022 年には 64% を記録している。一方、台湾からアジア地域へ運ばれた割合も 2010 年には 57.8% を占めており、すでに半分以上がアジア地域へ輸送されていた。ただし、わずかではあるが年を追うごとにその割合は減少して

おり、2022 年には 52.3％ となった。台湾の実入りコンテナはアジア地域を中心として輸送されていることが理解できる。その意味では、台湾のコンテナ輸送はアジアを中心に展開されているということがいえよう。

6-5　新型コロナウイルス感染症への対応（2020－2022 年）

(1) 発生初期からの防疫対策

　台湾は 2003 年に発生した SARS（重症急性呼吸器症候群）が流行した時に、WHO（World Health Organization：世界保健機関）に加盟していなかったため、必要な情報を得ることができず、結果的に院内感染や市中感染が発生することとなった。それを教訓に、新型コロナウイルス感染症が中国で発生した時にはその情報を得た直後から、中国路線の旅客機に搭乗した乗客に対する防疫措置など厳しく実施した。これは船舶でも同様で、2020 年 2 月 10 日から中国からの客船の入境を禁止した。

　台湾港務公司では、2020 年 4 月に新型コロナウイルス感染症の防疫作業手引き（中国語名：臺灣港務股份有限公司港埠防疫 COVID-19（新冠肺炎）作業指引）を作成し、それを運用した。この手引きは 2023 年 3 月末時点までに 6 回にわたって修正され、最新版は 2023 年 2 月 21 日から運用された。この手引きにおける対象者は船舶荷役請負、船舶運送、コンテナ配車、通関、船舶修理、船内清掃、自動車輸送、労働請負、など広範囲にわたっている。おそらく、港湾の労働者から新型コロナウイルス感染症が発生し、蔓延することで港湾内の作業が停まり、コンテナをはじめとする貨物輸送に支障をきたすことがないように対策を実施したと考えられる。この作業手引きには、労働者が従事する職種ごとにより詳細の取り扱いが書き込まれている。

　ここでは、埠頭作業従事者の場合を例として取り上げる。埠頭作業者が作業対象となる区域は、国際商業港の作業区域と船舶内である。作業者は出勤前の検温、作業区域に入る際には医療用マスクを着用し、室内では 1.5 メートル、屋外では 1 メートルの間隔をあけること、同じ作業におけるグループの分散や前後のグループと接触がないようにするなどを指針に定めた。また、作業時に着用した衣服や手袋の消毒を求めた。業者に対しては、指定区域に入った労働者リストの作成と体温の記録、そしてそのリストの 1 カ月間の保管を定めた。

　作業リストの内容は業種によって違うため、それに対応したものを定めている。また、台湾港務公司は新型コロナウイルス感染症が発生した当初には緊急

時を除いて、外国から寄港した船舶の船員の台湾への上陸を禁止した。そのため、船舶作業者が乗り込んで離発着作業を行う場合、船舶に乗船できる時間は30分、同時に船舶に乗船できる数も4名以内とし、厳しい作業規則を定めた。

(2) 交通部による救済措置

　こうした制限とは別に、台湾政府や港湾を管理する交通部では補助金や防疫に必要な物資の購入補助を4回にわたって実施した。最初に実施された救済策は、国際クルーズ船でスペースを借りている業者に対して、その賃料全額補助を2020年2月6日から始めた。また、当初の救済策は中台直航航路への補助、小三通[8]で運航される定期旅客船、国内航路（客船、貨物船）への補助金であった。これら以外に、国際クルーズ船の代理店およびチケット売り場の賃料補助、マスクや消毒液などの防疫グッズの購入助成に合計4億9,300万元を準備した。ここでわかるように、台湾の船社や中台航路や台湾内航路をもつ船社に対して補助をし、中国以外の海外航路を持つ船会社に対しての助成ではないことがわかる。次の段階では、対象者やその補助内容が拡大した。中台間で定期旅客船を運航している場合、船員の給料、埠頭停泊費用や船内清掃費用、停泊に必要な燃料費も対象となった。

　貨物輸送やその関連業務に限定した場合、小三通の貨物航路や台湾内の定期貨物路線を有する船会社に対しては、船員やスタッフに対する給与、船舶保険、事務室家賃、停泊費用や運休した船舶の検査や整備費用（要・事前申請）も対象となった。また、コンテナフレートステーションを経営する業者も対象となったが、助成金を申請できたのは、非接触型体温計、マスク、アルコールや消毒液などの防疫グッズの購入費用、事前に許可を得たうえで防疫に必要な設備の購入費用であった。さらに、中小規模ではない台湾系船舶運送業やコンテナフレートステーションや船舶貨物荷役請負業を対象としたローンの実施、その利息の補填を実施した。政府が準備した貸付金は300億元、利息補填額は総額で最大2億4,300万元補填することとした。さらに、国際商業港湾内の賃借人を対象に2020年1月から6月における台湾での貨物取扱量減少幅に応じて、借地料を最大20％補填することとした。台湾では港湾内における厳格な作業指

8　小三通は地区限定の中国との直接運航のことであり、海上輸送に限定した場合には台湾本島以外の金門島や馬祖列島と中国の港湾間での直接運航のことを意味する。

針を策定し、台湾全体で入国制限など厳しい防疫政策を 2022 年春まで実施した。そのため、人の動きが大きく制限されることとなり、海運業のなかでも旅客船を中心とした業種に対して早くから救済措置の対象になったのである。

6-6　今後のコンテナ港湾の開発計画

(1) 国際商業港の将来的発展・建設計画

　行政院は 2021 年 10 月 12 日に交通部が策定した「国際商業港将来発展及び建設計画（2022-2026 年）（中国語名：國際商港未來發展及建設計畫（111-115 年））を承認した。この計画は 1995 年から 5 年ごとに策定される「商業港総合開発計画（中国語名：商港整體發展規劃）」の国際商業港湾に関する部分であり、2022 年から 2026 年を対象としている。この計画では、交通部は 2022 年から 26 年をスマートイノベーションと多様なサービスの強化を通じて海上輸送におけるハブの地位を固めることを目標としている。そのために、国際商業港湾 7 港で 29 項目における建設を実施し、その資金は約 381 億 6,600 万元を予定している。資金源としては、航港建設基金[9]から 245 億 500 万元、台湾港務公司運営資金から 132 億 7,000 万元、前瞻基礎建設計画[10]特別予算から 4 億 5,500 万元が充てられる。この計画の実現によって、台湾の国際商業港湾は世界の海運市場の変化と国内外の産業発展に対応でき、台湾の国際商業港湾の地位をより強固に持続させることとした。また、環境に配慮した港湾、港務業務のスマート化や永続的な発展を政策目標として掲げている。

　この計画が実現すれば、2026 年の国際商業港湾全体のコンテナ取扱量を 2019 年の 1,530 万 TEU から少なくとも 1,566 万、最大で 1,822 万 TEU まで引き上げられるとしている。また、入港する船舶の総トン数を 2017 年から 2020 年の平均である 15.9 億総トンから 2026 年には 17.98 億トンに、高雄港のコンテナ取扱量を 2020 年の 962 万 TEU から 2026 年には 1,144 万 TEU にするなどの目標を掲げている。

---

9 航港建設基金は 2000 年に台湾省政府所属建設基金と埠頭労働者退職・離職基金を合併して作られた基金である。2013 年から交通部航港局がこの基金を所管し、港湾サービスや地上権使用料等を収入源とし、埠頭建設や灯台の整備費用に充てられている。
10 前瞻基礎建設計画は、2017 年に蔡英文総統が打ち出した基礎インフラ整備計画のこと。

(2) 高雄港コンテナセンターの開発

　この計画で言及されているコンテナの取り扱いの部分で最も重要になるのは、高雄港である。高雄港については具体的な目標も書かれており、政府も高雄港のコンテナ取扱量拡大のために第 7 コンテナセンターの建設を予定していた。第 7 コンテナターミナルの建設計画は「国際商業港将来発展及び建設計画（2017〜2021 年）」の第 2 次計画修正で書き込まれ、行政院会議（閣議）が 2019 年4 月 24 日に承認されたことで具体化することとなった。このセンターの開発に乗り出した背景には、既存のコンテナセンターではコンテナ船の大型化に対応できないことがある。第 7 コンテナセンターを含む第 2 期拡張エリアは 2012年から埋め立て工事を開始し、422.5 ヘクタールという高雄港開港以来最大の埋め立てを実施し、2017 年末には工事が完了した。この埋め立て工事期間中の 2016 年 7 月には、台湾港務公司とアラブ首長国連邦（UAE）のドバイ・ポーツ・ワールド（DP World 社）が高雄港第 7 コンテナセンターを共同運営することで合意し、覚書（MOU）を締結した。ほぼ国営企業に近い台湾港務公司が海外のターミナルオペレーターと共同で初めてコンテナセンターを運営するになった。この締結によって、DP World 社は 420 億元の投資を実施した。

　当初は 2017 年には供用を開始する予定であったが、埋め立て工事に時間がかかったこともあり、その後の工事も延びた。そうしたなか、台湾最大のコンテナ船社である長栄海運は 2018 年 12 月、最長 60 年間にわたる賃貸契約を台湾港務公司と結んだ。2023 年 5 月の報道では 20 年間の使用権を持ち、期限を迎えた後も優先的に契約更新が可能とのことである。この契約期間はこれまで賃貸契約を結んできたなかで最長であった。契約時点では 1 万 8,000TEU クラスのコンテナ船が寄港できる整備を実施する予定であったが、契約後にコンテナ船がさらに大型化されたことによって、2 万 4,000TEU クラスのコンテナ船が寄港できるようにした。このセンターでは岸壁総延長 2,400 メートル、深水18 メートルを整備し、5 コンテナ埠頭が設置されることとなった。

　この契約では、政府側が 203 億元、長栄海運が 206 億 5,000 万元を投じて必要な整備をすることとし、2020 年 12 月末には着工式典が開催された。整備された 5 コンテナ埠頭には合計 149 ヘクタールのコンテナヤードが整備され、5Gや遠隔監視センターも設置し、台北港同様にコンテナセンター内での作業を全自動化にする予定である。当初は 2022 年から順次稼働する予定であったが、新型コロナウイルス感染症の影響もあって工事に遅れが生じた。そのため、最

初の稼働は当初から 1 年以上遅れの 2023 年 5 月にまず 2.5 埠頭が稼働した。そして 1 年後の 2024 年 7 月に残り 2.5 埠頭が完工、運用開始の予定である。このコンテナセンターが本格的に稼働すれば、年間 450 万 TEU 増、長期的には年間 650 万 TEU 増を政府は見込んでいる。この第 7 コンテナセンターが本格的に稼働すれば、高雄港のコンテナ取扱量を回復し、かつ過去最高の取扱い水準になるのか、注目されよう。

【参考文献】
（日本語）
池上寛（2013 年）「三通解禁以後の台湾と中国における海上輸送と港湾の変化」池上寛編『アジアにおける海上輸送と中韓台の港湾』p187-p217、日本貿易振興機構アジア経済研究所
（中国語）
臺灣港務公司編刊『臺灣港務公司年報』各年版

臺灣港務股份有限公司ウェブサイト（https：//www.twport.com.tw/chinese/）
臺灣港務公司高雄港務分公司ウェブサイト（https：//kh.twport.com.tw/chinese/）
臺灣港務公司基隆港務分公司ウェブサイト（https：//kl.twport.com.tw/chinese/）
臺灣港務公司基隆港務分公司台北港營運處ウェブサイト（https：//kl.twport.com.tw/tp/）
中華民國交通部ウェブサイト（https：//www.motc.gov.tw/ch/index）

第7章 ベトナムのコンテナ港湾戦略と主要港の概要

7-1 概 説

　ベトナムは、インドシナ半島の東側に位置する社会主義共和国であり、南北に1,650km と細長い国土をもつ。地理的には北部、中部、南部に大別され、首都は北部にあるハノイ、中部には観光開発で注目されるダナン、南部には経済の中心地であるホーチミン市がある。人口は2022年時点で約9,946万人となっており、上記3都市で人口の約半分が集中している状況にある。

　経済成長の契機は、1986年のドイモイ[1]政策による市場経済化、対外開放政策であり、さらに1995年の ASEAN、2007年の WTO への加盟により国際的な立場が確立した。

　近年では隣接する中国の経済成長により、「アジアの工場」としての受け皿としても注目されるとともに、陸の ASEAN と称される陸続きであるタイ、カンボジア、ミャンマー、ラオスへの交通インフラも、先進国や国際機関の援助により整備されている状況にある。ただし主要都市間の距離も長いことから貿易に関しては、陸上輸送よりも海上輸送に依存する傾向が高い。そのため、経済成長にともなう港湾貨物の増加への対応として、北部のハイフォン港やカイラン港、中部のダナン港、南部のカイメップ・チーバイ港が相次いで整備された。

　わが国とベトナムの関係は、16世紀末の朱印船貿易からと歴史は古いものの、ベトナム戦争の影響もあり、北ベトナムと国交正常化協定を締結したのは1973年であった。ただし、両国の関係が途切れていたわけではなく、1955年に日本ベトナム友好協会と日越貿易会、1965年にベトナムにおいて越日友好協会が設立され、非公式な交流は継続していた[2]。国交正常化後は、［表7-1］に示すように、さまざまな2国間の協力関係が構築され、2023年には国交樹立50周年を迎える。

---

1 ドイモイとは、ベトナム語で、「刷新」の意味をもつ。
2 日越外交関係樹立45周年記念プロジェクト、「日本とベトナム―刻まれた交流の軌跡をたどる―」、URL：https://www.archives.go.jp/event/jp_vn45/history.html（最終閲覧日：2023年3月1日）。

表 7-1　日本とベトナムの経済関係の歴史

	日越関係
16世紀末	朱印船貿易開始
1973年	北ベトナムと国交正常化協定を締結
1975年	北ベトナムと大使交換協定を締結、経済援助供与に合意
1992年	日本、ベトナムに対する経済援助を再開
1978年	ベトナム社会主義共和国に対する最初の円借款を供与
1992年	円借款の再開
1994年	村山富市首相が総理大臣として初めてベトナム社会主義共和国を訪問（交通インフラ整備のため、約77億円の新規無償資金援助の合意）
1995年	ベトナムの ASEAN 加盟
2003年	ベトナムの投資環境改善のための「日越共同イニシアティブ」
2004年	日越投資協定の発効（最恵国待遇の供与）
2006年	「アジアの平和と繁栄のための戦略的なパートナーシップに向けて」の共同声明発表
2008年	日本・ベトナム経済連携協定（EPA）調印
2009年	「アジアの平和と繁栄のための戦略的パートナーシップに関する日越共同声明発表」
2014年	「アジアの平和と繁栄のための広範な戦略的パートナーシップ関係樹立に関する日越共同声明」発表

（出所）日越外交関係樹立 45 周年記念プロジェクト、「日本とベトナム―刻まれた交流の軌跡をたどる―」（ホームページ）より筆者が加筆修正。

　また、わが国との経済協力に関する国際的な自由貿易協定の枠組みは、2008年の日・ASEAN 包括的経済連携の発効、2018 年の CPTTP（Comprehensive and Progressive Agreement for Trans-pacific Partnership：環太平洋パートナーシップに関する包括的及び先進的な協定）の発効[3]、2022 年の RCEP 発効[4]と、その関係が強化されている。

---

3 署名国は、オーストラリア、ブルネイ、カナダ、チリ、日本、マレーシア、メキシコ、ニュージーランド、ペルー、シンガポール、ベトナムの 11 カ国となる。
4 2022 年 1 月に、日本、ブルネイ、カンボジア、ラオス、シンガポール、タイ、ベトナム、豪州、中国、ニュージーランド、同年 2 月に韓国、3 月にマレーシア、2023 年 1 月にインドネシアが発効。

7-2　日越間の貿易状況

わが国とベトナムの貿易において金額ベースみると、わが国からの輸出過多となっており、新型コロナウイルス感染症の拡大により、一時停滞したものの、2022 年は 4 兆円を超え、過去最大の金額となっている（[図7-1] 参照）。しかし、ベトナム全体の貿易相手国、地域からみると、わが国の割合は、輸出の 6.0 ％（2021 年）となっており、米国、中国、EU、中国、米国、ASEAN、韓国に次いで 6 位となっている。輸入においては、全体の 6.8%（2021 年）となり、中国、韓国、アセアンに次いで 4 位となる。

わが国とベトナムの輸出入コンテナ数は、金額ベースと同様、順調に増加している。輸入過多となっていることから、前述した金額ベースと比較すると、高付加価値製品が輸出していることが把握できる（[[図7-2] 参照）。

ベトナムへの輸出コンテナを取り扱うわが国の港湾をみると、東京、横浜、名古屋、大阪、神戸で約 9 割を占め、輸入においては、それらの港湾に博多を加えた 6 港が約 9 割を占めており、航路の影響が大きい（[表7-2] 参照）。

日本からベトナムへの輸出コンテナの品目は、HS コード[5] の上 2 桁の「類」

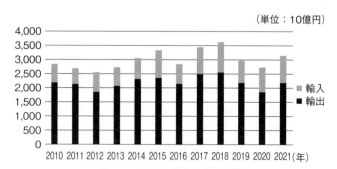

（単位：10億円）

図 7-1　日越の輸出入額の推移

（出所）財務省、「輸出入額の推移（地域（国）別・主要商品別）」より筆者作成。

---

5 HS コードは、世界税関機構（WCO：World Customs Organization）が定める「商品の名称及び分類についての統一システム（Harmonized Commodity Description and Coding System）に関する国際条約（通称 HS 条約）」において、商品の名称と分類を統一するシステムコード番号であり、9 桁で構成される。上 2 桁を「類」、上 4 桁を「項」、上 6 桁を「号」として、残り 3 桁は各国が独自に設定できる。

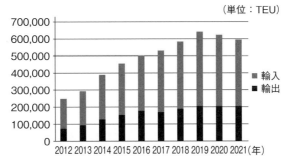

図 7-2　日越間の輸出入コンテナ数の推移

（出所）『港湾統計年報（平成 24 年〜令和 3 年）』より筆者作成。

表 7-2　日越間の港湾別輸出入コンテナ数（2021年）

港湾名	日本からの輸出		ベトナムからの輸入	
	TEU 数	構成率	TEU 数	構成率
青　森	—	0.0%	666	0.2%
釜　石	105	0.0%	—	0.0%
千　葉	631	0.3%	20	0.0%
東　京	39,734	18.6%	111,951	28.8%
横　浜	42,064	19.7%	39,863	10.2%
川　崎	1,007	0.5%	18,869	4.8%
新　潟	69	0.0%	—	0.0%
清　水	10,016	4.7%	12,533	3.2%
名古屋	37,587	17.6%	68,002	17.5%
四日市	3,452	1.6%	4,079	1.0%
舞　鶴	—	0.0%	2	0.0%
堺泉北	170	0.1%	634	0.2%
大　阪	21,402	10.0%	64,539	16.6%
神　戸	47,688	22.3%	38,648	9.9%
岩　国	224	0.1%	—	0.0%
博　多	5,369	2.5%	27,218	7.0%
北九州	3,818	1.8%	1,845	0.5%
熊　本	75	0.0%	315	0.1%
大　分	—	0.0%	15	0.0%
総　計	213,411	100.0%	389,199	100.0%

（出所）『港湾統計年報（令和 3 年）』より筆者作成。

表 7-3　日越間の輸出入コンテナの上位品目（2021年）

日本からの輸出				ベトナムからの輸入			
類	品目名	千トン数	構成率	類	品目名	千トン数	構成率
72	鉄鋼	548	21.8%	39	プラスチック及びその製品	348	13.7%
39	プラスチック等及びその製品	488	19.4%	94	家具、寝具等	254	10.0%
48	紙及び板紙並びに製紙用パルプ、紙又は板紙の製品	289	11.5%	85	電気機器、部分品等	155	6.1%
84	原子炉、ボイラー及び機械類並びにこれらの部分品	223	8.9%	44	木材及びその製品並びに木炭	124	4.9%
85	電気機器、部分品等	208	8.3%	9	コーヒー、茶、マテ及び香辛料	104	4.1%
3	魚、甲殻類、軟体動物及びその他の水棲無脊椎動物	98	3.9%	73	鉄鋼製品	96	3.8%
29	有機化学品	67	2.7%	84	原子炉、ボイラー及び機械類並びにこれらの部分品	93	3.7%
40	ゴム及びその製品	65	2.6%	72	鉄鋼	85	3.3%
87	鉄道用及び軌道用以外の車両、部分品等	61	2.4%	63	紡織用繊維等	82	3.3%
68	石、プラスター、セメント、石綿、雲母等の材料の製品	33	1.3%	61	衣類及び衣類附属品	76	3.0%
－	その他	436	17.3%	－	その他	1,119	44.1%
総計		2,517	100.0%	総計		2,537	100.0%

（出所）財務省、『普通貿易統計（2021 年）海上コンテナ貨物国別品別表』より筆者作成。

で区分すると、上位 10 類で約 8 割を占めており、上位には、鉄鋼やプラスチック製品、紙、機械、水産物等があげられる。ベトナムから日本への輸入コンテナにおける品目は、上位 20 類で約 8 割を占めており、輸出と異なりその品目は多岐にわたる。上位には、プラスチック製品や家具、電気機器、木材、コーヒー等があげられる（［表 7-3］参照）。

7-3　コンテナ港湾戦略と運営管理

(1)　港湾戦略

　ベトナムの港湾における代表的な上位計画は、「ベトナムの国家開発計画である社会経済開発戦略（Socio Economic Development Plan：SEDP）」であり、2011～2020年の10カ年計画では、「社会経済開発戦略海港を開発しながら、海港サービス、海運サービス、河川・海洋の運輸サービスを発展させ、船隊、そして船舶の新規製造および修理産業を発展させる」[6]と規定している。

　また港湾に関する計画は、1999年に制定された「ベトナム港湾システム開発計画」であり、全国を6つの地域に区分し、港湾規模に応じて国際港、地域主要港、地方主要港、特別港の4つに分類することで、長期的な港湾開発の方針を策定した。

　また港湾管理体制の改善に向け、2005年に「海事法（Vietnam Maritime Code：VMC）」、2006年に「港湾管理政令」、2007年に「港運業政令」、2008年に「港格分類政令」[7]、2014年に「ベトナム港湾開発計画」が制定された。

　これらをベースに、2021年に2030年までの目標と2050年までのビジョンを示した「2021年から2030年までベトナム港湾システム開発マスタープランと2050年までのビジョン」が制定された。従来の地域ではなく、優先度に応じて5つのグループに区分され、それぞれに2030年、2050年の目標が設定されている（[表7-4] 参照）。それ以外にも港湾情報システムの投資やシングルウィンドウの導入、環境に配慮したグリーンポートの基準導入等が計画されている[8]。

---

6 ジェトロ、『ベトナム国 2011～2020年 社会経済開発戦略（邦訳）』、URL：https://www.jetro.go.jp/ext_images/world/asia/vn/business/pdf/VN_20110100.pdf（最終閲覧日：2023年3月1日）。

7 独立行政法人国際協力機構、『ベトナム国港湾管理制度改革プロジェクト 終了時評価調査報告書』、2009年、URL：https://openjicareport.jica.go.jp/pdf/11955044_01.pdf（最終閲覧日：2023年3月1日）。

8 ベトナム産業貿易情報センター、「政府情報（2021年12月28日付）」、URL：http://asemconnectvietnam.gov.vn/default.aspx?ZID1=3&ID1=2&ID8=113724（最終閲覧日：2023年3月1日）

表 7-4　ベトナム港湾システム開発マスタープランのグループ概要

NO	数	港湾名	2030 年までの目標	2050 年までの目標
1	5	ハイフォン港、クアンニン港、タイビン港、ナムディン港、ニンビン港。	年間 3 億～3.7 億トン(コンテナ貨物は 1,100 万から 1,500 万 TEU)。	年率 5.0～5.3% の成長。ラックフェン港とカイラン港への投資完了。カム川沿いの港湾移転。
2	6	タインホア港、ゲアン港、ハティン港、クアンビン港、クアントリ港、トゥアティエンフエ港。	年間 1.7 億～2.6 億トン(コンテナ貨物は 60 万～100 万 TEU)。	年率 3.6～4.5% の成長。ブンアン港等の投資、開発完了。
3	8	ダナン港、クアンナム港、クアンガイ港、ビンディン港、フーイエン港、カンホア港、ニントゥアン港、ビントゥアン港。	年間 1.4 億～1.8 億(コンテナ貨物は 180 万～250 万 TEU)。	年率 4.5～5.5% の成長。ダナン港への投資完了、バンホン港に国際積替港の設置。
4	5	ホーチミン市港、ドンナイ港、バリア・ブンタウ港、ビンズオン港、ロンアン港。	年間 4.6 億～5.4 億万トン(コンテナ貨物は 2,300 万～2,800 万 TEU)。	年率 3.5～3.8% の成長。カイメップハ港への投資完了、ホーチミン港湾群の移転完了。
5	12	カントー港、ドンタップ港、ティエンザ港、ビンロン港、ベンチェ港、アンジャン港、ハウザン港、ソクチャン港、トラビン港、カマウ港、バックリュウ港、キエンザン港。	年間 6,400 万～8,000 万トン(コンテナ貨物は 60 万～80 万 TEU)。	年率 5.5～6.1% の成長。メコンデルタ地域へゲートウェイポートを設置。

(出所) ベトナム産業貿易情報センターホームページ「政府情報 (2021 年 12 月 28 日付)」より作成。

(2) 港湾組織運営

　運輸省 (Ministry of Transport：MOT) の所管である、1992 年に設立した VINAMARINE (Vietnam Maritime Administration：運輸省海運総局) が港湾管理を担っている。主要港湾の運営は、基本的に VINAMARINE から分離した運輸省、財務省、計画投資省、首相府の管轄下である国営企業(State Owned Enterprise：SOE) である VINALINES が担っているが、それ以外にも、他の省庁傘下の国営企業や、それと外資による合弁会社でも港湾管理、運営を行っている状況にある。

　1995 年、VINAMARINE 主導のもと、ベトナム港湾協会 (Vietnam Seaport

表7-5 海上輸送における法定資本

業種	法定資本の分野	法定資本
海上輸送	国際海運業	50億ドン以上の保証または船員に対する船主の責任を保証する保険に加入。
	内陸海運業	なし。

（出所）ジェトロホームページ「ベトナム外資に関する規制（最終更新日：2022年12月21日）」。

表7-6 外資系企業に対する出資比率の制限

事業内容	出資比率の制限
海運サービス	ベトナム国旗を掲揚する船隊の運営会社を設立する場合、サービスを提供する外国業者は外国側の出資率が合弁会社の法定資本の49％を超えない合弁会社の設立が可能。 国際海運業サービスを提供する会社設立の場合、外国の海運会社は100％外資企業の設立が可能。
コンテナ積み下ろしおよび船積みサービス	外国企業の出資比率が合弁会社の資本金の50％を超えてはならない。
通関サービス	合弁会社における外国側の出資比率の制限はなし。
コンテナ倉庫サービス	外国企業の出資比率は無制限。
国内水路運輸サービス	外国企業の出資比率は合弁会社の法定資本金の49％を超えてはならない。

（出所）ジェトロホームページ「ベトナム外資に関する規制（最終更新日：2022年12月21日）」。

Association：VSA）が設立され、翌年、ASEAN Ports Association（APA）に正会員として加盟した。

(3) 外資参入規制

水上輸送に関する外資の参入規制において、輸送、コンテナ取り扱いに関しては、外種の出資比率の過半数を認めていない（［表7-5］、［表7-6］参照）。

7-4 主要コンテナ港湾の概要

ベトナムの主要港湾は、北部のハイフォン港湾群、ラックフェン港、中部のダナン港、クイニョン港、ブンアン港、南部のホーチミン港、カイメップ・チーバイ港に大別される（［図7-3］参照）。

ベトナムにおけるコンテナ取扱数は増加基調にあり、地域別に比較すると、2011年では、北部で約3割、南部で約7割を占めており、2021年では、北部

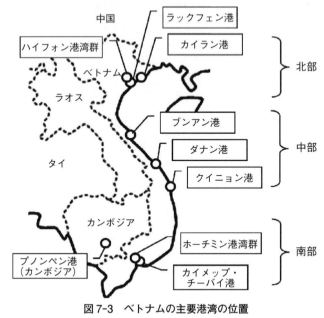

図 7-3　ベトナムの主要港湾の位置

（出所）筆者作成。

で約 2 割、中部で 0.5 割、南部で 7 割と、南部への依存度は高い傾向にある。中部の取扱量は多くないものの、ダナン港の開発により、北部から中部へのシフト効果も出ている状況にある（［図 7-4］参照）。ラオスが出資する中部のブンアン港（後述）は、ラオスのエネルギー調達を目的とした港湾の開発計画をもつことから、将来、中部の取扱量が増加する可能性も高い。

　また、ベトナムにおいても運輸部門における二酸化炭素の排出量が増加しており、環境配慮のため、2021 年、VINAMARINE の主導でグリーンポート開発プロジェクトが開始されている。

(1) 北部の主要コンテナ港湾

　北部に位置する主要コンテナ港湾は、ハノイの東側にあるカム川に沿って配置された複数のコンテナ港湾で構成されるハイフォン港湾群と、その河口に位置するディンブー港、ナムハイ・ディンブー港、ラックフェン港である（［図7-5］参照）。

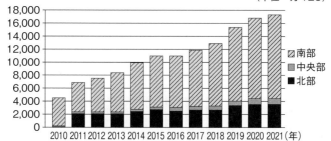

（単位：万TEU）

図7-4　地域別コンテナ取扱数の推移

（注）ベトナム港湾協会の統計は73港湾となる。
（出所）Vietnam Seaport Association ホームページより筆者作成。

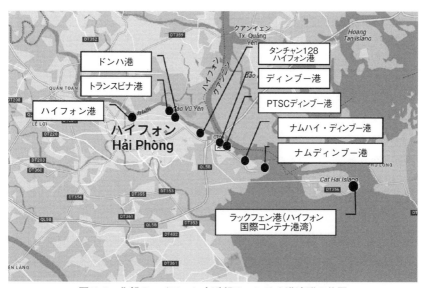

図7-5　北部のハイフォン市近郊のコンテナ港湾群の位置
（出所）グーグルマップにて筆者作成。

　2021年のコンテナ取扱量は、ベトナム全体でみると、ハイフォン港湾群で8.8％、ディンブー港湾群で8.7％、ラックフェン港で4.0％となる。うち北部では、ハイフォン港湾群で40.8％、ディンブー港湾群で40.5％、ラックフェン港で18.5％を占める（［図7-6］参照）。

（単位：万TEU）

図7-6　北部港湾のコンテナ取扱数の推移
（出所）Vietnam Seaport Association ホームページより筆者作成。

　河川港であるハイフォン港は、1870年代から稼働し、その後の整備により、航路の水深が5.5〜7.3m、最大喫水8.5m、入港可能な船舶のサイズが4万DWT（Dead Weight：載貨重量トン数）[9]となった。併設するコンテナヤードは約40万㎡、約2万TEUを保管できる。ただし河川港のため、大型船の着岸ができず、航路の土砂堆積による定期的な浚渫も必要となる。

　ハイフォン港の河口側にはディンブー港が位置し、水深は5.7m、船舶のサイズはハイフォン港と同様、4万DWT[10]となり、2014年にはナムハイ・ディンブー港も稼働した。ナムハイ・ディンブー港は、水深が7m、最大喫水が9m、船舶サイズは3万DWTとなる。コンテナヤードは12万㎡であり、1.2万TEUの処理能力をもつ。

　ハイフォン沖のラックフェン地区では、わが国のODA（official development assistance：政府開発援助）を活用したPPP（public private partnership：官民連携）にて、ラックフェン港（HICT：ハイフォン国際コンテナターミナル）が整備され、2018年に開業した。ODAでは基本インフラの整備、PPPでは伊藤忠商事や商船三井で構成される事業主体が、岸壁やコンテナヤードの整備を行った。河川港ではないため水深も14mとなり、14,000TEU型の大型コンテナ船の寄港も可能である[11]（［図7-7］参照）。

---

9 Vietnam Seaport Association HP、"CAPACITIES"、URL：http：//www.vpa.org.vn/capacties/（最終閲覧日：2023年3月1日）。
10 Vietnam Seaport Association HP、"CAPACITIES"、URL：http：//www.vpa.org.vn/capacties/（最終閲覧日：2023年3月1日）。

図7-7　ハイフォン港
（出所）ハイフォン港ホームページ。

　上記港湾以外にも、ハイフォン島北部に位置する航路水深10mのカイラン港が整備されたが、世界遺産であるハロン湾に近接していることから、取扱コンテナ数の増加に対応した拡張も困難であり、取扱コンテナ数は少ない。

（2）中部の主要コンテナ港湾

　中部に位置する主要コンテナ港湾は、ダナン港（クアンナムダナン省）、クイニョン港（ビンディン省）で構成される。ダナン港は、ティエンサ港、ハンソン港、リエンチュウ港で構成される港湾群であり、コンテナ貨物のほとんどがティエンサ港に集中している。

　2021年の中部地域のコンテナ取扱量は、全体の5.2％と少なく、うちダナン港で73.0％、クイニョン港で17.5％となる。特にダナン港は、ベトナムからラオス、タイ、ミャンマーを繋ぐ国際道路網である全長1,450kmの東西経済回廊の東の玄関口であることから、コンテナ取扱量は増加傾向にある［表7-7］。

　ダナン港を代表するティエンサ港は、施設の老朽化、防波堤の欠如、コンテナ船に対応できないことから、わが国のODAによって1999年に借款契約が調印され、整備、改良されてきた。水深が10〜17m、最大喫水が12m、船舶サイズは4.5万DWT、コンテナヤードは約8.2万㎡[12]となる。

11　株式会社国際協力銀行、『ベトナムの投資環境』、2023年2月、URL：https://www.jbic.go.jp/ja/information/investment/images/inv_vietnam20.pdf（最終閲覧日：2023年3月1日）。

表7-7 中部港湾のコンテナ取扱数の推移
（単位：TEU）

（出所）Vietnam Seaport Association ホームページより筆者作成。

　しかし、東側に位置するベトナム海軍港と隣接しているため、拡張性、後背地の確保が困難であり、10万DWTが接岸可能なリエンチュウ港の開発が進められている。（[図7-8]、[図7-9] 参照）。

　クイニョン港を管理するクイニョン港株式会社は1976年に設立され、航路水深が11m、最大喫水が13.8m、船舶は5万トンDWTが着岸可能であり、コンテナヤードは約21万㎡となる[13]。2020年初頭には、東北アジアを結ぶ新航路の運用を開始した。従来の航路は、シンガポールを経由していたことから、リードタイムの短縮、輸送費用の低減を目指すものである[14]。また2021年から再開発を行っており、2025年の完成時には面積が現在の約3倍となる。

　近年では、ベトナム西部に位置する内陸国であるラオスが、エネルギー調達を目的に、ハティン省のブンアン港に出資し、整備を行っている状況にある。航路水深は9.5m、最大喫水が12m、着眼可能な船舶が4.6万DWT[15]となる（[図7-10] 参照）。ベトナム、ラオス政府は、ブンアン港と、ラオス首都ビエンチャンを結ぶ貨物鉄道の計画をもち、2023年にベトナム側から着工予定で

12 Vietnam Seaport Association HP、"CAPACITIES"、URL：http://www.vpa.org.vn/capacties/（最終閲覧日：2023年3月1日）。

13 Vietnam Seaport Association HP、"CAPACITIES"、URL：http://www.vpa.org.vn/capacties/（最終閲覧日：2023年3月1日）。

14 ベトナムニュース総合情報サイトVIETJO、https://www.viet-jo.com/news/economy/200605151905.html（最終閲覧日：2023年3月1日）。

15 Vietnam Seaport Association HP、"CAPACITIES"、URL：http://www.vpa.org.vn/capacties/（最終閲覧日：2023年3月1日）。

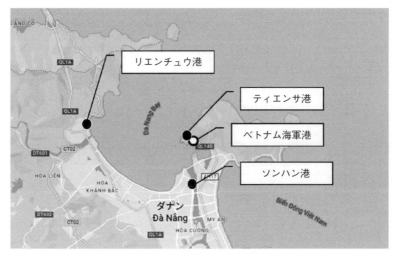

図7-8　ダナン港の位置

（出所）グーグルマップにて筆者作成。

図7-9　ダナン港（ティエンサ港）

（出所）ダナン港ホームページ。

ある。鉄道が完成すれば、今までタイ、バンコクを経由していたラオスの貿易
ルートが大きく変わる可能性をもつ。

図 7-10　ブンアン港

（出所）ブンアン港ホームページ。

(3) 南部の主要コンテナ港湾

　南部に位置するコンテナ港湾は、2021 年のコンテナ取扱実績で 21 港あるが、コンテナの取扱量のほとんどが、ホーチミン市に集積したコンテナターミナルで構成されるホーチミン港湾群と、同市南東部のカイメップ・チーバイ港（バリアブンタウ省）となる（［図 7-11］参照）。

　2021 年の南部におけるコンテナ取扱量は、ベトナム全体でみると、ホーチミン港湾群が 45.4%、カイメップ・チーバイ港が 27.4% と、ベトナム経済を支える重要な港湾である。うち南部でみると、ホーチミン港湾群が 62.0%、カイメップ・チーバイ港が 37.4% を占めるが、前者が河川港のため、近年は後者の存在感が大きくなっている状況にある（［図 7-12］参照）。

　ホーチミン港湾群におけるコンテナを取り扱う港湾は、2021 年の取り扱い実績で 10 港となっており、そのほとんどがホーチミンの中心部に位置する河川港となる（［図 7-13］参照）。

　そのなかでも代表的なカトライ港は、南部全体のコンテナ取扱量の約 3 割を占める。ホーチミン港湾群におけるコンテナ取扱量は、カトライ港が約 7 割を占めており、次いで ITC 国際コンテナターミナル、VICT（Vietnam International Container Terminals）となるが、両者とも 1 割未満である（［図 7-14］参照）。

　しかしホーチミン港湾群は、河口から約 85km の距離があり、中心市街地を通る河川に集中していることから拡張性も困難であり、また河川港のため川幅が狭く、着岸可能な船舶が 3 万 DWT と限定される。そのため 2009 年、ホー

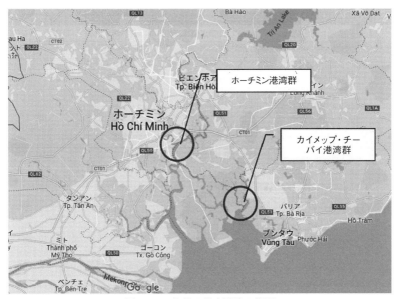

図 7-11　北部の代表港湾の位置

（出所）グーグルマップにて筆者作成。

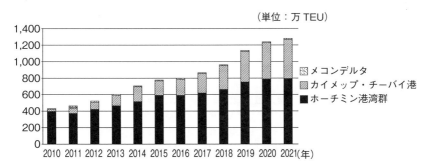

図 7-12　南部港湾のコンテナ取扱数の推移

（出所）Vietnam Seaport Association ホームページより筆者作成。

チミン市の南東に位置するカイメップ・チーバイ港が、わが国の ODA により
整備され、それが呼び水となり、ベトナム政府だけではなく、さまざまな民間
資本が参入、開発している状況にある。

　カイメップ・チーバイ港の代表的なコンテナターミナルは、TCIT（タンカ

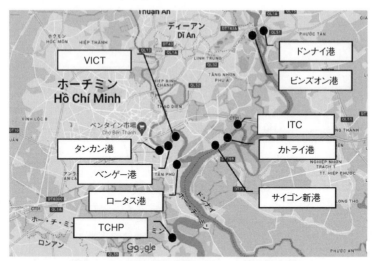

図 7-13　ホーチミン近郊のコンテナ港湾群の位置
（出所）グーグルマップにて筆者作成。

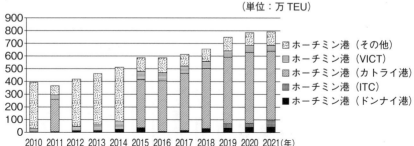

図 7-14　ホーチミン港湾群のコンテナ取扱数の推移
（出所）Vietnam Seaport Association ホームページより筆者作成。

ン・カイメップ国際ターミナル）と TCCT（タンカン・カイメップ・ターミナ
ル）であり、両ターミナルで、カイメップ・チーバイ港のコンテナ取扱量の約
5 割を占める。これら港湾群は大深水ターミナルであることから、近年、その
取扱コンテナ量は急激に増加している（［図 7-15］参照）。また、カイメップ・
チーバイ港は、カンボジアの首都プノンペンと河川でつながっていることから、
バージ輸送の結節点ともなっている。

（単位：万 TEU）

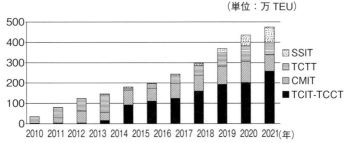

図 7-15　カイメップ・チーバイ港のコンテナ取扱数の推移
（出所）Vietnam Seaport Association ホームページより筆者作成。

補　論　新型コロナウイルス感染症の影響

　先述したように、ベトナムの最大輸出国は米国であり、新型コロナウイルス感染症の拡大に伴う米国の港湾ストライキ等によりコンテナが滞留し、空コンテナがアジアで慢性的に不足した。またベトナムにおいても感染症の影響は大きく、主要都市においてロックダウンも実施され、ベトナム主要港湾もコンテナの荷下ろしに通常よりも時間を要することになった。

　たとえばホーチミン港湾群では、2021 年 7 月から 9 月末までの 3 カ月間、ホーチミン市のロックダウンに伴い、通関業者や輸配送業者も商工局からの外出許可が必要となり、ホーチミンへの輸入貨物で通関、配送まで、通常よりも時間を要することになった[16]。そのため輸入コンテナの引き取りに支障が出始め、より混雑が悪化したことから、ターミナル運営会社も、大型貨物の引き受け停止や、荷主に対する輸入貨物の早期引き取りなど、混雑解消に協力を呼び掛ける通知を出した[17]。

　2022 年 10 月以降、ロックダウンの解除により、ベトナム国内工場の操業が再開され、また貿易相手国の巣籠需要に伴い、2022 年の輸出入コンテナ数は、感染症拡大前の 2018 年を超えている状況にある。

---

[16] 名鉄ワールドトランスポート、「ベトナムにおける物流トピック」、2022 年 4 月 28 日、URL：https://www.meitetsu-worldtransport.co.jp/logistics/2022/20220114_01.pdf（最終閲覧日：2023 年 3 月 1 日）。
[17] 日本海事新聞、「ベトナム、港湾混雑が悪化。カトライで大型貨物停止」、2021 年 8 月 10 日付。

【参考文献】

株式会社国際協力銀行、『ベトナムの投資環境』、2023 年 2 月、URL：https：//www.jbic.go.jp/ja/information/investment/images/inv_vietnam20.pdf（最終閲覧日：2023 年 3 月 1 日）

ジェトロ、『ベトナム国 2011〜2020 年 社会経済開発戦略（邦訳）』、URL：https://www.jetro.go.jp/ext_images/world/asia/vn/business/pdf/VN_20110100.pdf（最終閲覧日：2023 年 3 月 1 日）

独立行政法人国際協力機構、『ベトナム国 港湾管理制度改革プロジェクト 終了時評価調査報告書』、2009 年、URL：https://openjicareport.jica.go.jp/pdf/11955044_01.pdf（最終閲覧日：2023 年 3 月 1 日）

日越外交関係樹立 45 周年記念プロジェクト、「日本とベトナム―刻まれた交流の軌跡をたどる―」、URL：https://www.archives.go.jp/event/jp_vn45/history.html（最終閲覧日：2023 年 3 月 1 日）

日本海事新聞、「ベトナム、港湾混雑が悪化。カトライで大型貨物停止」、2021 年 8 月 10 付。

ベトナムニュース総合情報サイト VIETJO、https://www.viet-jo.com/news/economy/200605151905.html（最終閲覧日：2023 年 3 月 1 日）

名鉄ワールドトランスポート、「ベトナムにおける物流トピック」、2022 年 4 月 28 日、URL：https://www.meitetsu-worldtransport.co.jp/logistics/2022/20220114_01.pdf（最終閲覧日：2023 年 3 月 1 日）

Vietnam Seaport Association HP、URL：http://www.vpa.org.vn/（最終閲覧日：2023 年 3 月 1 日）

第8章　シンガポールのコンテナ港湾戦略と主要港の概要

図8-1　シンガポール港のコンテナターミナル[1]

8-1　概　　説

　シンガポール港へのコンテナ船の初めての入港（タンジョン・パガー・ターミナル）は、1972年6月23日であり、1990年にはコンテナ取扱量で世界一の港湾になった（当時の取扱量は年間500万TEU）[2]。

　シンガポールの港務局（Port Authority of Singapore）は、かつては「港湾の企画・計画」と「港湾のオペレーション」の2つの機能を両方担っていた。1997年10月1日、前者の担い手はMPA（Maritime and Port Authority Singapore：シンガポール海事港湾局）、後者の担い手はPSA（PSA Corporation Ltd.）に分離された[3]。

---

1 https://www.singaporepsa.com/our-business/terminals（2022年10月26日アクセス）

2 https://www.singaporepsa.com/about-us/milestones（2022年10月22日アクセス）

3 PSA International社は、この改組をPSAの「法人化」と呼んでいる。ターミナル・オペレーションを業務とする部分は、PSA Corporation Ltd.という企業となり、同社をシンガポール政府のソブリンファンドであるTemasek Holdingsの完全子会社としたのである。
https://www.globalpsa.com/portfolio-items/heritage-chapter-six/（2022年10月22日アクセス）
　PSA International社は、「1997年に法人化されたPSA」を改組して、2003年に持株会社として設立された。そして、各地のコンテナターミナルオペレーターを事業とする会社が、それぞれ持株会社PSA International社に支配される完全子会社として改めて設立された。
https://www.globalpsa.com/portfolio-items/heritage-chapter-six/（2022年10月22日アクセス）ゆえに現在では、シンガポール港にてターミナル・オペレーションを行う事業会社としてのPSAは、PSA Corporation Ltd.（通称PSA Singapore）である。
　それで、本章では2003年以降については、シンガポール港のターミナルオペレーターとしてのPSA Singapore、全世界のコンテナターミナルオペレーターとしてのPSAをPSA Internationalと用語を使い分ける。

　そのような改組が行われた頃には、シンガポールは、すでに世界一のコンテナ港湾としての地位を確立していた。また、港湾の優れた運営能力を有するのみならず、その優れた運営ノウハウを他国に外販するという、当時としては画期的な発想をもっていた。PSA がはじめて海外に進出したのは 1996 年のことである（中国・大連）。

　今日では、コンテナターミナルのオペレーションというものが、世界に普遍的に適用しうるものであり、優れたノウハウをもつコンテナターミナルオペレーターは、国境を越えて事業を展開するということは当り前のことと考えられている。

　しかし、その当時までは「港湾運送事業は地場産業であり、地域の特性と密接に関係するもの」であり、平たくいえば、「よそ者がするものではない」という考え方が、とりわけ日本では広く信じられてきた。新生 PSA は、瞬く間に香港のハチソン・ワンポアとともに、国境を越えて活躍するメガコンテナターミナルオペレーターへと発展、古くからの港湾運送事業において浸透していた迷信を確固たる事実をもって粉砕した。

　シンガポール政府の港湾における行政と運営の分離がなされた 1997 年は、時あたかも中国（後にはインド）[4] が、その勤勉にして低賃金の労働を武器に世界市場に復帰する前夜であり、ひいてはそのような新興国のいずれもが、その港湾において大量のコンテナの取り扱いを始める前夜であった。新生 PSA の海外事業の沃野が広がっていたのである。

　加えて、新生 MPA はシンガポールをして、単なる港湾都市から広く海事クラスターの集結する国際海事都市へと発展させた。そして今、MPA は海事のデジタリゼーションとグリーンという未来を切り開いている。その MPA が旗を振るデジタリゼーションとグリーンの対象のなかに、もちろん港湾もまた含まれる。

　本書は、コンテナ港湾を中心に叙述するものであるから、この章でもコンテナ港湾を中心に触れるが、港湾の直接のユーザーである海運会社からみれば、シンガポール港は、貨物の取り扱いという意味では、コンテナのみならず、ばら積み貨物、とりわけ石油類の取り扱いでも世界屈指の港湾である[5]。

　そして貨物以外の要素でも、燃料油の補油拠点[6]であり、船の入渠（定期検

---

4 2001 年 12 月の中国の WTO 加盟は、中国の世界市場への復帰の象徴的できごとである。

査・修繕・改造）の拠点である。

　さらに海運業が認識するシンガポールの優位性は、港湾だけにはとどまらない。海運業は、その機能から 3 つの業態に大別され、法人としては船主・船舶管理会社・オペレーターに細分化されている。そのうち船舶管理会社については、日本の外航船主・日本の外航オペレーターの子会社として設立された企業は、荷主対策といった特段の理由がなければ、シンガポール法人であることが、もはや常識の範疇に入っている。

　オペレーターが、その歴史的発祥の地から本社機能をあえてシンガポールに移転することも、もはや珍しいことではない。日本のオペレーターも、石油製品・ケミカルタンカーの部門は、子会社として設立したシンガポール法人にすべての本社機能を移譲済みであることがほとんどである。邦船 3 社の共同持株会社の子会社として設立されたコンテナ船運航会社 Ocean Network Express 社は、シンガポール法人である。他の船種でも、原油タンカーのうち、日本向けにはあまり使われないアフラマックス型（中型）の営業拠点は、シンガポールに移されている。

　オペレーターのみならず、日本の船主もシンガポールへの移転を進めている。こういった邦船社のシンガポールへの移転の流れは、今後ともとどまることはないだろう。

　要するにシンガポールは、海事クラスターの集積する「世界的海事都市」として認識されているのである。

---

5 2021 年のシンガポール港の貨物取扱量は、MPA によれば、コンテナ：3 億 6,375 万トン（60.7%）、石油類：1 億 9,160 万トン（32.0%）、石油以外のばら積み貨物：2,270 万トン（3.8%）、在来貨物：2,156 万トン（3.0%）で、合計 5 億 9,964 万トンである。
https：//www.mpa.gov.sg/port-marine-ops/marine-services/bunkering/bunkering-statistics（2022 年 10 月 21 日アクセス）
6 2021 年のシンガポール港での補油量は、MPA によれば 4,999 万トンである。
　この規模は、ARA 地区（アントワープ・ロッテルダム・アムステルダム）に次ぐ世界第 2 位の規模である。
https：//www.mpa.gov.sg/port-marine-ops/marine-services/bunkering/bunkering-statistics（2022 年 10 月 21 日アクセス）

表8-1　シンガポールへの輸出入コンテナ（実入り／TEU、2020年）

輸出			輸入		
船積み港	TEU	構成比	陸揚げ港	TEU	構成比
東　京	78,332	17.0%	東　　京	130,545	35.2%
川　崎	3,429	0.7%	川　　崎	289	0.1%
横　浜	94,097	20.4%	横　　浜	80,137	21.6%
清　水	14,672	3.2%	清　　水	17,014	4.6%
御前崎	8,111	1.8%	御前崎	232	0.1%
名古屋	127,829	27.7%	名古屋	62,141	16.7%
四日市	15,005	3.3%	四日市	7,113	1.9%
大　阪	14,223	3.1%	大　　阪	17,006	4.6%
神　戸	105,845	22.9%	神　　戸	56,290	15.2%
博　多	25	0.0%	博　　多	230	0.1%
北九州	18	0.0%	北九州	8	0.0%
熊　本	26	0.0%	大　　分	15	0.0%
			那　　覇	1	0.0%
合　計	461,612	100.0%	合　　計	371,021	100.0%

（出所）『港湾統計年報（令和2年）』第2部　第5表（1）（2）より作成。

8-2　日本とシンガポールのコンテナ荷動き状況

（1）日本の港湾におけるシンガポール向けコンテナ輸出入量

　シンガポール関連のコンテナ貨物が、日本のどの港から輸出され、どの港で輸入されるかをみてみたい。日本とシンガポールとの間のコンテナ荷動きは以下［表8-1］の通りである。京浜・阪神・中京（名古屋・四日市）といった主要港での取り扱いがほとんどである。

（2）コンテナ貨物の品目

　日本のシンガポール関連コンテナ貨物の品目は、以下の［表8-2］の通りである。

　シンガポールの産業集積を考えると、日本の輸入貨物の原産国、日本からの輸出貨物の最終目的地は、シンガポール以外の東南アジア諸国であると容易に推測できる。前述の品目構成は、シンガポールが東南アジア諸国との中継貿易港であることを雄弁に物語っている。

表8-2　日本とシンガポールのコンテナ貿易品目（2020年、万フレートトン）

順位	輸出			輸入		
	品目	数量	構成比	品目	数量	構成比
1位	自動車部品	230.0	36.3%	製造食品	69.0	12.4%
2位	染料・塗料・合成樹脂・その他化学工業品	87.1	13.8%	染料・塗料・合成樹脂・その他化学工業品	64.0	11.5%
3位	産業機械	69.0	10.9%	衣服・身廻品・はきもの	57.4	10.4%
4位	ゴム製品	58.2	9.2%	動植物性製造飼肥料	42.4	7.6%
5位	電気機械	30.0	4.7%	その他農産品	29.4	5.3%
6位	金属製品	15.5	2.4%	非鉄金属	28.9	5.2%
7位	製造食品	14.5	2.3%	自動車部品	27.1	4.9%
8位	その他輸送機械	13.1	2.1%	飲料	25.2	4.5%
9位	再利用資材	11.2	1.8%	輸送用容器	22.9	4.1%
10位	輸送用容器	10.1	1.6%	家具装備品	15.8	2.9%
11位	糸及び紡績半製品	9.8	1.6%	産業機械	14.4	2.6%
12位	その他繊維工業品	8.7	1.4%	その他畜産品	13.9	2.5%
13位	二輪自動車	8.6	1.4%	樹脂類	13.8	2.5%
14位	衣服・身廻品・はきもの	6.6	1.0%	木製品	12.0	2.2%
15位	非鉄金属	5.8	0.9%	水産物	9.9	1.8%
その他		54.7	8.6%	その他	108.2	19.5%
合　計		633.1	100.0%	合　計	554.4	100.0%

（出所）国土交通省『港湾流動調査（令和2年）』より筆者作成。

8-3　シンガポール港のコンテナ港湾および取扱量

シンガポールには、主なるターミナルオペレーターとして、PSA Corporation Limited と Jurong Port[7] の2社が存在する。前者が、コンテナ取り扱いの圧倒的シェアを占め、後者が主にばら積み貨物や在来貨物の取り扱いをするといったすみ分けがみられる。

シンガポール港にはタンジョン・パガー、ケッペル、ブラニ、パルシ・パンジャン、センバワン、ジュロンといったターミナルが存在し、2022年9月にトゥアスターミナルが加わった。この新ターミナルのことは後に詳述する（8

---

7 https://www.jp.com.sg/

－5 (2))。

　前述のうち、ジュロンターミナルのみ Jurong Port が運営する多目的ターミナル[8]であり、ばら積み貨物の取り扱いがなされるターミナルである。

　PSA Corporation Limited が運営するターミナルは、PSA Singapore Terminal と呼ばれ、基本的にはコンテナターミナルであるタンジョン・パガー、ケッペル、ブラニ、パシル・パンジャン、の4ターミナルと、多目的バースであるセンバワン・ワーブルがある。

　パシル・パンジャンターミナルは、一部分だけ自動車船ターミナルとして機能している（後述8-4 (2)）[9]。

(1) シンガポール港のコンテナ港湾

　前述の通り、シンガポールのコンテナターミナルとしては、PSA Singapore Terminal と総称され一体運営されるタンジョン・パガー、ケッペル、ブラニ、パシル・パンジャンの4ターミナル53バース、そして2022年9月から部分的に運用がはじまったトゥアスターミナルが数えられ、そのいずれもが PSA Corporation Limited の運営による。以下、トゥアスターミナルを除く4つのターミナルについて、詳述する[10]。

　各ターミナルの諸元は以下［表8-3］の通りである。

　これらターミナルのうち、パシル・パンジャンターミナル (PPT) が、（2022年9月に部分的に運用開始したトゥアスターミナルを除くと）PSA としては最新鋭のターミナルと認識している。特に第4から第6の3つのターミナルは、水深18メートルにして、横24列のコンテナ（2022年10月時点での世界最大のコンテナ船）に対応できるクレーンを設置している。

　しかもそのクレーンは、全自動で電動（すなわちゼロエミッション）である。コンテナターミナルの自動化という意味では、2000年の PPT での取り組みは、世界で3番目（アジアでは初）の事例であった[11]。

---

8 ここでコンテナが取り扱われることもある。

9 この項、https：//www.mpa.gov.sg/port-marine-ops/operations/port-infrastructure/terminals および https：//www.singaporepsa.com/our-business/terminals 参照（いずれも2022年10月22日アクセス）

10 この項、https：//www.singaporepsa.com/our-business/terminals 参照（いずれも2022年10月22日アクセス）

表8-3　シンガポールのコンテナ・ターミナル（Tuas Terminal を除く）諸元（2022年
10月）

埠頭名称	バース数 （コンテナ）	岸壁総延長 （メートル）	面積 (ha)	水深 （メートル）	岸壁クレーン数（基）
タンジョン・パガー	0	2,097	79.5	14.8	0
ケッペルターミナル	8	3,164	102.5	15.5	21
ブラニターミナル	8	2,325	84.0	15.0	26
パシル・パンジャン 1	6	2,145	85.0	15.0	20
パシル・パンジャン 2	9	2,972	139.0	16.0	36
パシル・パンジャン 3	7	2,655	94.0	16.5	31
パシル・パンジャン 4	3	1,264	70.0	18.0	13
パシル・パンジャン 5	6	2,160	83.0	18.0	24
パシル・パンジャン 6	6	2,251	80.0	18.0	24
合　計	53	21,033	817.0	－	195

（出所）PSA Singapore ウェブサイトより筆者作成。

(2) シンガポール港でのコンテナ取扱量

　シンガポール港でのコンテナ取扱量の推移は、MPA によれば以下［表8-4］
の通りである[12]。

　2021 年の 3,746.8 万 TEU という数字は、上海港 4,703 万 TEU に次ぐ世界 2
位である。

　なお、いわゆる新型コロナウイルス感染症が流行した 2020 年・2021 年の取
扱量は、それ以前の 2019 年の取扱量とほとんど変わらず、コンテナ取扱量と
いう意味では、シンガポール港には、新型コロナウイルス感染症の影響は大き
くなかったといえよう。また、年間 3,700 万 TEU 程度のコンテナ取扱量のう
ち、リーファーコンテナの取扱量は年間 200 万 TEU（PSA Terminals 全体で
電源プラグ 1 万 2,000 本）であり[13]、世界有数の規模である。そして、危険物
を収納するコンテナの取扱量は、年間 50 万 TEU 程度である[14]。

---

11 高橋浩二「世界の自動化ターミナルの動向分析」『港湾空港技術研究所報告』56 巻 4 号
（2018 年 3 月）10 頁表 3-1。なお世界初はロッテルダムの ECT Delta Terminal（1992 年）。
世界 2 番目は、ロンドンのテムズポート（1994 年）。アジア 2 番目は、名古屋の飛島ターミ
ナル（2005 年）。

12 https://www.mpa.gov.sg/port-marine-ops/marine-services/bunkering/bunkering-statistics
（2022 年 10 月 21 日アクセス）

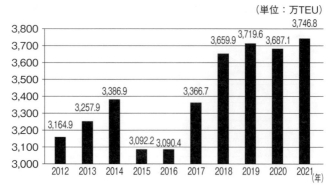

図 8-2　シンガポール港のコンテナ取扱量

8-4　PSA グループ概説

（1）PSA グループ

　PSA グループは、シンガポールのみならず海外においてもコンテナターミナルのオペレーションを行っている[15]。2020 年の数字でシンガポールでのコンテナ取扱量は、3,660 万 TEU に対して、海外での取扱量は 5,010 万 TEU に達する[16]。全世界では、8,670 万 TEU となるが、これはコンテナターミナルオペレーターとしては中国の COSCO（China COSCO Shipping Corporation Limited）に次ぐ世界 2 位に位置づけされる[17]。

　なお、コンテナ港湾運営を事業目的とした進出国の内訳は、以下の通り[18]。

①**東アジア（3 国 8 港）**：中国（大連・福州・広州・欽州・天津）・韓国（任川・釜山）・日本（北九州）

②**東南アジア（3 国 4 港）**：インドネシア（ジャカルタ）・タイ（バンコク・レ

---

13 https : ∕∕www.singaporepsa.com∕our-business∕container-services∕reefercare（2022 年 10 月 22 日アクセス）

14 https : ∕∕www.singaporepsa.com∕our-business∕container-services∕chemcare（2022 年 10 月 22 日アクセス）

15 PSA グループがシンガポールおよび海外で行っている事業は、コンテナ港湾のオペレーションだけではない。内陸ターミナル・鉄道駅のオペレーション・CFS/物流倉庫の運営・港湾付帯サービス（水先案内・曳船）も行っている。

16 PSA International 社 Annual Report 16 頁

https : ∕∕www.globalpsa.com∕wp-content∕uploads∕AR2020.pdf（2022 年 10 月 22 日アクセス）

ムチャバン)・ベトナム(ブンタウ)

③**南アジア・中東(2国5港)**:インド(チェンナイ・コルカタ・ツチコリン・ナビムンバイ)・サウジアラビア(ダンマーム)

④**欧州(4国6港)**:ベルギー(アントワープ・ゼーブルージュ)・イタリア(ジェノヴァ・ベニス)・ポーランド(グダニスク)・ポルトガル(シネス)

⑤**南北米州(5国5港)**:米国(フィラディルフィア)・カナダ(ハリファックス)・パナマ(パナマ)・コロンビア(ブエナベンツラ)・アルゼンチン(ブエノスアイレス)

⑥**合計　17国28港**

(2) PSA Singapore−シンガポールにおけるコンテナターミナルオペレーター

　シンガポール港における PSA Singapore のコンテナターミナルの運営方法で興味深い点は、利用船社と合弁企業を設立していることである。2022年10月時点での合弁会社は以下[表8-4]の通りである。

　利用船社と港湾が、合弁企業を設立し、その合弁企業がターミナルを運営しているという形態は、次のような利点がある。船社と港湾が、船の動静や船に挙げ積みされる具体的な貨物の情報・港湾の稼働状況(たとえばバースの空き具合)を共有しているという利点である。

　港からしてみれば、そのような情報を知っているのならば、作業の段取りにも結果としての無駄がなくなる。船からしてみれば、港の混雑状況がわかっているということは、自船がバースにいつ着桟できるのか、ということがわかっているということである。そうしたことにより「着桟時刻に合わせて、船を減速させ経済速度で航行させる(航海A)」ということが可能となる。

　そういった港湾の事情がわからないのであれば、船は以下のような航海をすることになるだろうか。具体的には「とりあえずオリジナルのスケジュールに合わせるべく全速力で航行し、港に近づいた時になって、実はすぐには着桟で

---

17 日本郵船株式会社『Factbook I (2022)』10頁掲載の図表「世界のコンテナターミナル会社ランキング」
https://www.nyk.com/ir/library/fact/first/2022/__icsFiles/afieldfile/2022/10/13/2022_fb1_jp.pdf(2022年10月22日アクセス)
18 PSA International 社 Annual Report 15頁
https://www.globalpsa.com/wp-content/uploads/AR2020.pdf(2022年10月22日アクセス)

表8-4　PSAとコンテナ船社の合弁企業（2022年10月）

合弁先	企業名	設立	利用ターミナル	取扱量
COSCO	COSCO-PSA Terminal Pte.Ltd.（CPT）	2003年	パシル・パンジャンターミナル 5,6	年間 500 万 TEU 程度
MSC	MSC-PSA Asia Terminal（MPAT）	2006年	パシル・パンジャンターミナル	
PIL	PIL-PSA Singapore Terminal（PPST）	2008年	ケッペルターミナル	
CMA CGM	CMA CGM-PSA Lion Terminal Pte.Ltd.（CPLT）	2016年	パシル・パンジャンターミナル 3,4	
ONE	Magenta Singapore Terminal（MST）	2019年	パシル・パンジャンターミナル	年間 400 万 TEU 程度
HMM	HMM-PSA Singapore Terminal（HSPT）	2020年		

（出所）PSA Singapore 社のウェブサイトより筆者作成。

きないと船は事情を知り、そこで港外にて停泊する（航海B）」ということだ。航海Aと航海Bを比較すれば、前者の方が、燃料消費量が節約できる。その燃料が従来同様の重油であるのならば、温暖化ガスの排出量も削減できる。

　もっとも、船社とPSAの戦略的関係の構築は、船と港湾の効率のよいオペレーションの実現にとどまっていない[19]。たとえば、Maerskは、シンガポール政府が目指す低エミッションについて、シンガポールでアンモニア燃料の補給に関する事業化調査の研究でも協力関係をもつ。PILは、船荷証券の電子化といったデジタリゼーションの促進についても、シンガポール港と協力関係にある。Ocean Network Express 社は、MPAが実施するスタートアップ企業の支援のプログラムに参加している。なお、Ocean Network Express 社は、別途、ガスタンカーの大手オペレーターであるBWグループをも糾合しMPAと脱炭素ということで協力関係にある。

(3)　自動車船ターミナルオペレーター

　2009（平成 21）年 1 月、PSAは日本郵船株式会社・川崎機船株式会社と合弁で会社 AATS（Asia Automobile Terminal（Singapore））を設立した。この会社はパシル・パンジャンターミナル内に自動車船ターミナル（専用バース 2 つ）をもつ。シンガポール初めての自動車船ターミナルであり、アジア域内航路と欧州航路等の自動車船の積み替え・自動車の蔵置などがなされている。

　ターミナルの諸元は、バース数 3、岸壁の総延長 1,010 メートル、面積 25ha、

---

19 以下、MPA Singapore、MPA 25th. Anniversary ANCHOR OF OUR Nation - a Global Port of call and International Maritime Center、MPA Singapore（2022）による（引用箇所、pp.72 -73）。

図8-3　シンガポール初の自動車船ターミナル[20]

水深15m[21]、自動車の蔵置能力2万台[22]となっている。

8-5　MPAシンガポール海事港湾局の戦略

(1) コンテナ港湾についての戦略

2022年9月、トゥアス新港が部分的に運用を開始した[23]。このコンテナターミナルは、デジタル化を進め、かつ持続可能な完全自動化ターミナルである。完全自動化ターミナルとしては世界最大なターミナルとなるという。持続可能という意味では、2050年までにゼロ・エミッションの港湾を実現することを企図している[24]。

2040年代を目途として完成が見込まれているが、最終的には、年間取扱能力量6,500万TEUとする。岸壁の総延長は26kmである。

---

20 https：//www.singaporepsa.com/our-business/terminals/joint-venture-terminals（2022年10月21日アクセス）

21 https：//www.singaporepsa.com/our-business/terminals（2022年10月22日アクセス）

22 https：//www.singaporepsa.com/our-business/terminals/multi-purpose-terminals（2022年10月22日アクセス）

23 この項については、MPA Singapore、MPA 25th. Anniversary ANCHOR OF OUR Nation - a Global Port of call and International Maritime Center、 MPA Singapore（2022）による（引用箇所、p.12、pp.44-45）。

24 https：//www.mpa.gov.sg/maritime-singapore/port-of-the-future（2022年10月26日アクセス）

図 8-4　Tuas Port の完成予想図[25]

　既存4コンテナターミナルのうち、現時点で新鋭のパシル・パンジャンターミナルを除いて、タンジョン・パガー、ブラニ、ケッペルの3ターミナルは、2027年までにトゥアス新港に移転することになっている。

(2) 国際海事都市としての戦略（脱炭素・デジタリゼーション・海事仲裁）
① 脱炭素
　ところで、MPA は、シンガポール港が国際的な補油の拠点であることを背景に、SIBCON（singapore international bunkering conference and xhibition）を毎年1度開催する。このことによって、世界から関係者（船社・石油会社・エンジンメーカーなど）が参集し船舶への燃料供給についての諸問題を討議するのであるが、船舶のカーボンニュートラル移行において、燃料転換は大切な論点であるから、このような会合が存在することは、カーボンニュートラルの実現を後押しするという意味で有意義である。事実、燃料転換や船舶の脱炭素に向けて MPA と協力関係にある船社の存在は、すでに述べた（8-4（2））。
② デジタリゼーション

25 "Tuas mega port project to greatly improve Singapore's port operations"、YAHOO! News 2019/10/4
https：//sg.news.yahoo.com/tuas-mega-port-project-greatly-025138980.html（2022 年 10 月 26 日アクセス）

　これからの海事産業の鍵は、グリーンとデジタリゼーションであることはいうまでもないことだが、デジタリゼーションで現在進行中なのは、港湾（特に自動化などによる港湾のオペレーションの効率化）や貿易手続のデジタリゼーション（たとえば貿易書類の電子化、8-4 (2)）である。

　これらグリーンとデジタリゼーションの 2 つの点で、2022 年 8 月 2 日 MPA は、ロッテルダム港湾局と、2027 年までに「低炭素あるいは脱炭素の航路」を実現するグリーン＆デジタル海運回廊（Green and Digital Corridor）の形成に向けて覚書を交わした[26]。

　両 港 は、Global Centre for Maritime Decarbonisation と Marsk Mc-Kinney Moller Center for Zero-Carbon Shipping（いずれも海運のカーボンニュートラル実現に向けて研究開発などを推進している民間団体）をパートナーとし、両港には、エネルギー産業としては BP、Shell、船社としては CMA CGM、Maersk、MSC、Ocean Network Express、ターミナルオペレーターとしては PSA International、そして貿易書類のデジタル化を進めているコンテナ船社団体である Digital Container Shipping Association が協力することになっている。

③　海事仲裁

　海事関連で商事紛争が生じた場合、民事訴訟で解決するのも 1 つの手であるが、海事の専門家による迅速・廉価・非公開での紛争解決が実現するという点で、仲裁という手段を選ぶことも少なくない。伝統的にはロンドンでの海事仲裁が有名であったが、シンガポールは 2004 年に SCMA（Singapore Chamber of Maritime Arbitration：シンガポール海事仲裁所）を設立し、海事仲裁を積極的に引き受けようとしてきた。2012 年 11 月には、BIMCO（The Baltic and International Maritime Council：バルト海国際海事協議会）のアジアにおける正式な仲裁地として認定された。すなわち、シンガポールはアジアにおける海事仲裁の中心的存在になりつつある。

補　論　新型コロナウイルス感染症の流行の影響（2020-2021 年）

　先に述べた通り（8-3 (2)）、コンテナ港としてのシンガポール港は、コンテナ取扱量という意味では、新型コロナウイルス感染症の流行が、大きな影響

---

26 https://www.mpa.gov.sg/media-centre/details/maritime-and-port-authority-of-singapore-and-port-of-rotterdam-to-establish-world-s-longest-green-and-digital-corridor-for-efficient-and-sustainable-shipping（2022 年 10 月 26 日アクセス）

を与えたとはいえなかった。

　しかしながら、海運は、貨物の揚げ積みの大前提として、船舶のスケジュール通りの運航がなされなければならない。船舶はいうまでもなく船員なくしては運航できない。新型コロナウイルス感染症の流行を理由に、各国は船員の上陸を禁じたり、乗船中の船員に陽性の者が出た場合、船舶を港外にて待機させたりすることなどを求めた。このことにより、世界の商船の多くで船員の円滑な交代が行き届かなくなった。

　したがって、海運にとっての新型コロナウイルス感染症の影響とは、荷動きもさることながら、船員の円滑な交代が阻まれたことが大きい。

　ただし、一般論としてはシンガポール政府による、海運業へのサポート体制は大きかったと評価されている。たとえば、船員への感染症へのワクチンの供給も優先的になされたことなどが報じられている[27]。

【参考文献】
高橋浩二「世界の自動化ターミナルの動向分析」『港湾空港技術研究所報告』56 巻 4 号（2018 年 3 月）
MPA Singapore, MPA 25th. Anniversary ANCHOR OF OUR Nation – a Global Port of call and International Maritime Center, MPA Singapore（2022）

日本郵船株式会社『Factbook I（2022）』https：//www.nyk.com/ir/library/fact/first/2022/_icsFiles/afieldfile/2022/10/13/2022_fb1_jp.pdf（最終閲覧日 2022 年 10 月 22 日）
PSA International『Annual Report』https：//www.globalpsa.com/wp-content/uploads/AR2020.pdf（最終閲覧日 2022 年 10 月 22 日）

27「連載　シンガポール対談（下）」海事プレス（2022 年 10 月 18 日）

第9章　マレーシアのコンテナ港湾戦略と主要港の概要

9-1　概　　説

　マレーシアは、ASEAN諸国では、タイと同様に、急速な円高が進んだプラザ合意（1985年）以降、日本の製造業企業が大規模に進出―工場が移転していった国の一つである。この製造業の大量移転の少し前である1982年に、当時のマハティール首相が「ルックイースト政策」と称して、同国の経済発展のお手本を欧米ではなく日本に求めて大量の学生・企業人を継続的に日本に送り込んできたことも特筆すべきことであろう。

　同国の工業化は、コンテナ貿易の増加を伴った。進出日系企業の現地工場への部品・資材などのサプライ、現地工場から日本への製品逆輸入、世界市場への製品輸出ということである。邦船社のコンテナ船事業部門においては、1980年代半ば以降マレーシアは重要度を高め、また物流業（フォワーディング・通関・倉庫・陸上輸送）を展開する海外重要市場の一つとなった。

　同国のコンテナ貿易が増加するのであるから、コンテナ港湾整備も推進された。1990年代初頭から断続的にマレーシアのコンテナ港湾整備について、日本の媒体でも報じられるようになった[1]。その整備とは、まず伝統的な主要港

1　たとえば、赤木善明「港湾整備でコンテナターミナル拡充に取組むマレーシア」『Asia Market Review』3巻32号（通巻117号・1991年）8-9頁。川野太郎「マレーシアクラン港の挑戦」『OCAJI』（一般社団法人海外建設協会）21巻7号（1997年7月）27-28頁。

　なお、マレーシアが工業化を進めるにしろ、その前段階として農産物の輸出を進めるにしろ、輸出貨物を滞りなく船積みすることが必要となる。ところが、定期船については、かつては各航路に国際的な運賃カルテル（「同盟」と称した）が存在し、運賃カルテルの事務局は、加盟船社に対して、運賃率はもちろんのこと、各港での船積み（＝蒐貨）の権利、荷卸しの権利を細かく統制していた。そのため、マレーシアの輸出荷主からすれば、船腹のスペースや運賃水準で不満が生じた。

　1968年にマレーシア政府の要請によってRobert Kuokによって設立された海運会社、Malaysia International Shipping Corporation（現社名MISC Berhad 2005年9月改称）は、そのような同盟、とりわけ欧州航路同盟に対する対抗措置として設立されたものであった。しかし、2000年頃には定航、コンテナ船事業からの撤退説が流れ、2011年11月末にコンテナ船事業から撤退している。これは、今では、国際的なコンテナ船事業が完全なる市場競争原理の元で運営されているがゆえに、政府がバックアップして定期船社を設立・育成・運営する合理性がなくなったということを意味する。

図 9-1　国民車プロトンの生産[4]

図 9-2　タンジュン・ペラパス港[5]

であるクラン港の能力の増強・民営化による効率化であり、次に1999 年に運営が開始されたタンジュン・ペラパス港の新設である。タンジュン・ペラパス港については後述する（9-4）。

またマレーシア政府の工業化政策のなかに、国民車プロトン[2] の国産化というプロジェクトに絡む、完成車の近隣国への輸出・国内輸送といった海上輸送、部品物流（コンテナ輸送）ということも邦船社にとっては大きな意義をもち続けてきた。完成車の港湾（クラン港：実務家は、ポートケランと呼称することが普通であるが、日本の文献ではクラン港と表記されることがほとんどである。本稿ではクラン港で統一する）での取り扱い（港湾運送・トランシップ）といったターミナル・オペレーションにも邦船社は 90 年代からマレーシアにおいて関与してきたのである[3]。

　もっとも MISC は、1997 年には、国営石油会社である PETRONAS が筆頭株主となり、その頃から、原油タンカーや LNG 船の運航会社としての色彩を急速に強めていった。今でもそのようなエネルギー輸送や海洋事業の担い手としてマレーシアでは確固たる存在感をもつ船社である。

　MISC がその業態を変容させていった同時期に、邦船 3 社（日本郵船株式会社・株式会社商船三井・川崎汽船株式会社）が、やはりエネルギー輸送・海洋事業の色彩を強め、コンテナ船事業のその社内における重みが軽くなり始めていたことは、留意されるべきかと考える。

2 Proton 社（1983 年設立）は、三菱自動車工業株式会社の技術支援を受けていた。ただし、三菱自動車は 2004 年に資本提携を解消、2017 年以降は、吉利汽車（中国）の資本支配（49.9％）を受けている。

3「日本に次ぐアジアの自動車生産基地として浮上するポートケラン（マレーシア）」『月刊内航海運』31 巻（通巻 730 号）（1996 年）96-97 頁。

4 https://www.mitsubishi-motors.com/jp/company/history/company/

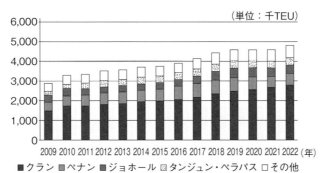

（単位：千TEU）

■ クラン　■ ペナン　■ ジョホール　◫ タンジュン・ペラパス　□ その他

図9-3　マレーシアにおけるコンテナ輸出量の推移（主要港湾別）
（出所）TRANSPORT STATISTICS MALAYSIA

　もっとも、日本との貿易全体でいうならば、9-3で後述するように、マレーシアからの資源の対日輸出（木材・LNG・バイオ燃料）の存在も大きい。これらは、ばら積み貨物船・LNG船で運ばれるものであるから、本書の性格上、詳述を避ける。

9-2　中継貿易拠点としてのマレーシア

　近年、世界全体のコンテナ取扱量が増加傾向にあるが、そのなかでもマレーシアの取扱量は急速に増大しており（2000年：4,642→2019年：26,215（千TEU））、現在は世界第5位の取扱量を誇る（『2021／2022世界国勢図会』による）。

　［図9-3］、［図9-4］では、主要港湾別の輸入・輸出別に取扱量推移や港湾別の内訳を示した。輸入・輸出ともクラン港が半数以上のコンテナを取り扱っていることがわかる。タンジュン・ペラパスは輸出量に比して輸入量がかなり少ないことが特徴的である。

　［図9-5］では、トランシップ量の推移を示した。増加傾向にあることは他と同様であるが、クランとタンジュン・ペラパスの2港に集約されていることが示されている。［図9-6］では2022年のマレーシア全土におけるコンテナ取扱量の内訳を示したが、ここからもマレーシアの港湾物流はトランシップの比重がきわめて大きいことがわかる。

---

5 https：//www.linkedin.com/company/port-of-tanjung-pelepas/?originalSubdomain=pe

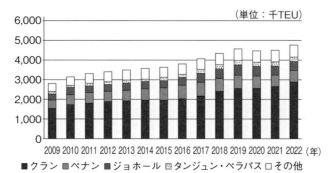

図 9-4　マレーシアにおけるコンテナ輸入量の推移（主要港湾別）
（出所）TRANSPORT STATISTICS MALAYSIA。

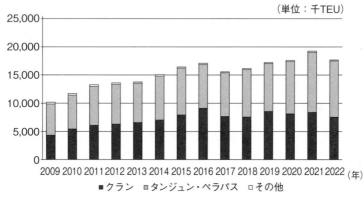

図 9-5　マレーシアにおけるコンテナトランシップ量の推移（主要港湾別）
（出所）TRANSPORT STATISTICS MALAYSIA。

図 9-6　マレーシアにおけるコンテナ取扱の形態別構成比（2022年）
（注）TEU をもとに算出した。
（出所）TRANSPORT STATISTICS MALAYSIA。

表 9-1　日本とマレーシア間のコンテナ貨物流動量（2021年）

輸出					輸入				
港湾名	計	コンテナ個数	空コンテナ個数	構成比	港湾名	計	コンテナ個数	空コンテナ個数	構成比
横　浜	65,266	64,372	894	26.4%	東　京	82,530	82,492	38	36.4%
名古屋	62,978	60,810	2,168	25.4%	名古屋	41,477	39,158	2,319	18.3%
東　京	44,549	39,317	5,232	18.0%	横　浜	34,762	34,462	300	15.3%
神　戸	38,248	38,059	189	15.4%	神　戸	31,533	31,258	275	13.9%
大　阪	19,264	18,794	470	7.8%	大　阪	27,183	27,183	0	12.0%
四日市	8,109	8,065	44	3.3%	四日市	3,513	2,769	744	1.6%
千　葉	4,215	4,215	0	1.7%	清　水	3,244	3,244	0	1.4%
清　水	3,770	3,709	61	1.5%	博　多	1,204	1,204	0	0.5%
川　崎	671	558	113	0.3%	千　葉	652	652	0	0.3%
熊　本	289	289	0	0.1%	川　崎	299	299	0	0.1%
御前崎	220	220	0	0.1%	御前崎	53	53	0	0.0%
博　多	38	38	0	0.0%	熊　本	47	47	0	0.0%
新　潟	20	18	2	0.0%	新　潟	10	10	0	0.0%
細　島	2	2	0	0.0%	徳山下松	4	0	4	0.0%
合　計	247,639	238,466	9,173	100.0%	合　計	226,511	222,831	3,680	100.0%

（出所）港湾統計（年報）第5表より作成。

9-3　日本とマレーシアの荷動き状況

(1)　流動量・金額

　日本・マレーシア間の物流のうち、まず、コンテナ貨物について、どの港から輸出され、どの港に輸入されるか示す。日本とマレーシアとの間のコンテナ荷動きは［表9-1］の通りである。京浜・阪神・名古屋といった主要港での取り扱いがほとんどである。輸入においては東京が多いが、輸出においては横浜が中心となっている。東京港の空コンテナ輸出の多さが目立っている。

　次に、両国間の貿易額の長期的な推移を示したものが［図9-7］である。日本への輸出金額がマレーシアへの輸出金額が輸入金額を上回る状況が続いている。2010年代半ばまでは一貫して低落傾向にあるが、その後はおおむねマレーシア向け輸出は100億ドル強、日本向け輸出は150億ドル強で推移している。

(2)　貿易品目

　日本とマレーシアの貿易品目は、［表9-2］の通りである。輸出では機械類

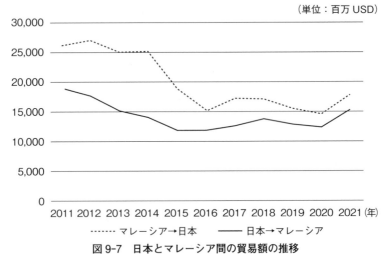

（単位：百万 USD）

図 9-7　日本とマレーシア間の貿易額の推移

（注）金額は輸出国の報告に基づく FOB 価格。
（出所）国連貿易統計。

表 9-2　日本とマレーシア間の品目別輸出入金額（2022年）

（単位：100 万円）

品目	輸出		輸入	
	金額	構成比	金額	構成比
食料品及び動物	15,591	0.7%	63,323	1.8%
飲料及びたばこ	2,019	0.1%	76	0.0%
原材料	67,791	3.1%	87,201	2.5%
鉱物性燃料	107,861	5.0%	1,434,428	41.8%
動植物性油脂	5,670	0.3%	131,499	3.8%
化学製品	199,198	9.2%	199,266	5.8%
原料別製品	274,367	12.7%	278,927	8.1%
機械類及び輸送用機器	1,210,678	55.9%	896,939	26.1%
雑製品	61,020	2.8%	193,190	5.6%
特殊取扱品	222,094	10.3%	147,920	4.3%
合計	2,166,289	－	3,432,768	－
コンテナ貨物（参考）	804,750	37.1%	864,132	25.2%

（注）輸出は FOB 価格、輸入は CIF 価格。また品目は財務省貿易統計の「概況品コード」に
　　よる区分を用いた。
（出所）財務省貿易統計。

表 9-3 日本とマレーシア間の主要品目の輸出入金額（2022年）

（単位：100万円）

主要輸出品目	金額	割合	主要輸入品目	金額	割合
半導体等電子部品	385,121	17.8%	液化天然ガス	1,286,167	37.5%
乗用車	164,725	7.6%	半導体等電子部品	247,486	7.2%
中古乗用車	145,677	6.7%	通信機	139,977	4.1%
自動車の部分品	92,087	4.3%	石油製品	126,536	3.7%
トラック	24,415	1.1%	音響・映像機器(含部品)	122,466	3.6%

（注）輸出は FOB 価格、輸入は CIF 価格。また品目は財務省貿易統計の「概況品コード」に
　　よる区分を用いた。
（出所）財務省貿易統計。

および輸送用機器が突出している。これをさらに細かく見たものが［表 9-3］
であり、上記のうちの多くを半導体等電子部品と自動車関係（完成車・自動車
部品）が占めていることがわかる。また金額ベースではコンテナ貨物の利用は
4 割弱にとどまり、在来船やバルク船も多く利用されていることが推測される。
輸入については［表 9-2］で示すように鉱物性燃料が突出し、さらに［表 9-3］
からは、そのうちの多くが液化天然ガスであることがわかる。その次には半導
体等電子部品が続く。マレーシアは日本を凌ぐ世界有数の半導体デバイスや集
積回路の輸出国である。また音響・映像機器や通信機も特徴的な輸入品目であ
る。いずれも中国からの輸入が前者は約 6 割、後者は約 7 割と圧倒的なシェア
を占めるが、マレーシアもそれぞれ第 3 位（約 8%）、第 4 位（約 4%）と存在
感を示す（2022 年の金額）。コンテナ貨物の比率は輸出に比べて著しく低いが、
これは、主要輸入品目である鉱物性燃料についてバルク船を利用していること
が影響しているものと考えられる。
　なお、マレーシアのクアラルンプール周辺には、大規模な自動車中古部品市
場が展開している。ここは日本などから中古部品を仕入れ、中東やアフリカな
ど世界中に部品を販売する「ハブ」として機能していることが知られている。
港湾周辺の産業集積地について、この中古部品貿易産業の規模を推計したとこ
ろ、中古エンジン貿易のみで、おおよそ 1,000 億円弱／年で推移していること
が判明した（ASAZUMA, MUSTAFFA & OKAMOTO［2021］pp.12-13）。統計
上、中古エンジン貿易を実数として捉えることはできないが、筆者らは、中古
エンジンの輸出価格データから、現地に輸入されるエンジンはほぼ中古である

可能性が高いと考えている。また、その他の部品にも同様のことがいえると思われる。日本国内の自動車中古部品市場が年間約 3,500 億円とされるなかで（浅妻・福田・外川・岡本［2017］、93 頁）、1,000 億円弱の中古部品市場が港湾周辺に展開していると考えると、如何に巨大な集積が形成されているか、容易に想像がつく。

9-4　シンガポールとの競合・補完

(1) タンジュン・ペラパス港の日本の研究者への波紋

コンテナ港湾という意味では、マレーシアのコンテナ港湾は、伝統的にクラン港であったが、1999 年 10 月にタンジュン・ペラパス港の運営が開始されたことは、当時の日本の港湾・海運「研究者」に刺激を与えた。それは翌 2000 年 8 月に同港の所有会社 Seaport Terminal 社の持ち分 30% を当時の Maersk-Sealand 社（現 Maersk）が取得して、同社のアジアにおける中継拠点港をシンガポールからタンジュン・ペラパス港に転じたからである。これにより、コンテナ取扱量の実に年間 200 万 TEU が移転したのである。

さらに Evergreen も追随して中継拠点を変更した。そうなるとコモン・フィーダー船社（Orient Express Line、 Bengal Tiger Line 等）もタンジュン・ペラパス港への寄港を開始するようになる[6]。

この Maersk の移転の決め手は、コンテナ取扱料金の安さと、新鋭の荷役設備を享受できることにあると考えられた[7]。

当時の日本の港湾・海運「研究者」の少なからぬ人々は、その当時のコンテナ取扱量における神戸港の停滞とアジアの主要港（とりわけ釜山港（韓国））における躍進について、1995 年 1 月 17 日の兵庫県南部地震が遠因であると信じ込んでいた。すなわち、「地震で破壊された神戸港が使えなかったときに、それまで神戸港を利用していた日本の地方港の荷主が、貿易を継続するために、母船の寄港する釜山と地方港とを結ぶ韓国船社にて接続輸送させて、釜山でのコンテナを積み替えるという実務を編み出した。その実務は、緊急避難的なものであったはずだが、そのまま釜山積み・釜山揚げが定着して貨物が帰ってこ

---

6 このあたりの事情は、Mohd Sidik Osman「Port of Tanjung Pelepas (PTP)、South-East Asia's Fastest Growing Transhipment Hub」『港湾』79 巻 11 号（2002 年 11 月）27-29 頁。
7 森隆行「アジアコンテナターミナル事情　マレーシア編」『海運』917 号（2004 年 2 月）49 頁。

なかった」と彼等は信じ込んだのである。

　裏を返せば、なんらかの適切な港湾政策を発動すれば、釜山港に逃げたコンテナ貨物を再び神戸港に取り戻し、神戸港は再び東アジアの中心的なコンテナ港湾にかえり咲くと思い込んだのである。

　そういう不思議な議論が実務界と離れたところで繰り返されていたことが、もちろん港湾の実務家（港湾運送事業者）や海運の実務家の耳に入ってきたことは確かである。しかし、それを真面目に相手にする実務家はほとんどいなかった。なぜならば、日本以外の東アジア（韓国・台湾・中国・香港）のコンテナ港湾の取扱量の年々の増加は、日本以外の東アジア各国の工業化の発展を表象するものに他ならなかったからである。なるほどかつての中国・韓国出し、中国・韓国行き貨物は、神戸を介して世界とつながっていたかもしれない。それは、量的にまとまっていなかったから小型船で神戸に往来して神戸に寄港している大型船に接続するしかなかった。しかし、発展する日本以外の東アジアの各国に関係するコンテナ貨物は日に日に増大し、日本以外の東アジアの主要港に大型船を直接寄港させても、船会社は十分に採算が取れるようになった。

　しからば、海運実務家は、その増大するコンテナ貿易を取り込み、その果実を十二分に享受すべく、海外進出・日々の営業にあけくれていた。日本国内の議論に付き合う暇はなかった[8]。

　話をタンジュン・ペラパス港とシンガポール港との競争に戻す。コンテナターミナル事業は、営利事業であるから、取扱量の値引きにもおのずと限界がある。荷役施設もいずれ老朽化し、老朽化すれば更新され、更新の際は最新鋭の機器・施設が選ばれるのは当り前であるから、表面上、マレーシアとシンガポールの港湾競争と見える現象は、落ち着くところに落着くであろう、と実務家は割り切っていた。実際、タンジュン・ペラパス港が操業をはじめて以来、14年の歳月が流れたが、同港は、シンガポール港と切磋琢磨を続けているものの、シンガポール港を凌駕するには至らなかった。

---

8 この時期から、邦船3社のコンテナ事業における営業拠点は、日本以外のアジアが中心的存在となり、伝統的な本店機能も徐々にシンガポールや香港に静かに移転していった。このことについては、合田浩之「日本海運のアジア展開－本店機能の移転」田中則仁編著『アジアのグローバル経済とビジネス』文眞堂（2021年）所収　96-114頁（第5章）。

　したがって、2017年7月に、邦船3社のコンテナ船事業の統合運航会社、Ocean Network Express 社がシンガポール会社法に基づいてシンガポール企業として生まれたのは、日本のコンテナ船事業の海外移転の「はじまり」ではなく、「おわり」なのである。

　それでは、マレーシアとシンガポールの港湾の差異は、どのようなものなのだろうか。

　ノルウェーのシンクタンク MENON Economics 社は、ノルウェー船級協会（DNV）と共同でおおむね 2 年に 1 度、世界の先進的な海事都市（The Leading Maritime Cities of the World）はどこか？という番付表を作製・公表している[9]。MENON Economics 社と DNV は、この総合順位を算出するにあたり、①海運・海事金融／海事法務、②港湾物流、③海事都市としての魅力の度合い／競争力について順位づけをする。

　それぞれの順位づけについては、各種客観的な統計指標を用いながらも、世界各地の海事有識者の肌感覚を加味するという手法を採用している。それゆえ、算出された順位は、海事関連の実務家であれば、納得感をもって受入れられるところである。

　これによれば、クアラルンプール（マレーシア）は、海事都市として世界ランキングで総合 26 位ということであった（参考：シンガポール：1 位・東京 5 位）。クアラルンプール（マレーシア）は総合順位 26 位とのことだが、港湾物流の評価はどうか。港湾限定の総合順位は 10 位（参考：シンガポール 3 位・東京 12 位）である。

　その客観的評価項目は、コンテナの取扱量：13 位（シンガポール 3 位・東京 22 位）・港湾運送事業における取扱量：圏外（シンガポール 3 位・東京 8 位）・定期船の配船ルート数：8 位（シンガポール 2 位・東京 13 位）・LNG 燃料の補給が可能か否か：4 位（シンガポール 4 位・東京圏外）、という 4 項目である。マレーシアは、コンテナ港湾というファンクションでいえば、まあ世界の上位集団に入るということであろう。

　船の燃料補給において LNG 燃料が既に対応可能であるという意味で世界上位にいるということは、筆者には興味深い。LNG 燃料は、現時点では、ゼロエミッションに至るまでの中間的な技術ではあるものの、エンジンに関する技術がすでに成熟しているものとしては、LNG は、重油よりは温暖化ガスの輩出が少ないものであるし、仮にグリーン水素と回収された CO_2 からメタンを合成することが商業的に可能となれば、既存のエンジンに特に推進器に手を加える必要がなくなるのだから。要すれば、環境対応という意味で、マレーシア

---

9 MENON Economics, DNV, *"The Leading Maritime Cities of the World 2022"*（2022）*"*

の港湾はトップ集団にいるのである。

　それでは、マレーシアは、港湾とは他の海事のファンクションでみるべきものがあるだろうか。それは、船舶管理業が考えられる。シンガポールは、世界的に船舶管理業が集積しているけれども、同国の物価・賃金上昇が大きいとされ、そのために船舶管理業の一部もしくは全部の機能をマレーシアに求める動きがみられるからである。たとえば、ノルウェーの一流船社であるウィルヘルムセンのグループの船舶管理会社、Wilhelmsen Management Service[10]は、主要機能をクアラルンプールに置く。日本郵船株式会社の子会社 NYK Ship Management は 2015 年にジョホールバールに NYK SM Maritime Service 社を設立し、経理と船用品の調達機能を移転した[11]。

【参考文献】

赤木善明「港湾整備でコンテナターミナル拡充に取組むマレーシア」『Asia Market Review』3
　巻 32 号（通巻 117 号・1991 年）

浅妻裕・福田友子・外川健一・岡本勝規 [2017]『国際リユースとグローバル市場—中古車・
　中古部品の国際貿易—』成山堂書店

川野太郎「マレーシアクラン港の挑戦」『OCAJI』（一般社団法人海外建設協会）21 巻 7 号（1997
　年 7 月）

合田浩之「日本海運のアジア展開－本店機能の移転」田中則仁編著『アジアのグローバル経済
　とビジネス』文眞堂（2021 年）所収　96-114 頁（第 5 章）

森隆行「アジアコンテナターミナル事情　マレーシア編」『海運』917 号（2004 年 2 月）

執筆者不詳「日本に次ぐアジアの自動車生産基地として浮上するポートケラン（マレーシア）」
　『月刊内航海運』31 巻（通巻 730 号）（1996 年）

ASAZUMA, Y, N. K. MUSTAFFA & K. OKAMOTO [2021] Consideration of the Factors that
　Led to the Huge End-of-Life Vehicles and Used Auto Parts Trading between Japan and Ma-
　laysia,『経済論集』69（2）1-21

MENON Economics, DNV, *The Leading Maritime Cities of the World 2022*”（2022）”

Mohd Sidik Osman「Port of Tanjung Pelepas（PTP）, South-East Asia's Fastest Growing Tran-
　shipment Hub」『港湾』79 巻 11 号（2002 年 11 月）

---

10 https://www.wilhelmsen.com/

11 海事プレス（2022 年 11 月 22 日）

第10章　タイのコンテナ港湾戦略と主要港の概要

10-1　概　　説

　一国の経済が発展していく過程において、港湾が果たす役割は大きい。

　タイ政府は 1977 年に BOI 制度（新投資奨励法）を制定して、輸入代替工業化政策から外資導入による輸出志向型工業化政策へと方針転換を図った。

　ところで、タイが俄然注目されるようになったのは、1985 年 9 月のプラザ合意以降である。プラザ合意を機に始まった急激な円高によって、輸出競争力を失った家電産業をはじめとする多くの日系製造業が安い人件費を求めて、新たな生産拠点として注目したのがタイであった。また、タイが選択された大きな理由の一つに BOI 制度があったことも事実である。

　当時タイ発着のコンテナ貨物はクロントイ港経由で行われていたが、クロントイ港はチャオプラヤ川流域にある河川港のため、急増するコンテナに対応できず、慢性的なポートコンジェッションに陥っていた。

　そこで、その代替港として、1991 年 1 月に開港したのがレムチャバン港で、2021 年の取扱実績は 852.3 万 TEU で、わずか 30 年間で世界 21 位のコンテナ港湾にまで成長している。

　さらに、バンコク港の東 30km にあるラッカバン工業団地の一画にはレムチャバン港の後方支援を目的として建設され、1996 年に開業したラッカバンICD があり、現在 ICD ／レムチャバン港間交通の渋滞緩和策の一策として、約30％ のコンテナが鉄道輸送されている。

　また、チャオプラヤ川流域とソンクラー港には、小規模ながらプライベート（私営）コンテナターミナルもある。

10-2　タイの経済概況

　［表 10-1］はタイの経済関連指標をまとめたものである。また、［表 10-2］は、タイの輸出入主要 5 品目と貿易相手国の上位国をまとめたものである。

10-3　タイ経済発展の経緯と現状

日系家電企業や自動車組立企業および合繊企業などがタイで工場建設を始め

表 10-1　タイの経済関連指標

	2019年	2020年	2021年
実質 GDP 成長率（％）	2.2	△6.2	1.5
名目 GDP 総額（10億ドル）	544.39	500.19	506.44
1人当たり名目 GDP（ドル）	7,814	7,168	7,336
輸出額（100万ドル：FOB） （対日輸出額）	242,701 (24,524)	226,984 (22,808)	270,564 (24,994)
輸入額（100万ドル：CIF） （対日輸出額）	215,976 (33,197)	186,128 (27,686)	230,679 (35,655)
経常収支（100万ドル）	38,256	21,058	△10,345
直接投資受入額（100万ドル）	5,519	△4,947	14,641

表 10-2　タイの輸出入主要 5 品目とその相手国（2021年）

【輸出上位 5 品目】　　　　（単位：10億バーツ、％）

分類	品目	FOB価格	割合
-	GRAND TOTAL	8,563	100.0
84		1,438	16.8
85	ELECTRICAL MACHINERY AND EQUIPMENT	1,282	15.0
87	VEHICLE	1,018	11.9
40	RUBBER AND ARTICLES THEREOF	630	7.4
39	PLASTICS AND ARTICLES THEREOF	496	5.8

（出所）タイ税関ホームページより。

【輸入上位 5 品目】　　　　（単位：10億バーツ、％）

分類	品目	CIF価格	割合
-	GRAND TOTAL	8,526	100.0
85	ELECTRICAL MACHINERY AND EQUIPMENT	1,694	19.9
27	MINERAL FUEL OIL WAX	1,258	14.8
84	NUCLEAR REACTORS, MACHINERY AND MECHANICAL APPLIANCES；PARTS THEREOF	958	11.2
72	IRON AND STEEL	490	5.7
71	PEALS；PRECIOUS STONES & METALS	399	4.7

（出所）タイ税関ホームページより。

輸出上位 5 カ国　　　　（単位：10億バーツ、％）

輸出相手国	FOB 価格	割合
G TOTAL	8,563	100.0
UNITED STATES	1,321	15.4
CHINA	1,173	13.7
JAPAN	786	9.2
VIETNAM	393	4.6
MALAYSIA	381	4.4

（出所）タイ税関ホームページより。

輸入上位 5 カ国　　　　（単位：十億バーツ、％）

輸入相手国	CIF 価格	割合
GRAND TOTAL	8,526	100.0
CHINA	2,128	25.0
JAPAN	1,138	13.3
UNITED STATES	458	5.4
MALAYSIA	384	4.5
TAIWAN	336	3.9

（出所）タイ税関ホームページより。

たのは、タイ政府が産業投資奨励法を制定して、製品輸入販売政策から輸入代替工業化政策へと方針転換を図った 1960 年以降である。

　松下電器、日立、三菱電機等が白黒テレビ、ラジオ、洗濯機、冷蔵庫などの工場を、トヨタ、日産は CKD（Completed Knock Down）の輸入組立工場を、

東レ、帝人はポリエステルやテトロンの工場を建設している。さらに、1970年代後半になると、タイ政府は輸入代替工業化政策から輸出志向型工業化政策へと大きく方針転換し、1977年にBOI制度を制定した。BOI制度では、法人税の免除と製造用機械や輸出製品用輸入部品の関税を減免するという恩典を供与することで、積極的に外資導入を図った。このような状況下で、1980年代後半から90年代にかけて、タイ経済が飛躍的に発展したが、その最大の要因は何といっても1985年9月のプラザ合意である。プラザ合意による急激な円高の影響を受けて、輸出競争力を失った家電産業をはじめとする多くの日系製造企業は安い人件費を求めて、競ってタイに生産拠点を移管させた。ちなみに、1989年のバンコクの最低賃金は日給76バーツ（約380円）であった[1]。また、当時多くの日系企業がタイに生産拠点を移転させたが、某家電企業の責任者にタイ選択の理由を尋ねたところ、「人件費の安さ」に加えて「BOI制度」の存在をあげていた。

　また、当時家電産業の他に生産拠点を移管させたのは、部品（家電・自動車他）、アパレル・農水産・同加工品（海老・焼き鳥他）・海苔巻き煎餅・ゴム製品（手術用手袋・避妊製品）・家具・文具など種々雑多な企業が進出、日本向け製品の一大生産拠点になっていた。

　さらに、バンコク日本人商工会議所の会員数をみても、1985年は394社であったが、1989年は696社と急増している[2]。

　ところが、1990年代後半になると、一世を風靡した日系家電産業は①タイの人件費の高騰、②アジア通貨危機（1997年）、③韓国や中国系家電企業の台頭、④日系企業の戦略ミスによる衰退等もあり、中国華南地区やインドネシアに生産拠点は移管されていった。さらに、テレビや白物家電については各国の輸入関税政策もあり、いまでは消費地近くでの最適地生産に移行していることもあり、現在タイに残っている日系家電企業はエアコンを生産する三菱電機やダイキンなど数社である。

1　1986年以降のバンコクの最低賃金の推移をみると、1989年が日給76バーツ（約380円）であった。ちなみに、当時の日本の最低賃金は時給492円であった。その後、最低賃金は1990年が日給90バーツ、1995年が日給145バーツ、2001年が日給165バーツ、2010年が日給206バーツ、2013年が日給300バーツ、2020年が日給311バーツ、2022年が日給354バーツ（約1,274円。日本は時給989円）とここ30年間で4.6倍に上昇している。
2　バンコク日本人商工会議所の会員数の推移をみると、1985年394社、1989年696社、2020年1,763社、2022年は1,651社である。

　次に、タイの自動車産業発展の経緯をみると、タイ政府は産業投資奨励法（1960年）に基づき自動車産業を育成・奨励業種に指定して、輸入代替工業化政策へと方針転換したこともあり、トヨタ（1964年）や日産（1963年）などはCKDを輸入して組立・販売するための工場を建設している。その後、国内部品の使用義務比率を巡る紆余曲折等はあったが、ASEAN加盟国による「域内生産分業ネットワーク」と「相互補完体制の構築」を目指してAEC（ASEAN Economic Community：ASEAN経済共同体）の発足、および域内関税の完全撤廃（2018年）等もあり、いまでは「東洋のデトロイト」と称されるまでに成長、ASEAN域内で最大の完成車および部品の生産・輸出拠点になっている。ちなみに、自動車の生産台数をみると、2012・2013年の250万台をピークに、直近3年間では2019年は201万3,710台、2020年は新型コロナウイルス感染症の影響もあり142万7,074台と落ち込んだが、2021年は前年比18.1%増の168万5,705台（世界11位）と回復基調にある。また、輸出台数については、ピーク時は生産数の50%弱の120万台であったが、2019年は100万7,552台、2020年は73万5,842台、2021年は95万9,194台（前年比30.4%増）と生産台数と同様回復基調にある。

10-4　タイの主要コンテナ港湾の概要

(1) 港湾概要

　タイの二大国際コンテナ港はクロントイ港（"PAT"ともいう）とレムチャバン港である。さらに、チャオプラヤ川流域、および南西のマレー半島シャム湾側のソンクラー港にも規模は小さいがプライベート（私営）のコンテナターミナルがある。ちなみに、チャオプラヤ川流域にある主な私営ターミナルは、①BMT（bangkok Modern Terminal）、②UCT（Unithai Container Terminal）、③SBT（Siam Bangkok Terminal）、④BDS（BDS Terminal）、⑤TPT（Thai Prosperity Terminal）、⑤SCT（Siam Container Terminal）等で、これらのターミナルにおける最近のコンテナ取扱量は2019年が50万9,060TEU、2020年が41万1,652TEU、2021年が35万9,962TEUと年々減少傾向にある（[表10-2]参照）。

　また、コンテナ港ではないが、ラノーン港、シラチャ港、コーシチャン港、マプタプット港（石油・化学品コンビナート）、サタヒップ港（軍港）などもある。

表10-3　ターミナル別コンテナ取扱量

【輸出取扱本数】　　　　　　　　　　　　　　　　　　　　　　　　　　　　　（単位：TEU）

港湾名	2019年			2020年			2021年		
	Laden	MTY	Total	Laden	MTY	Total	Laden	MTY	Total
クロントイ	541,182	36,238	577,420	551,273	13,240	564,513	500,846	13,609	514,455
レムチャバン	3,925,197	95,360	4,020,557	3,703,475	76,320	3,779,795	4,158,610	66,877	4,225,487
私営バース	273,258	8,785	282,043	219,799	2,811	222,610	189,815	6,426	196,241
ソンクラー	81,337	7,279	88,616	86,809	7,678	94,487	77,175	4,041	81,216
合　　計	4,820,974	147,662	4,968,636	4,561,356	100,049	4,661,405	4,926,446	90,953	5,017,399

【輸入取扱本数】　　　　　　　　　　　　　　　　　　　　　　　　　　　　　（単位：TEU）

港湾名	2019年			2020年			2021年		
	Laden	MTY	Total	Laden	MTY	Total	Laden	MTY	Total
クロントイ	874,976	11,537	886,513	837,504	18,332	855,836	854,905	18,403	873,308
レムチャバン	2,535,478	1,424,519	3,959,997	2,390,128	1,376,571	3,766,699	2,712,567	1,585,296	4,297,863
私営バース	158,544	68,473	227,017	125,423	63,619	189,042	107,126	56,595	163,721
ソンクラー	33,351	54,781	88,132	34,540	60,966	95,506	31,525	52,873	84,398
合　　計	3,602,349	1,559,310	5,161,659	3,387,595	1,519,488	4,907,083	3,706,123	1,713,167	5,419,290

（注）"Laden" とは実入りコンテナ、"MTY" とは空コンテナのことである。
（出所）Bangkok Shipowners and Agents Association Annual report2018-2019, 2020-2021 より。

　さらに、バンコク郊外に、レムチャバン港の後方支援とクロントイ港との相互補完を図るために建設されたラッカバン ICD がある。

(2) バンコク港（Bangkok Port）

　広義でみたバンコク港は、シャム湾に注ぐチャオプラヤ川の河口から30～40km 遡った流域に散在する在来船やコンテナ船用の大小約80の埠頭から構成されている。このなかで、最大のコンテナ埠頭はバンコク港のほぼ中央にあるクロントイ港（Khlong Toei Port）である（以下、バンコク港のコンテナターミナルを「クロントイ港」と称する）。

　クロントイ港は、チャオプラヤ川河口から約35km 遡った蛇行している地点の東側にあり、1951 年に開港した国際商業貿易港である。また、同港は、バンコクの市街地であるクロントイ地区にあり、タイ運輸通信省傘下のタイ港湾公社（Port Authority of Thailand：PAT）[3] が管理・運営していることから、「クロントイ港」または "PAT" とも呼称されている。

　クロントイ港は 1937 年、当時の日本円で約 4,000 万円投じて開発されたが、

興味深いエピソードは、日本の旧内務省経由で三井物産が関与していたことである。

　ところで、タイからの輸出が増えたきっかけは 1977 年の BOI 制度に基づいて輸入代替工業化政策から積極的な外資導入による輸出志向工業化政策へと方針転換を図ったからである。しかし、タイの工業化が急速に進展し、輸出入貨物が急増するきっかけとなったのは、10-3 でも記したが、1985 年 9 月のプラザ合意である。プラザ合意を機に始まった急激な円高によって、輸出競争力を失った多くの国内企業が生産コストを削減するために安い人件費を求めて、生産拠点をタイに移管させた。その結果、1986 年以降、BOI 制度下での製造機械や部品の輸入、製品の輸出によって飛躍的に工業化が進み、コンテナ貨物が急増した次第である。

　しかし、クロントイ港には、下記にあげる地政学的な欠陥があるため、急増するコンテナに対応できず、慢性的なポートコンジェッションに陥っていた。
①チャオプラヤ川の河口から約 35km 遡った河川港であることから、水深が 8.5～11m（季節によって異なる）と浅いこと。
②対岸が間近に見えるほど川幅が狭いため、航行可能水域が狭いこと。
③チャオプラヤ川は高低差がないため流れは遅いが、上流からの土砂が流入し堆積するため、定期的に浚渫する必要があること。
④運河を埋め立てた港湾周辺道路は狭く、激しい交通渋滞は慢性的であること。
⑤市街地にあるため、狭隘なコンテナヤードを拡張するスペースがないこと。

　したがって、現在同港に入港できる船舶は喫水 6.2m、船長 172m 以下に制限されていることから、同港に寄港できるコンテナ船は 600～800TEU クラスに限られている。

　筆者の経験でも、11 月～2 月の乾季には水深が一段と浅くなるため、この時期の合成ゴムのような重量物貨物の積出しではスペース確保に苦労したものである。

　以上のことから、クロントイ港の拡張が難しいため、その代替港として建設

---

3 PAT とは、タイ港湾公社のことで、1951 年に制定された港湾公社法に基づいて設立されたタイ運輸通信省の管理傘下にある港湾管理団体公社のことで、海軍系の組織とされている。同公社は国際貿易港であるクロントイ港とレムチャバン港の他に、地方の内陸河川港であるチェンセン港、チェンコン港、ランソン港の管理運営権を有している。また、PAT は、名古屋市港湾局が 2012 年 10 月 17 日付けで、PAT とパートナーシップを締結している。

表 10-4　クロントイ港とレムチャバン港のコンテナ取扱量の推移

(単位：TEU)

年　度	クロントイ港	レムチャバン港	合　計	対前年比（%）
2011 年	1,455,000	5,731,063	7,186,063	100.00
2012 年	1,397,000	5,926,436	7,323,436	101.91
2013 年	1,505,047	6,041,476	7,546,523	103.05
2014 年	1,536,100	6,583,165	8,119,265	107.59
2015 年	1,273,866	6,813,013	8,086,879	99.60
2016 年	1,498,009	7,060,000	8,558,009	105.83
2017 年	1,496,227	7,760,000	9,256,227	108.15
2018 年	1,487,594	8,074,591	9,562,185	103.30
2019 年	1,487,574	7,980,553	9,468,127	99.02
2020 年	1,420,349	7,546,494	8,966,843	94.71
2021 年	1,387,763	8,523,350	9,911,113	110.50

（出所）オーシャンコマース「国際輸送ハンドブック 2023」をもとに筆者作成。

図 10-1　クロントイ港

されたのがレムチャバン港である。

　ところで、クロントイ港は、バース総延長1,240m、6バース、12基のガントリークレーンを有する公共コンテナバースである。ただし、大手船会社には優先使用が認められている。さらに、同港内およびその周辺地域には、税関事務所・施設、保税倉庫、コンテナターミナル、CFS、近隣地域には港湾労働者の住居などもある。

　また、レムチャバン港が開港して30年経ち、クロントイ港の現在の主な役割は近海航路と内国水路貨物のハブ拠点へと変わってきている。

　クロントイ港の将来計画について、PATは同港のサービス品質と港湾運営の効率化の向上を目指して、主要5施策からなる「バンコク港戦略計画2018〜2022」を策定している。同施策では、バンコク港西埠頭に自動化ターミナルを建設する計画である。また、PATが2019年に発表した「バンコク港再開発計画」によれば、開発区域を「中核ビジネスゾーン」、「商業ゾーン」、「バンコク近代港湾都市開発エリア」の3ゾーンに区分けしている。そして、港湾物流関係では、2つのコンテナターミナル、および渋滞緩和策として、バンコク港とBangna-Art、Narong Express Wayを結ぶ道路、Express Way Rampを開発、2023年の開通を目指し現在建設の進行中である。

(3)　レムチャバン港（Laem Chabang Port）

　レムチャバン港が建設された理由は、タイが俄然注目されるようになった1985年9月のプラザ合意以降、多くの日系企業が生産拠点を移転させたことに伴い、コンテナ量が急増、その結果、クロントイ港がパンクし、その代替港として建設されたことはすでに記した通りである。

　レムチャバン港はバンコクの南東135km（バンコクから高速道路で約2時間）、リゾート地として名高いパタヤの北25kmのチョンブリ県バンラム郡にある。また、同港は、クロントイ港と違って、外海に面したシャム湾にある大深水港（水深14〜16m）であるため、大型コンテナ船のダイレクト寄港が可能である。

　また、同港の敷地面積は1,014ha（約10km²）である。

　レムチャバン港は1991年1月に開港した。初年度のコンテナ取扱量は1万TEUにも満たなかったが、その後順調に増加、1997年には112万TEUと100万TEU台にのせてクロントイ港（111万TEU）を抜き、タイ最大のコンテナ

取扱港となった。さらに、2000 年が 211.1 万 TEU、2003 年が 318 万 TEU、2006 年が 410 万 TEU、2008 年が 512 万 TEU　2013 年が 604.1 万 TEU、2016 年が 706 万 TEU、2020 年が 754 万 TEU、2021 年は 852.3 万 TEU といまでは世界 21 位のコンテナ取扱港にまで成長、現在タイ発着のコンテナ貨物の約 80% を取り扱っている（［表 10-4］参照）。

　そのため、現在世界主要定期航路に就航しているほぼすべてのコンテナ船社がダイレクトに寄港している。なお、参考までに 2021 年の東京港の取扱量は 486.3 万 TEU で世界 41 位、横浜港は 286.1 万 TEU で 72 位である。

　ところで、レムチャバン港は JICA（海外経済協力基金）の援助で建設され、コンテナターミナルの他に、バルク船、自動車専用船、RORO 船、旅客船などのターミナルも併設されている。

　レムチャバン港は、第 1 期が A、B ゾーン（公称コンテナ処理能力 430 万 TEU）、第 2 期が C、D ゾーン（公称同 680 万 TEU）の 4 区画のターミナルが開発され、現在 A・B・C ゾーンと D ゾーンの一部ターミナルが民間企業の運営下で稼働している。

①**A ターミナル**：A0〜A5 の 6 バース（水深 14m）：旅客船バース、自動車専用の RORO 船バース、多目的バース、バルク船用バース

②**B ターミナル**：B1〜B5 の 5 バース（水深 14m）：コンテナターミナル

③**C ターミナル**：C0〜C3 の 4 バース（水深 16m）：コンテナターミナル（RORO 船用のバースを含む）

④**D ターミナル**：D1〜D3 の 3 バース（水深 16m）

　2016 年に着工した D ターミナルについて、Hutchison Port Thailand（HPT）は 2019 年 1 月末に D ターミナルの開業式を行っている。HPT はレムチャバン港で岸壁 400m の A2、350m の A3、岸壁総延長 1,200m の C1、C2 ターミナルを既に運営、コンテナ処理能力は 290 万 TEU で、ターミナル全体の処理能力 830 万 TEU の 33% を扱っており、すでに限界に近づきつつある。そこで、その対応策として、HPT は 6 億ドルを投じて、水深 16m、岸壁総延長 1,700m の D ターミナルにガントリークレーン 17 基、電動ヤードクレーン 43 基を装置して、遠隔操作が可能な荷役方式によるターミナルを現在整備中である。

　ちなみに、D ターミナルの第 1 期工事が完成した 400m 岸壁には、ポストパナマックス型対応のガントリークレーン 3 基、電動ヤードクレーン（eRTG）10 基を配備したターミナルによる一部稼働が始まっている。

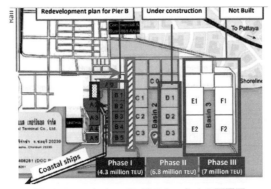

図 10-2　レムチャバン港のターミナル配置図
（出所）SITC Thailand HP より。

図 10-3　レムチャバン港

　また、PAT は、2016 年に 60 億バーツ（約 208 億円）を投じて、第 1 期（2016
〜2017 年）、第 2 期（2022〜2023 年）の 2 段階に分けて、鉄道コンテナ処理能
力の拡大と輸送利用促進を図ろうとしている。特に第 2 期では、B、C ターミ
ナル間に 600ha の鉄道ヤードを建設して、全長 3,400m の引込線 6 本を敷設、2
本のコンテナ列車の同時荷役が 1 時間以内に終了するように、レール式ヤード
クレーン（RMG）6 基を配備する計画である。さらに、B、C ターミナルゲー

表10-5　レムチャバン港ターミナル別明細

Terminal		Berth	Draft	Type	Operator	Remarks
A	0	590m	14m	Container	Maersk	Multipurpose
	1	365m		Passenger	Star Cruise	Passenger & RORO
	2	400m		Container	Hutchison	
	3	350m		Container	Hutchison	
	4	250m		Break Bulk		Sugar
	5	528m		RORO	Namyong	
B	1	300m	14m	Container	Maersk	
	2	300m		Container	Evergreen	
	3	300m		Container	Marubeni, Kamigumi, PSA	
	4	300m		Container	NYK, MOL, RCL	
	5	400m		Container	DPW, P&O, NOL	
C	0	500m	16m	RORO	Hutchison	
	1	700m		Container	Hutchison	RORO & Container
	2	500m		Container	Hutchison	
	3	500m		Container	DPW, P&O, NOL	
D	1	700m	16m	Container	Hutchison	
	2	500m		Container	Hutchison	
	3	500m		Container	Hutchison	
E	1		16m	Container	タイと中国の合弁企業が建設中と中国の合弁企業が建設中	
	2			Container	タイと中国の合弁企業が建設中	
F	1					
	2					

（出所）国際フレイトフォワーダーズ協会「国際複合運送の手引き 2020」をもとに筆者一部加
筆作成。

トに 31 トラックレーンを設けて、年間コンテナ処理能力の 1,000 万～1,100 万
TEU への拡大を目指している。さらに、第 3 期の E1・E2、F1・F2 ターミナ
ル（公称コンテナ処理能力 700 万 TEU）については、東部経済回廊開発計画
（EEC）の一環として、2019 年 3 月 PAT による工事業者の入札が行われ、タ
イと中国との合弁企業によって 5 年計画で建設、2023～2024 年に開業予定で
ある。また、同ターミナルの運営は官民連携による PPP（Public Private Partner-
ship 方式）である。ちなみに、第 3 期のターミナル完成後の処理能力は 1,100

万 TEU から 1,800 万 TEU、完成車は 100 万台から 300 万台へと大幅に増大する予定である。

また、PAT は 2022 年 8 月、交通渋滞緩和を図るために、レムチャバン港湾地域にコンテナ車輛の待機場所やホテルなどからなる商業エリア（90 ライ、約 14.4ha）を整備する計画を発表した。2022 年中に調査を終了し、2023 年中に民間の建設業者による入札を行う予定である。レムチャバン港には月間 3 万台のコンテナ車輛が出入りしているが、時には税関検査等でドライバーが 10 時間も待機させられることもあるが、待機場所がない。そこで、周辺地域の混雑緩和、道路とターミナル間のアクセスを容易にするために、オランダ、中国、シンガポール等の港湾を参考に商業エリアを併設、その一画にドライバーの待機・休憩場所を設置する計画である。

なお、レムチャバン港は 1991 年 7 月に北九州港と姉妹港になっている。

(4) ラッカバンインランド内陸コンテナデポ（Lat Krabang Inland Container Depot）

バンコク／レムチャバン港間のコンテナ輸送方法には、①トレーラによる道路輸送、②ラッカバン内陸コンテナデポ（以下 ICD）からの鉄道輸送、③バンコク港私営ターミナル（例：Saha Thai Coastal Sea Port・Sugar Port）からのバージ輸送がある。

ICD は、クロントイ港の東約 30km、レムチャバン港の北東約 110km にあるラッカバン工業団地の一画に、JICA の提案で 1996 年に建設された公共の大型内陸コンテナデポである。

ICD が建設された目的は、レムチャバン港の後方支援とクロントイ港との相互補完を図ることで、①クロントイ港周辺の渋滞緩和、②バンコク北部地域にある工業団地（ナワナコン・アユタヤ他）からレムチャバン港向けコンテナの集積拠点、③バンコク／レムチャバン港間の幹線道路の渋滞緩和等を図ることである。

ICD の敷地面積は約 96 万㎡、コンテナ蔵置能力は 6,700TEU である。

ICD／レムチャバン港間の鉄道コンテナ輸送は、タイ国鉄公社（SRT）が 1992 年に開設した東線のシラチャ駅から分岐している貨物線が使用されている。また、ICD には 1996 年に貨物駅であるフアタケー駅から分岐した線路が直接接続されている。なお、サタヒップ支線のうちレムチャバン港駅までの一部区間

表 10-6　ICD の輸送モード別コンテナ取扱い実績　(単位：TEU、%)

		2018年		2021年	
		数　　　量	割　　合	数　　　量	割　　合
輸　　　出	鉄　　道	139,740	17.9	239,727	32.6
	ト ラ ッ ク	640,248	82.1	495,754	67.4
	合　　計	779,988	100.0	735,481	100.0
輸　　　入	鉄　　道	97,931	15.3	163,379	26.0
	ト ラ ッ ク	541,782	84.7	465,833	74.0
	合　　計	639,713	100.0	629,212	100.0
総　合　計	鉄　　道	237,671	16.7	403,106	29.5
	ト ラ ッ ク	1,182,030	83.3	961,587	70.4
	合　　計	1,419,701	100.0	1,364,693	100.0

(出所) Bangkok Shipowners and Agents Association Annual report2018-2019, 2020-2021 より。

はすでに三線または複線化されている。

　SRT が運行している ICD／レムチャバン港間の輸送便数は各船社 1 日 2～3 往復（モジュール化している）、全体で 1 日 10～20 往復、列車編成は最大 34 両、輸送能力は 68TEU、所要時間は 5～6 時間である。

　鉄道と道路輸送の比率は 3：7 である（［表 10-6］参照）。

　鉄道輸送が伸びない理由は、①一部複線化されているとはいえ、線路が狭軌で単線区間が多いこと、②レムチャバン港までの高速道路の整備が進み、約 2 時間で輸送できること、③工業団地がバンコクの南部、およびレムチャバン港を中心に増えていること等のためである。

　現在 ICD には、ESCO（Eastern Sea Laem Chabang Terminal）、エバグリーン、TIFFA（タイ国際フレイトフォワーダー協会）、NICD（Ocean Network Express：ONE）が入居し、船社ごとに鉄道または道路でのコンテナ輸送を行っている。また、ICD には税関事務所も併設されている。

　なお、上記 10-4（3）レムチャバン港のところで記したが、PAT は鉄道コンテナ輸送の促進と拡大および効率化を図るために、レムチャバン港 B、C ターミナル間に新規に鉄道ヤードを建設中である。

(5) ソンクラー港（Songkla Port）

　ソンクラー港は、バンコクの南南西 950km のソンクラー県シンハナコーン

図10-4　ラッカバンICD　　　　**図10-5　バンコクの鉄道輸送**

郡ソンクラー湖河口（マレー半島シャム湾側）にあり、1988年に開港した国際貿易港である。敷地面積は10haで、5万㎡のコンテナヤード、6,720㎡のトランジット倉庫、180m（一般貨物船用）、176m（一般貨物船用）、155m（コンテナ船用）の3バースがある。また、港の運営は、開港以来、民間企業であるチャオプラヤー・ターミナル・インターナショナル社が行っている。

　同港の課題は、外海に面した深海港とはいえ、港内の水深が浅く、DW2万トン、喫水は7.5m以下の船舶しか入港できないことである。さらに、入港する際には、幅120m、水深9m、全長4kmの狭隘な進入路を通る必要があるだけでなく、港の西側には直径300mの旋回用の船溜りもある。また、漂礫礫土が港内に堆積するため、同港の名目水深7.2mを維持するために、定期的に浚渫する必要がある。そこで、流入を防止するための導流堤も建設されている。同港の年間コンテナ処理能力は16万TEUであるが2019年の取扱実績が17万6,748TEU、2020年が18万9,993TEU、2021年が16万5,614TEUで、すでに処理能力を超えている。（[表10-2] 参照）

　なお、同港の主な輸出貨物は冷凍水産物、缶詰、家具、輸入は冷凍マグロ、機器類である。

　また、1990年代にドバイワールド社によるソンクラー港からアンダマン海のパークバーラー港までマレー半島を横断した物流専用の運河を掘削する計画があったが、2008年の経済不況により現在中断している。

【参考文献】
オーシャンコマース「国際輸送ハンドブック2023」

国際フレイトフォワーダーズ協会「国際複合運送の手引き 2020」
内外トラスト株式会社「輸送ハンドブックタイ」
Bangkok Shipowners and Agents Association「Annual Annual Report 2021・2022」

謝　　辞

　本稿「10−4　タイの主要コンテナ港湾の概要」の執筆に際しては、株式会社オーシャンコマース社の中川圏司社長のご指導と資料提供を受けましたことに対し、深謝申し上げます。

港湾閑話

赴任当時のクロントイ港の思い出

　1988年4月バンコクに赴任した時の最初の峻烈な思い出は、①海底ケーブル切断事故によるまったく通じない国際電話、②クロントイ港およびバンコク市内の想像に絶する港湾混乱と市街地の交通渋滞であった。

　国際電話については、朝一番で申し込んだ東京への国際電話がいつ通じるかわからないため、終日電話の前で待ち続け、通じたのは結局夕方だった、ということも珍しいことではなかった。その時は、ただ1人で陸の孤島に赴任してきた思いであった。また、当時は1人駐在員であったが、携帯電話がやっと普及し始めたばかりで、大型羊羹位の重たい電話と予備バッテリーを持って顧客の間を駆けずり回ったことはいまでは懐かしい思い出である。次に、港湾に関して、最近でもコロナ禍でのLA・LB港等の混乱や滞船が大問題となったが、赴任当時の1988年のクロントイ港の混乱はその比ではなかった。当時のクロントイ港にはガントリークレーンはなく、モバイルクレーンによる本船荷役は非効率的であった。また、狭隘とはいえ共用コンテナヤードからの搬出では、雑然と蔵置されている当該コンテナをその都度探し回る苦労は半端ではなかった（各社とも捜索専門の社員が常駐していた。また、屋根のないCFSでのバン詰めはトラックをコンテナの脇に直接横づけして、スラム街の裸の港湾労働者による手荷役作業は乱暴で、日本では考えられない光景であった。また、炎天下平ボディのトラックで水をひた垂らしながら運ばれてきた冷凍エビが、半解凍のまま冷凍コンテナにバン詰めされていた光景は今でも忘れられない。さらに、コンテナのピンホールがチューインガムで塞がれていることもあった。輸入貨物は原則上屋で保管されるが、長尺物や重量物機械などはBOIの認可および輸入許可が下りるまで時には2～3カ月要することもあったが、その間ヤード内で野晒しのまま放置され、新品の機械に錆が発生、保証を巡って大トラブルになったこともあった。

　これらの事例はほんの一例に過ぎないが、トラブルが解消したのは1991年1月にレムチャバン港が開港してからである。

第11章　フィリピンのコンテナ港湾戦略と主要港の概要

図 11-1　Manila International Container Terminal（ICTSI 社）[1]

11-1　概　　説

　ノルウェーのシンクタンク MENON Economics 社は、ノルウェー船級協会（DNV）と共同でおおむね 2 年に 1 度、世界の先進的な海事都市（The Leading Maritime Cities of the World）に関する番付表を作製・公表している[2]。これによれば、マニラ（フィリピン）は世界ランキングで総合 48 位ということであった（参考：1 位シンガポール、4 位上海、5 位東京）。

　MENON Economics 社と DNV は、この総合順位を算出するにあたり、①海運・海事金融／海事法務、②港湾物流、③海事都市としての魅力の度合い／競争力について順位づけをする。それぞれの順位づけについては、各種客観的な統計指標を用いながらも、世界各地の海事有識者の肌感覚を加味するという手法を採用している。それゆえ、算出された順位は、海事関連の実務家であれば、納得感をもって受入れられるところである。

　マニラは総合順位 48 位とのことだが、港湾物流の評価はどうか。その客観

---

1 https : //www.ictsi.com/our-offering/our-terminals/manila-international-container-terminal（2022 年 12 月 29 日アクセス）
2 MENON Economics, DNV, "The Leading Maritime Cities of the World 2022"（2022）"

的評価項目は、コンテナの取扱量（29位）・港湾運送事業における取扱量（11位）・定期船の配船ルート数（36位）・LNG燃料の補給が可能か否か（否）、という4項目である。そして専門家の主観的評価（30位）の1項目が加わる[3]。マニラは総合順位よりも「港湾物流部門での評価が相対的に高い」都市である。

　コンテナの取扱量以外に港湾運送事業における取扱量という項目があるのは、非コンテナ荷役による貨物のことを勘案するためである。こうして考えるとマニラ港は、コンテナ船よりも非コンテナ貨物（不定期船・タンカー・RORO船・在来船等）の方が、存在感が大きいといえよう。

11-2　日本とフィリピンのコンテナ荷動き状況

(1) 日本のフィリピン関連のコンテナ貨物の荷動き

　日本のフィリピン関連のコンテナ貨物は、どの港から輸出され、どの港で輸入されるかをみてみると、日本とフィリピンとの間のコンテナ荷動きは以下の通りである。

　輸出入とも主要港の取り扱いがほとんどであるが、輸出は、京浜（36.5%）・阪神（11.8%）・中京（名古屋・四日市、21.8%）、輸入は、京浜（41.8%）・中京（24.9%）・阪神（11.8%）ということで、阪神の比重が小さめである。

　これに加えて、輸出入ともにおよそ10%程度のコンテナ貨物が清水港で揚げ積みされていることが目に付く。

　実入りコンテナの動きだけでいえば、日本側の大幅の入超（輸入は輸出の約2倍）ということになる。ただし、次に述べるように金額ベース・コンテナに限らない日比貿易（2021年）では、日本側の出超（2億3,900万ドル）となることに注意を要する。

(2) コンテナ貨物の品目

　日本のフィリピン関連コンテナ貨物の品目は、以下の通りである。この表は貨物の物理量（フレート・トン）であることに注意が必要である。JETRO（日本貿易振興機構）が有料データベース「Global Trade Atlas」をもとに、日比貿易（2021年）[4]を取りまとめているが、日本からの輸出（110億8,700万ド

---

3 東京は、コンテナの取扱量（22位）・港湾運送事業における取扱量（8位）・定期船の配船ルート数（13位）・LNG燃料の補給が可能か否か（否）、専門家の主観的評価（9位）となる。

表 11-1　フィリピンへの輸出入コンテナ（実入り／TEU 2020年）

輸出			輸入		
船積み港	TEU	構成比	陸揚げ港	TEU	構成比
東　京	9,456	21.1%	東　京	30,363	32.0%
川　崎	0	0.0%	川　崎	2,972	3.1%
横　浜	6,919	15.4%	横　浜	9,299	9.8%
清　水	4,537	10.1%	清　水	11,255	11.9%
御前崎	193	0.4%	御前崎	2,090	2.2%
名古屋	7,638	17.0%	名古屋	20,995	22.1%
四日市	2,164	4.8%	四日市	2,615	2.8%
大　阪	2,029	4.5%	大　阪	4,447	4.7%
神　戸	9,157	20.4%	神　戸	6,778	7.1%
福　山	1,223	2.7%	福　山	119	0.1%
博　多	290	0.6%	博　多	2,634	2.8%
北九州	4	0.0%	北九州	5	0.0%
熊　本	2	0.0%	熊　本	20	0.0%
大　分	0	0.0%	大　分	16	0.0%
那　覇	1,276	2.8%	那　覇	1,298	1.4%
合　計	44,888	100.0%	合　計	94,906	100.0%

（出所）『港湾統計年報（令和 2 年）』第 2 部　第 5 表（1）（2）より作成。

ル）の上位品目は、①電気機器（27.2％）、②一般機械（15.0％）、③輸送用機器（10.7％）、④特殊品目（8.7％）、⑤プラスチック製品（5.4％）となり、日本からの輸入（108 億 4,800 万ドル）の上位品目は、①電気機器（36.0％）、②木材およびその製品（9.4％）、③果実（8.3％）、④一般機械（7.8％）、⑤ニッケルおよびその製品（6.9％）となる。

　コンテナでの対フィリピン向け輸出量首位の窯業製品は、金額での輸出上位品目にならないところから推測するに重量あたりの単価はそれほど大きくないことがわかる。日本では「コンテナ物流は、付加価値の高い工業製品のための物流」と根拠なく思い込む研究者に出くわすことがあるが、どちらかといえば、軽工業品・雑貨といった付加価値の低い貨物の方が多いことを、実務家であれば知っているであろう。

　金額で輸入上位品目となっている木材およびその製品は、コンテナ船ばかりではなく比較的小型のばら積み貨物船（ハンディ・バルカー）で運ばれること

---

4 https://www.jetro.go.jp/world/asia/ph/basic_01.html#block6（2022 年 12 月 29 日アクセス）

表11-2　日本とフィリピンのコンテナ貿易品目（2020年，万フレートトン）

順位	輸出			輸入		
	品目	数量	構成比	品目	数量	構成比
1位	窯業品	60.1	34.4%	野菜・果物	187.1	59.9%
2位	産業機械	23.3	13.3%	木製品	51.3	16.4%
3位	自動車部品	15.5	8.9%	電気機械	18.6	6.0%
4位	化学肥料	10.6	6.1%	自動車部品	13.9	4.4%
5位	輸送用容器	10.6	6.1%	産業機械	4.7	1.5%
6位	染料・塗料・合成樹脂・その他化学工業品	8.4	4.8%	輸送用容器	4.6	1.5%
7位	鉄鋼	7.9	4.6%	非鉄金属	4.0	1.3%
8位	金属製品	6.2	3.5%	染料・塗料・合成樹脂・その他化学工業品	3.5	1.1%
9位	電気機械	4.9	2.8%	窯業品	3.1	1.0%
10位	衣服・身廻品・はきもの	3.8	2.2%	衣服・身廻品・はきもの	3.1	1.0%
11位	家具装備品	2.6	1.5%	金属製品	3.0	1.0%
12位	その他機械	2.1	1.2%	家具装備品	2.1	0.7%
13位	非鉄金属	2.1	1.2%	鋼材	1.8	0.6%
14位	金属屑	1.8	1.0%	製造食品	1.3	0.4%
15位	紙・パルプ	1.4	0.8%	測量・光学・医療用機械	1.1	0.4%
その他		13.4	7.7%	その他	9.0	2.9%
合計		174.5	100.0%	合計	312.3	100.0%

（出所）国土交通省『港湾流動調査（令和2年）』より筆者作成。

が、はるかに多いであろうし、ニッケルおよびその製品は、やはり小型のばら積み貨物船（ハンディ・バルカー）で運ばれる。フィリピンの港湾にとっては、コンテナだけが重要というわけではないことは、先に述べた通りである（11-1）。

11-3　フィリピンの主要コンテナ港湾および取扱量

　フィリピンは島嶼国であるから、国内港湾は多い（562港、国際貨物を取り扱う港は150港）。国際フレイトフォワーダーズ協会（東京）は現地調査を踏まえたうえで、フィリピンの主要コンテナ港湾として、マニラ・バタンガス・スービック・ダバオ・ジェネラルサントス（ソクサージェン）・セブをあげている[5]。この節でも、その判断に従う。

---

[5] 国際フレイトフォワーダーズ協会『アセアン物流事情調査　その7（フィリピン）』（2017年）国立国会図書館関西館所蔵、50頁。

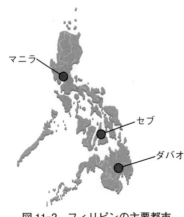

図 11-2　フィリピンの主要都市

マニラ・スービック・バタンガスはルソン島の港湾であり、マニラ首都圏という大きな消費地を後背地とするマニラ港はときどき、激しい混雑が生じることから、マニラより北にスービック港・南にバタンガス港を代替港として開発が進められてきた。もっとも、貨物の移行はマニラ首都圏へのアクセスが改善されることによって進行するとみられる。

なお、ダバオ・ジェネラルサントス港は、ミンダナオ島の主要港湾であり、セブ港はセブ島に立地する。

また、前述の主要港を管理する主体は 3 つに分れている。スービック港・セブ港は、それぞれスービック湾首都圏庁（Subic Bay Metropolitan Authority：SBMA）、セブ港湾公社（Cebu Port Authority：CPA）が管理する。それ以外の如上の港はフィピン港湾公社（Philippines Port Authority：PPA）が管理している。

最も重要なマニラ港は北港と南港に分れる。北港は MICT（Manila International Container Terminal）、North Harbor、南港は Manila South Harbor からなる。国際海運の貨物は MICT と南港にて取り扱われている。

マニラ港全体の取扱量の 5 年平均は、492 万 TEU／年といったところであり、ターミナルはしばしば混雑する[6]。マニラ港の取扱量の規模感と輸入コンテナを起因とする混雑の発生は、東京港と類似しており、平野裕司氏（一般社団法人東京港港湾振興協会・元会長）は、マニラ港の課題は「輸入超過型首都港湾」としての「東京港に共通する」と述べたことがある[7]。

それでは混雑対策[8]としてはどのようなことが考えられるだろうか。2014 年

6　2014（平成 26）年の大混雑については、「フィリピンのマニラ港大混乱―トラック通行規制を機にコンテナ滞留　マニラ港一極集中から保管港に分散化なるか」『荷主と輸送』41 巻 4 号（2014 年 7 月）6-8 頁。

7　平野裕司「港ものがたり（其の 24）マニラ港：あゝモンテンルパの夜は更けて」『東京港』287 号（2019 年）47 頁。

8　「マニラ港大混雑始末記　混雑問題解消も再発の可能性：貨物分散化やモーダルシフトなど課題」『荷主と輸送』42 巻 1 号（2015 年 4 月）3 頁。

表 11-3　PPA 管理下にあるフィリピン主要港のコンテナ取扱量

（単位：TEU）

	2017年	2018年	2019年	2020年	2021年
マニラ港	4,807,220	5,083,448	5,313,742	4,433,285	4,977,275
うち北港	3,699,601	3,879,023	4,013,075	3,380,385	3,899,103
MICT	2,275,640	2,373,938	2,463,289	2,088,820	2,508,118
うち国内	0	829	15,941	0	0
うち海外	2,275,640	2,373,109	2,447,348	2,088,820	2,508,118
North Harbor	1,423,961	1,505,085	1,549,786	1,291,565	1,390,985
うち国内	1,423,961	1,505,085	1,549,786	1,291,565	1,390,985
うち海外	0	0	0	0	0
うち南港 Manila South Harbor	1,107,619	1,204,425	1,300,667	1,052,900	1,078,172
うち国内	0	0	0	10,781	3,588
うち海外	1,107,619	1,204,425	1,300,667	1,042,119	1,074,584
バタンガス港	238,928	318,850	374,354	299,518	312,215
うち国内	44,291	74,498	62,566	52,486	52,344
うち海外	194,637	244,352	311,788	247,032	259,871
ダバオ港	769,339	839,026	808,936	764,419	824,469
うち国内	281,431	287,175	279,011	231,277	250,758
うち海外	487,908	551,851	529,925	533,142	573,711
ジェネラルサントス港	217,572	224,783	231,872	212,276	198,307

（出所）Phlipines Port Authority,"Annual Statistical Report by Year",（各年）。

　に生じた大混雑を受けて、翌 2015 年に、①マニラ港外に内陸デポ（船社の輸送責任の起点・終点となるコンテナヤード）・船社によるオフドックのバンプール（コンテナの蔵置スペース）を整備すること、コンピューター制御型の車輌予約システムの導入、道路網の整備、トラック業者による自社専用の駐車・待機場の整備が提唱されるとともに、②代替港としてのバタンガス港・スービック港への分散が提唱された。

　各港の最近のコンテナ取扱量の推移は、［表 11-3］の通りである[9]。

　ちなみに、スービック港とセブ港は 2019 年および 2020 年のコンテナ取扱量については、［表 11-4］の通りである。

　たとえば、2020 年の取扱量でいえば、マニラ港が 443 万 TEU に対して、バタンガス 30 万 TEU、スービック港 23 万 TEU ということから代替率を計算す

---

9 PPA の Annual Statistical Report by Year に掲載されている取り纏め表が現在のスタイルになった 2017 年から 5 年分についてのみ記す。

表 11-4　コンテナ取扱量

（単位：TEU）

	2019年	2020年
セブ港	1,014,000	876,758
スービック港	292,914	226,174

（出所）PortCalls 誌 2021 年 3 月 11 日および 2021 年 4 月 5 日。

ると、10.7% 程度である。代替が進まない理由は、寄港船社が少ないこと、荷役能力が小さいこと、スービック港は、マニラ南部の工業団地およびマニラ首都圏までの距離が遠いということがあげられている[10]。

　もっとも、先にあげた混雑対策のうち、内陸に拠点を設けること、車輌の予約制は実現した[11]。

11-4　ICTSI 社 概説

　フィリピンにはコンテナ・ターミナル・オペレーターとしては世界 10 位（2020 年の取扱量 1,180 万 TEU）[12] に位置づけされる大手オペレーター、ICTSI 社（1987 年設立）[13] が存在する。

　この会社は、船社からは独立したオペレーターであり、フィリピン（10 ターミナル）[14] のみならず海外（19 カ国 21 ターミナル）においてもコンテナター

---

10 国際フレイトフォワーダーズ協会・前掲書、59-60 頁。

11 同上、61-62 頁。

12 日本郵船株式会社『Factbook I（2022）』10 頁掲載の図表「世界のコンテナターミナル会社ランキング」https://www.nyk.com/ir/library/fact/first/2022/_icsFiles/afieldfile/2022/10/13/2022_fb1_jp.pdf（2022 年 10 月 22 日アクセス）

13 https://www.ictsi.com/（2022 年 12 月 28 日アクセス）

14 ICTSI 社がフィリピンで運営する港湾は以下の通り。

①Manila International Container Terminal

②North Port

③Manila Harbor Terminal

④Subic Bay International Terminals（Olongapo City）…コンテナ・ターミナル

※NCT1、NCT2 の 2 つの埠頭を運営

⑤Lagna Gateway Inland Container Terminal（Calamba City）

これは、いわゆるインランドデポであり、日本企業（2015 年、日本コンテナターミナル株式会社・現ユニエックス NCT。）も一部出資した。

⑥Cavlte Gateway Terminal（Cavlte）

表 11-5　ICTSI 社コンテナ取扱量

（単位：万 TEU）

	2019年	2020年	変化率
アジア	485	470	− 3.1%
南北米州	298	309	3.8%
その他	235	240	2.2%
合計	1,018	1,019	0.2%

（出所）ICTSI 社アニュアルレポート（2021 年）23 頁。

ミナルのオペレーションを行っている。そして、多目的ターミナルなど非コンテナ貨物を対象とするターミナルオペレーションも若干手掛ける（3 カ国 3 ターミナル）。

　ICTSI 社は、各港のコンテナ取扱量は公表していない。2019 年と 2020 年については、2021 年のアニュアルレポートにて開示している［表 11-5］[15]。

　2020 年は、新型コロナウイルス感染症が蔓延した 1 年目であり、2019 年はそれ以前ということになる。アジアではコンテナ取扱量が減少したものの、アジア以外では取扱量が増えて、ほぼ相殺し合ったことが看取できる。

　なお、港湾運営を事業目的として進出国の内訳は、以下の通りである[16]。

①東アジア（1 国 1 港）：中国（煙台）…コンテナ

②東南アジア（1 国 3 港）：インドネシア（ジャカルタ〔タンジュンプリオク〕）…コンテナ、パシラン…海洋石油ガス開発を中心とした多目的ターミナル[17]、

---

⑦Bauan International Port（Batangas）…RORO ターミナル 邦船社の自動車船も寄港している。

⑧Mindanao Container Terminal（Tagoloan）

⑨Sasa Wharf（Davao）

⑩Maker Wharf…South Cotabato Integrated Port（General Santos City）

ICTSI, "Delivering a Resilient Future - ICTSI Foundation 2021 Accomplishment Report", （2022）p.7.
https://cdnweb.ictsi.com/s3fs-public/2022-07/2021％20ICTSI％20Foundation％20Accompli shment％20Report％20v2_sf％20％281％29_0.pdf（2022 年 12 月 28 日アクセス）

15 https://investors.ictsi.com/company-disclosures/sec-filings にアップロードされている SEC-Form 17-A（2022 年 12 月 28 日アクセス）

16 https://www.ictsi.com/our-offering/our-terminals（2022 年 12 月 28 日アクセス）

17 East Java Multipurpose Terminal（東ジャワ州…インドネシア第二の都市スラバヤ市近郊 60 キロ）

マカッサル…コンテナ）

③南アジア・中東（2 国 2 港）：パキスタン（カラチ…コンテナ）・イラク（バスラ…コンテナ）

④旧ソ連（1 国 1 港）：ジョージア（バトゥミ…コンテナ）[18]

⑤欧州（2 国 2 港）：クロアチア（リエカ…コンテナ）・ポーランド（グディニャ…コンテナ）

⑥アフリカ（4 国 4 港）：マダガスカル（トアマシナ…コンテナ）・コンゴ民主共和国（マタディ〔キンシャサ〕…コンテナ）・カメルーン（クリビ…多目的ターミナル）・ナイジェリア（ポートハーコート…コンテナ）

⑦南北米州（6 国 8 港）：メキシコ（マンサニージョ…コンテナ、トゥスパン〔ベラクルス〕…石油・バルク貨物）・ホンジュラス（プエルトコルテス〔サンペドロスラ〕…コンテナ）・コロンビア（ブエナベンツラ…コンテナ）・エクアドル（グァヤキル…コンテナ）・ブラジル（スアペ…コンテナ、リオデジャネイロ…コンテナ）・アルゼンチン（ブエノスアイレス）

⑧大洋州（2 国 3 港）：パプアニューギニア（ラエ…コンテナ・バルク貨物、ポートモレスビー…コンテナ）・オーストラリア（メルボルン…コンテナ）

⑨合計　19 国 24 港（うちコンテナ港は 21 港）

このうち、オーストラリア、メルボルンの Victoria International Container Terminal[19] は 2017 年に世界初の完全自動化ターミナル（ガントリークレーンさえも最初に自動化した事例）として整備されたことは留意すべきである。

なお、ICTSI 社は、那覇港（沖縄県）のコンテナターミナルオペレーションに参画していたことがあった（2006 年から 2015 年までの 10 年間）。そのときは、運営会社の那覇国際コンテナターミナル（NICTI）の株式を 60% 保有していた。10 年間の契約期間が満了した際、株式を 1 億 530 万円で売却し那覇から撤収したのである[20]。

---

18 ただし自動車船の寄港実績があることが、ウェブサイトに掲載された画像からわかる。
https : // www.ictsi.com / our-offering / our-terminals / batumi-international-container-terminal-llc
（2022 年 12 月 28 日アクセス）
19 https : // www.vict.com.au/
20 海事プレス 2015 年 5 月 1 日

表 11-6　国際海運の船舶に乗船中のフィリピン人[21]　　（単位：人）

	2019年	2020年	変化率
全船員	469,996	217,223	− 53.8%
うち職員	97,400	50,277	− 48.4%
うち部員他	372,596	166,946	− 55.2%
クルーズ船のホテル部門従業員	206,195	73,328	− 64.4%

（出所）フィリピン Maritime Industry Authority
　　　　Sea Trade Martime News 2021/7/31 報道より作成。

11-5　海事国フィリピンの特筆事項

　港湾は、海陸の接点であり、海を航行する船舶と、陸で生み出される貨物、陸に生きる人間つまり旅客が邂逅するところである。フィリピンのコンテナ港湾は、その取扱貨物量は、フィリピン国内の産業およびフィリピン国内居住者の消費活動のそれぞれの規模に平仄をあわせているに過ぎないが、海事という意味でのフィリピンは、特筆すべき事項が存在する。

(1)　船員供給国

　世界の船員は 160 万人程度といわれているが、そのうちフィリピン人船員は 40 万人ともいう。フィリピン政府のフィリピン海運産業局（Maritime Industry Authority）は、2019 年と 2020 年の「国際海運に就航している船舶」に「乗船している」フィリピン人の数を公表している［表 11-6］。

　表によれば新型コロナウイルス感染症の流行の影響はとても大きかったことが容易に看取できる。

　「国際海運に就航している船舶」に「乗船している」と、回りくどい表現をしたのは、船員は、日本以外のすべての国では、基本的に乗船すると船主（ないし船舶管理会社）に雇入れられ、下船すると雇止されるという雇用形態が普通だからである。したがって、社会通念としては、「海技免状を所有しながら乗船を陸上で待っている人」も「船員」ということになる。ゆえに、たとえば

21　https：//www.seatrade-maritime.com/ship-operations/philippines-international-seafarer-deployment-plummets-54-2020（2022 年 12 月 28 日アクセス）

表 11-7　船員の国籍

日本商船隊全体（2018 年）

フィリピン	71.5%
イ　ン　ド	7.0%
ミャンマー	4.0%
中　　　国	4.0%
日　　　本	3.8%
ベトナム	3.1%
韓　　　国	1.4%
インドネシア	1.4%
その他外国	3.7%

日本郵船株式会社（2020 年）

フィリピン	71%
イ　ン　ド	14%
日　　　本	4%
インドネシア	3%
ルーマニア	3%
クロアチア	2%
その他外国	3%

（出所）左：国土交通省海事局『外航海運の現状と外航海運政策』21 頁。
　　　　2020 年 7 月 2 日交通政策審議会海事分科会国際海上輸送部会　資料 1。
　　　右：日本郵船株式会社『NYK レポート』（2021）36 頁。

2019 年の場合、フィピン人外航船員は、「46 万 9,996 人より多い」という言い方しかできない。

　ちなみに、クルーズ客船には海技免状をもたず、船内では船の運航には関与せず、船客の世話・調理・芸能などの仕事に就いている乗組員が多数、乗船している。そのような人々もフィリピン人が多いことがよく知られている。

　日本商船隊（日本の外航海運会社が〔その船籍を問わず〕運航管理している商船）に配乗されている船員の国籍構成は［表 11-7］の通りである。

　日本商船隊の船員の実に 4 人に 3 人はフィリピン人である。邦船社は、1970 年代後半には、自社が運航管理する商船にフィリピン人船員を配乗しはじめていた。

　当初は、その求人はフィリピンにおける提携先に依存していたものの、平成ヒトケタのころからある程度以上の経営規模をもつ邦船社は、おおむね、日本風にいえば高等専修学校程度の船員養成施設を自営するようになり（一番早い取り組みが日本郵船株式会社による NYK-Fil Ship Management Inc.設立（1989 年）、なかにはフィリピン高等教育庁の認可を得て、学士号を授与できる私立商船大学を設立した邦船社（日本郵船株式会社 – NYK-TDG Maritime Academy（2007 年）、株式会社商船三井 – MOL Magsaysay Maritime Academy（2018 年）も出現した。

図 11-3　NYK-TDG Maritime Academy 卒業式[22]

(2) 船舶管理業・造船業の生成

　フィリピンは、世界に船員という海事専門家を、大量に輩出する国であるから、船員が増えるとともに海事産業も盛んになった。

①　船舶管理業

　船員の職務は、船舶の運航（操船・エンジンなど各種機器の操作）のみならず、船の保守整備ということになる。船を動かすには、船舶管理、すなわち法定の定員通り適格の船員を配乗し、船の保守整備をきちんと励行されなければならない。この船舶管理という業務は、本来的には船主・船舶所有者の業務であるが、さまざまな理由により、船主は船主とは法人格の異なる船舶管理会社に、船舶管理業務を委ねることが少なくない。

　船舶管理の船の現場における担い手は、船員にほかならない。そのため、世界に通用する船員が多く存在するフィリピンには、船舶管理会社が立地する理由の１つがある。船舶管理会社はアジアでは、歴史的には、最初は香港に集積したのだが、徐々にシンガポールに集積し、今ではシンガポールが船舶管理会社のアジア最大の集積地である。しかし、シンガポールへの海事産業の集積は、船舶管理業だけではなく、賃金・事務所の経費は上昇傾向にある。そういった

---

22 https://www.nyk.com/news/2022/20221122_01.html（2022 年 12 月 29 日アクセス）

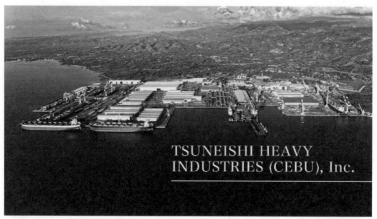

図 11-4　Tsuneishi Heavy Industries（Cebu）Inc.[23]

こともあって、フィリピンに船舶管理業を一部移す動きも見られている。邦船の関係会社としての船舶管理会社のなかにも、フィリピンに設置されたものがみられるようになった。

② 造船業

フィリピンには、国際市場にて通用する船舶を建造することができる造船所が存在する。1つは常石造船株式会社[24]の現地法人である Tsuneishi Heavy Industries（Cebu）Inc.（セブ島）[25] である。

今一つは、存在したと過去形で表現すべきであるきかもしれない。2019 年に操業を停止した Hanjin Subic Shipyards である。この造船所はかつてのスービック米海軍基地の跡地に立地した造船所であった。もっとも、この造船所の跡地は米系の Cerberus Management Capital に売却された。Agila Subic Compass 社が跡地を運営する予定である[26]。1 つの報道を信じれば、同社は造船所としての操業再開を期しているという[27]。

23 https：//www.tsuneishi.co.jp/factory/thi/（2022 年 12 月 29 日アクセス）

24 https：//www.tsuneishi.co.jp/（2022 年 12 月 28 日アクセス）

25 http：//www.thici.com/（2022 年 12 月 28 日アクセス）

26 https：//www.agilasubic.com/（2022 年 12 月 28 日アクセス）

27 The Maritime Executive 2022/03/09

https：//www.maritime-executive.com/article/former-hanjin-subic-bay-shipyard-in-philippines-being-sold-to-cerberus（2022 年 12 月 28 日アクセス）

(3) 非コンテナ貨物についての特筆事項

　港湾の機能のなかには、陸上に建設された施設を手段として提供されなければならないというわけではない。浮体式の海洋構造物にて提供できるものもある。たとえば、貨物の受渡し、積み替えといったことである。

　海洋構造物を係留させることは、陸上に施設を作らんがために埋立て工事をするよりは、利点がある。第一に自然環境を改変する程度が小さい。港湾の需要が減少した場合、浮体海洋構造物なら、撤去し、需要が増加した場所に移転すればよい。埋め立ててしまった陸地を、自然海浜に回復させることは、理屈はともかく現実的ではない[28]。

　第二に浮体海洋構造物を建造する工期は、埋立て工事（それに先立ち環境アセスメントを実施）で土地を造成し、その後に陸上施設を建設するといった過程に要する時間よりもはるかに短い。

　それゆえ、液化天然ガスの輸入・受け入れについては、浮体式海洋構造物であるFSRU（Floating storage regasification unit：浮体式LNG貯蔵・再ガス化施設）の利用が選択される事例が徐々に増えている。またLNG輸送にて有力な船社が、その契約獲得に努力している案件の1つがFSRUの案件なのである。

　フィリピンでもBatangasにてノルウェー船社BW Gas Ltd.所有のFSRUをフィリピンの大手電力会社First Gen Corp.が起用することを決めた（2021年4月）[29]。このFRSUが係留される陸側のターミナルについては、東京ガス株式会社がFirst Gen Corp.と共同で建設・運用することになっている[30]。

---

28 石炭火力発電は、温暖化ガス排出削減という意味では先行きが暗い。石炭輸入のために、大型船を投入したいがために港湾建設を行うということは、後先を考えない短慮である。

　それゆえ、ベトナムでは、既存の石炭火力発電所（小型船しか着桟できない）への石炭輸送のために、火力発電所の沖合に浮体式の積み替え施設（ドイツ船社Ordendorff Carriers所有）を係留し、石炭輸出国から当該施設までは大型船で石炭を運び小型船に積み替えるという手法を選んでいる。すなわち、一時的に過ぎない大型石炭船需要のために港湾建設を避けたのである。https://www.oldendorff.com/pages/transshipment（2022年12月28日アクセス）

29 https://www.firstgen.com.ph/news/article/13769071-736e-4148-9c05-f7f64523df1a（2022年12月29日アクセス）

30 https://www.tokyo-gas.co.jp/news/press/20201007-01.html（2022年12月29日アクセス）

図 11-5　BW 社が First Gen 社に投入する予定の FRSU[31]

補　論　新型コロナウイルス感染症の影響

　フィリピンにおける新型コロナウイルス感染症の蔓延が及ぼした影響は以下の通りである。

● **コンテナ取扱量の 2020 年の減少（2019 年を基準として）**
・マニラ港（▲16.6%）、バタンガス港（▲20.0%）、スービック港（▲28.8%）
・セブ港（▲13.5%）、ダバオ港（▲5.5%）、ジェネラルサントス港（▲8.5%）

● **国際海運の船舶に乗り組んでいたフィリピン人**
・海技者（▲53.8%、うち職員：▲48.4%…▲4.7 万人、部員：▲55.2%…▲20.6万人）
・クルーズ船のホテル部門の要員（▲64.4%…▲13.3 万人）

以上

【参考文献】
国際フレイトフォワーダーズ協会『アセアン物流事情調査　その 7（フィリピン）』（2017 年）
　国立国会図書館関西館所蔵
平野裕司「港ものがたり（其の 24）マニラ港：あゝモンテンルパの夜は更けて」『東京港』287

---

31 https://bw-group.com/newsroom/articles/page/9/（2022 年 12 月 29 日アクセス）

号（2019 年）
執筆者不詳「フィリピンのマニラ港大混乱─トラック通行規制を機にコンテナ滞留　マニラ港
　一極集中から保管港に分散化なるか」『荷主と輸送』41 巻 4 号（2014 年 7 月）
執筆者不詳「マニラ港大混雑始末記　混雑問題解消も再発の可能性：貨物分散化やモーダルシ
　フトなど課題」『荷主と輸送』42 巻 1 号（2015 年 4 月）
MENON Economics, DNV, "The Leading Maritime Cities of the World 2022"（2022）"

日 本 郵 船 株 式 会 社『Factbook Ⅰ（2022）』https：//www.nyk.com/ir/library/fact/first/2022/_
　icsFiles/afieldfile/2022/10/13/2022_fb1_jp.pdf（最終閲覧日 2022 年 10 月 22 日）
ICTSI, "Delivering a Resilient Future – ICTSI Foundation 2021 Accomplishment Report",
　（2022）https：//cdnweb.ictsi.com/s3fs-public/2022-07/2021%20ICTSI%20Foundation%20Ac-
　complishment%20Report%20v2_sf%20%281%29_0.pdf（2022 年 12 月 28 日アクセス）

第12章　インドネシアのコンテナ港湾戦略と主要港の概要

図 12-1　ジャカルタ港

（出所）Marine Traffic。

12-1　概　　説

　インドネシアは、潜在的成長性を有する海洋国家である。その国土は東西5,100km の拡がりをもち、ジャワ島、スマトラ島、スラウェシ島、カリマンタン島、バリ島を含むおよそ1万7千もの島嶼から構成される。国土面積は約192万平方キロメートルで日本の約5倍もあり、人口は 2021 年時点で約 2.7 億人と中国、インド、アメリカに次いで世界4位の規模となる。1人当たりの GDP は年々成長し 2020 年には 3,922 ドルとなり、所得の中間層の人口比率も増加している。

　海洋国家ゆえ、製造業のための部品の輸入にも、インドネシアで製造した衣料品や家電製品、天然ゴムのような素材や海産品の輸出にも、部品や産業機械の輸入にも海上輸送は必要不可欠である。インドネシアでは、外航内航の種別を問わず海上輸送が経済活動の基礎であり、国民生活の生命線である。コンテナ港湾は、全土の経済活動をまとめ、インドネシアと世界をつなぐ結節点とし

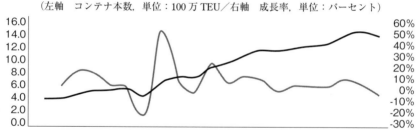

（左軸　コンテナ本数，単位：100万 TEU／右軸　成長率，単位：パーセント）

図 12-2　インドネシアのコンテナ荷動きと成長率

（出所）世界銀行。

て重要な役割を担っている。

　インドネシアのコンテナ貨物の荷動き、および前年比の成長率をグラフに示したものが［図 12-2］である。2000 年は年間 380 万 TEU の荷動きが、2010年に 900 万 TEU となり 10 年で倍増している。この間、前年比で平均 10.5%もの成長が続いた。その後も荷動きは拡大し、2020 年には 1,400 万 TEU となり、20 年で 3.5 倍の規模となった。この 20 年の年平均成長率は 7.6% と高成長が続いた。

　しかし、インドネシアのコンテナ港湾は、荷動きの急増に対応する処理能力を備えていたとはいいがたい。JETRO の「2014 年度在アジア・オセアニア日系企業実態調査」では、インドネシアに進出していた日系企業の 75.9% が、「インフラの未整備」をインドネシアの課題として回答している。

　こうした状況のなかで策定されたのが、インドネシアのコンテナ港湾戦略である。特徴は以下 5 点に集約される。

・港湾戦略はインドネシアの中長期的成長戦略に基づいている。

・海運法、事業法、土地収用法など法制度の改正を伴っている。

・港湾運営に民間資本や海外資本の参入を認める規制緩和が実施された。

・国有コンテナ荷役会社の改編が進み港湾運営の役割が定義された。

・現時点でもなおコンテナ港湾のプロジェクトが進行中である。

　本稿ではこれらの特徴を踏まえ、コンテナ港湾の戦略をまとめたい。

表12-1　インドネシア　輸出入相手国別貿易額　　（単位：億ドル）

輸出入	相手国	2005年	2010年	2015年	2021年
輸出	日　　本	180	258	180	179
	ASEAN	158	333	336	480
	中　　国	67	157	150	538
	Ｅ　　Ｕ	102	172	148	180
	アメリカ	99	143	162	258
	全世界	857	1,578	1,503	2,316
輸入	日　　本	69	158	133	146
	ASEAN	173	471	389	400
	中　　国	58	169	294	562
	Ｅ　　Ｕ	58	84	113	111
	アメリカ	39	79	76	112
	全世界	577	1,357	1,427	1,962

（出所）ASEAN STATS。

12-2　日本とインドネシアの貿易状況

　コンテナ貨物の荷動きの背景を理解するため、インドネシアの輸出入貿易額を見ておきたい。インドネシアの輸出入の貿易額を、2005年から5年おきに最新は2021年まで、日本、ASEAN、中国、EU、アメリカの相手国別、および全世界総計を［表12-1］に示した。

　インドネシアの貿易額は2005年から輸出入ともに拡大を続け、また輸出超過が続いている。直近の2021年の貿易額を見るに、2015年以降輸出入いずれも大幅に拡大した。輸出では、ASEAN、中国、EU、アメリカ向けの成長が顕著で、輸入では中国とアメリカからの拡大が顕著となった。対照的に日本との貿易額は、日本向け輸出額は横ばい、輸入額は約8％の増加となった。

　コンテナ貨物の荷動きは、貿易額の増減に対応して変化する。日本とインドネシア間のコンテナ貨物の荷動きを次に見る。

　日本とインドネシア間のコンテナ貨物の荷動きは、2005年から2021年にかけて堅調に成長し、日本からインドネシアが11.0万TEU、インドネシアから日本が10.2万TEUで輸出入本数がほぼ拮抗している。

　港別には、船積港、揚げ港いずれも5大港（東京港、横浜港、名古屋港、大阪港、神戸港）が大半で、地方港の貨物は少ない。

　以前には川崎港、御前崎港、大阪港での揚げ積みはあったが、2021年の最

表 12-2　日本とインドネシアのコンテナ貨物荷動き　　（単位：TEU）

	2005年	2010年	2015年	2021年
日本→インドネシア	69,268	70,262	94,350	110,345
インドネシア→日本	78,267	72,452	70,852	101,593

（出所）国土交通省　港湾統計。

表 12-3　日本とインドネシアのコンテナ貨物（2021年港別）

日本→インドネシア			インドネシア→日本		
船積港	TEU	構成比	揚げ港	TEU	構成比
東　　京	23,396	21.2%	東　　京	42,553	41.9%
横　　浜	18,285	16.6%	横　　浜	11,313	11.1%
清　　水	6,010	5.4%	清　　水	2,782	2.7%
名 古 屋	24,164	21.9%	名 古 屋	22,460	22.1%
四 日 市	6,339	5.7%	四 日 市	4,774	4.7%
神　　戸	31,535	28.6%	神　　戸	17,343	17.1%
新　　潟	12	0.0%	博　　多	92	0.1%
熊　　本	604	0.5%	熊　　本	276	0.3%
合　　計	110,345	100.0%	合　　計	101,593	100.0%

（出所）国土交通省　港湾統計　令和 3 年。

新の港湾統計では実績がない。インドネシア航路の寄港地変更、荷主の生産立
地の変更やサプライチェーンの変更が要因と考えられる。
　インドネシアと日本の経済関係の特徴は、輸出・輸入の貿易品目にも現れて
いる。インドネシアはタイと並んで ASEAN 最大級の自動車市場である。GAK-
INDO（インドネシア自動車製造業者協会）によると日系自動車メーカーが市
場の 91％（2021 年）を占めている。日本からインドネシアの貿易品目は、自
動車部品の数量が最も多く、鋼材、産業機械、染料・塗料・合成樹脂・その他
化学工業品と続いている。自動車部品には、自動車組み立てメーカーの生産部
品（CKD）と自動車部品メーカーの貨物が含まれる。自動車や製造業向けの
貨物が過半数を占めている。インドネシアから日本の貿易品目は 1 位が衣服・
身廻品・履物の一般消費財、2 位が自動車部品となっている。消費財と工業製
品が混在していることが特徴といえる。

表 12-4　日本とインドネシアのコンテナ貿易品目（2021年）

（単位：万フレートトン）

順位	インドネシア→日本			日本→インドネシア		
	品目	数量	比率	品目	数量	比率
1	自動車部品	55.5	23.9%	衣服・身廻品・はきもの	26.2	10.7%
2	鋼材	46.8	20.1%	自動車部品	25.6	10.5%
3	産業機械	28.5	12.3%	木製品	23.1	9.5%
4	染料・塗料・合成樹脂・その他化学工業品	22.1	9.5%	染料・塗料・合成樹脂・その他化学工業品	21.7	8.9%
5	再利用資材	20.9	9.0%	化学薬品	17.9	7.3%
6	化学薬品	13.4	5.8%	産業機械	13.3	5.5%
7	非鉄金属	5.4	2.3%	家具装備品	12.5	5.1%
8	糸及び紡績半製品	4.6	2.0%	電気機械	9.9	4.1%
9	金属製品	4.3	1.8%	樹脂類	9.0	3.7%
10	電気機械	3.9	1.7%	その他日用品	8.2	3.4%
11	ゴム製品	3.9	1.7%	輸送用容器	7.6	3.1%
12	輸送用容器	3.8	1.7%	ゴム製品	6.6	2.7%
13	紙・パルプ	3.8	1.6%	金属製品	6.6	2.7%
14	その他繊維工業品	2.3	1.0%	紙・パルプ	6.5	2.7%
15	文房具・運動娯楽用品・楽器	2.2	0.9%	薪炭	6.0	2.5%
16	その他	11.1	4.8%	その他	43.0	17.6%
	合計	232.5	100.0%	合計	243.8	100.0%

（出所）国土交通省　港湾統計　令和 3 年。

12-3　日本とインドネシアのコンテナ航路

(1) 日本船社のインドネシア航路の変遷

　コンテナ港湾の個性は、寄港するコンテナ船の船型の大小や航路の数、航路の寄港地と海域によって構成される。欧州航路に就航する 2 万 TEU 型以上の大型コンテナ船が常時寄港している港もあれば、アジア域内を小気味よく回るコンテナ航路が頻繁に往来する港もある。インドネシアの港湾は後者に属する。日本、ASEAN 域内、中国、欧米との貿易額の拡大に伴い貨物量は毎年増加し、アジア域内のコンテナ航路の寄港数、船腹量は増加している。しかし、1 万 TEU以上の大型コンテナ船が投入されている北米航路のジャカルタ寄港は休止状態にある。

　まとまった貨物量があるにもかかわらず、インドネシアに寄港するコンテナ

船は、現状、その大半がアジア域内航路の中小型コンテナ船である。このようになるのは、どういった経緯があるのだろうか。東京船舶、日本郵船、オーシャンネットワークエクスプレスのインドネシア航路の変遷をたどることで、インドネシアのコンテナ港湾の特徴を整理する。

　東京船舶は、蘭印航路に配船していた南洋海運（1935年設立）を源流とし、インドネシアに初めてコンテナ航路を開始した船社である。アジア域内の幅広い航路網は、2010年の事業譲渡を機に日本郵船に引き継がれ、2017年に邦船3社のコンテナ部門の合併によって設立されたオーシャンネットワークエクスプレスへと引き継がれている。

　2000年以降の航路変遷の歴史を示したのが［図12-3］である。

①　日本－インドネシア航路の基本型（2000年、東京船舶）

　ジャカルタはASEAN諸港の最南部に位置し、東京からの距離はおよそ3,250マイル。日本－インドネシア航路はアジア域内で最長距離の航路である。ジャカルタ発着貨物だけでコンテナ船は満船にはならず、航海の途上にある香港、台湾、フィリピン、シンガポール、マレーシア、シンガポールに寄港し、貨物を追加しながらジャカルタに向かう航路設計であった。

②　ASEAN域内航路の新設（2005年、東京船舶）

　2004年、トヨタ自動車の新興国戦略車プロジェクトがタイとインドネシアの工場で始まった。ASEAN域内の水平分業が本格化することで、タイとインドネシア間のコンテナ貨物が増加した。こうした荷動きの増加に対応するため、ASEAN域内航路（APX）が1便追加となった。

　またSCSは経由地をタイに変更。日本－タイ、タイ－インドネシアの貨物を取り込むことを目論んだ。

③　日本－インドネシア航路の共同運航（2013年、日本郵船と川崎汽船）

　日本郵船と川崎汽船で日本－インドネシア航路を共同運航。船型は2,700TEU型に大型化。1社で船を埋めきることは困難で、共同運航となった。なお商船三井はこのとき、4,250TEU型をインドネシア航路に投入していた。アジア域内航路の基本船型は、2,000TEU未満の小型コンテナ船から、中型船への変化が決定的となった。

④　船型大型化と中国－インドネシア航路増設（2022年、ONE）

　日本－インドネシア航路は、Hapagと共同運航となり、船型は4,600TEUに大型化した。ジャカルタに向かう途中の寄港地で貨物を追加する従来の航路運

```
本船を投入しているインドネシア航路
① 2000 年　東京船舶　2 便　基本パターン

　◆日本航路　2 便
　SCS　日本/台湾/香港/シンガポール/インドネシア
　PGS　日本/フィリピン/シンガポール/マレーシア/インドネシア
② 2005 年　東京船舶　3 便　ASEAN 域内航路追加

　◆日本航路　2 便
　SCS　日本/タイ/シンガポール/インドネシア
　PGS　日本/フィリピン/シンガポール/マレーシア/インドネシア
　◆ASEAN 域内航路　1 便
　APX　タイ/シンガポール/インドネシア/マレーシア
③ 2013 年　日本郵船　3 便　船型大型化と共同運航

　◆日本航路　川崎汽船と共同運航　2 便
　PGS　日本/フィリピン/シンガポール/マレーシア/インドネシア
　PG2　日本/シンガポール/インドネシア/フィリピン/日本
　◆ASEAN 航路　日本郵船　単独　1 便
　APX　タイ/シンガポール/インドネシア/マレーシア
④ 2022 年 12 月末　オーシャンネットワークエクスプレス　3 便
　中国航路追加

　◆日本航路　Hapag Lloyd と共同運航 1 便
　JID　日本/シンガポール/インドネシア
　◆中国航路　Gold Star および OOCL と共同運航　1 便
　CIM2　青島/上海/寧波/ベトナム/インドネシア/マレーシア/青島
　◆中国航路　CNC/Wan Hai と共同運航　1 便
　CIM　香港/華南/インドネシア/マレーシア
```

図 12-3　東京船舶、日本郵船、ONE　インドネシア航路の推移

営方式も変化し、日本出帆の後はシンガポール－ジャカルタに向かう高速サービスとなった。

　中国－インドネシア間の貿易額の急速な成長を背景として、中国－インドネシア航路を 2 便運航。日本－インドネシア航路の便数を中国－インドネシア航路の便数が上回ることとなった。

(2)　インドネシア航路の変化と貿易パターンの変化

　インドネシアに寄港するアジア域内航路は、この 10 年で変化を続けている。［表 12-7］に航路総数は減少するなかで、中国航路は増加している。また船型

表 12-5　アジア域内航路　インドネシア就航状況

	航路総数	航路形態内訳			隻数	総船腹量 (TEU)	平均船型 (TEU)	最大船型 (TEU)
		日本直航	中国／香港	ASEAN域内完結				
2013 年	57	4	18	37	119	251,134	2,110	4,496
2018 年	50	3	19	30	145	428,652	2,956	5,080
2022 年	40	3	25	14	136	409,048	3,008	5,699

(注) MDS データは、2013 年 6 月末、2018 年 8 月末、2022 年 12 月末時点のもの。
　　日本直航　　　　：日本発着航路
　　中国／香港　　　：中国／香港寄港航路
　　ASEAN 域内完結：ASEAN 域内の航路
　　※日本直航サービスのうち 2 便は中国／香港に寄港しているため、日本直航と中国／香
　　　港で二重に勘定している。
(出所) MDS より日本郵船株式会社　調査グループで集計。

の大型化が進行し、最大船型は 2013 年の 4,496TEU 型から 2022 年末には 5,699
TEU 型となった。

　ASEAN 域内完結の 2022 年の航路数は 2018 年比で半減している。シンガ
ポールまでのフィーダー貨物が、インドネシア－中国航路で輸送されるように
なったこと、および 2022 年 9 月以降の北米と欧州向け貨物の大幅な減少によ
り、シンガポールまでのフィーダー輸送需要が縮小していることが背景にある
と考えられる。

　インドネシア－中国航路の便数が増加した背景には、インドネシア－中国間
の貿易額の増加がある。インドネシアの輸出入貿易額を、ASEAN、日本、中
国の国地域別に素材、中間財、最終財に分類して集計したものが［図 12-4］で
ある。インドネシア－中国航路の増加の背景を、インドネシアの輸出入貿易額
の変化を手掛かりとして理解したい。

　貿易額の特記事項を整理すると以下のようになる。

　① 　ASEAN、中国、日本との輸出入貿易額の 2010 年以降の増加

　インドネシア寄港の航路数と船腹量が増加し、船型が大型化したことは、貿
易額の増加に対応している。

　② 　中国との輸出入額の増加

　インドネシア－中国間の航路数が増加していることに対応。インドネシア－
中国航路は、ベトナム、タイ、マレーシアにも寄港し、そこでの貨物の取り扱
いも増やすこととなる。このことはアジア域内で完結する航路が 2018 年から

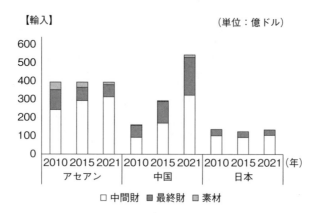

【輸入】　　　　　　　　　　　（単位：億ドル）

□ 中間財　■ 最終財　■ 素材

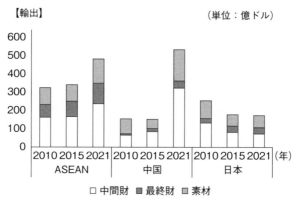

【輸出】　　　　　　　　　　　（単位：億ドル）

□ 中間財　■ 最終財　■ 素材

図 12-4　インドネシア国別貿易額推移

（出所）ASEAN STATS、6 桁 HS コードのデータを素材、中間財、最終財に変換し集計。

2022 年にかけて減少している一因となっている。

③　**ASEAN からの輸入額は横ばい、中間財の輸入額は増加**

ASEAN 域内の分業の規模が拡大していることを示している。

④　**中国から中間財と最終財の輸入が増加、中間財と素材の輸出が増加**

多国間の分業が ASEAN 域内から中国に地理的外縁が拡大した。

⑤　**日本からの輸入は横ばい、日本向け輸出も 2015 年以降横ばい**

日本−インドネシア航路の便数が増加しないことに対応している。

表 12-6　インドネシア／アメリカ荷動き

（単位：万 TEU）

	米国向	米国発
2000 年	26.1	15.2
2005 年	32.7	16.1
2010 年	31.4	22.7
2015 年	36.3	22.4
2020 年	43.2	30.4
2022 年	55.2	24.7

（出所）JOC/PIERS。

表 12-7　2023 年 3 月時点で休止中のジャカルターアメリカ　直航サービス

サービス	船社	サービス概要	船型
TP20	Maersk	ジャカルタ／中国／北米東岸	6,000TEU
JAX	CMA CGM	ジャカルタ／タイ／ベトナム／中国／北米西岸	最大船型 16,000TEU

（3）インドネシアの北米航路について

　インドネシアのコンテナ航路は、貿易額の増加を背景としてアジア域内航路の便数、船腹量の増加が著しい。これと対照的なのが北米航路である。

　インドネシアはシンガポールの南に位置している。欧州や北米に向かう本船がジャカルタに寄港するには、最短航路から逸脱して寄港することになり、そのための運航費や船費も発生する。そのため、ジャカルタに直航する際に発生する費用と、フィーダー船でシンガポール接続の際の費用を比較することが、航路設計の基礎作業となる。

　CMA CGM が北米西岸航路で、Maersk が北米東岸航路で直航便を定期配船していたが、2023 年 3 月時点ではいずれも休止中である。アメリカ向けの年間貨物本数は 2022 年が 55 万 TEU で、輸出入ともおよそ 10 万 TEU の日本－インドネシア間の荷動きの 5 倍の規模もある。2022 年 10 月にはジャカルタ港に CMA CGM の北米西岸航路の 1 万 6,000TEU 型の大型コンテナ船が寄港した実績はあるものの、2023 年 3 月時点では、荷動きの減速によりジャカルタ寄港は休止となっている。北米直航サービスがインドネシアには定着していないのが現状である。

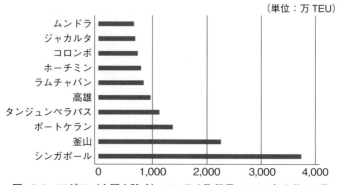

図 12-5　アジア（中国を除く）コンテナ取扱量　2021 年上位 10 港
（出所）Lloyd's List One Hundred Ports 2022。

12-4　インドネシア主要コンテナ港湾と取扱量

（1）ジャカルタ港取扱量

　インドネシアのコンテナ港湾は、ジャカルタの取り扱い本数が最も多く、インドネシア全土の 50% のコンテナを扱っている。次に多いのがスラバヤである。パレンバン、ベラワン、マカッサル、アンボン、ビトゥンなどとは、内航コンテナの航路網でジャカルタやスラバヤにつながっている。

　「Lloyd's List One Hundred Ports 2022」によれば、2021 年のジャカルタ港（タンジュンプリオク港）のコンテナ取扱量は 685 万 TEU で世界 26 位、スラバヤ港（タンジュンペラク港）のコンテナ取扱量は 590 万 TEU で世界 47 位となっている。新型コロナウイルス感染症からの経済の立ち上がりが早かったため、ジャカルタ港の取扱量は前年比で 11.7% と高成長となり、コロナ前 2019 年水準まで取扱量は回復している。

　なお、2021 年のアジア（中国を除く）上位 10 港をグラフにしたものが ［図 12-5］ である。ジャカルタは、ムンドラ、コロンボ、ホーチミン、ラムチャバンの間で 9 位の取扱量となった。欧米航路の直航サービスが少なくても、域内航路やフィーダー航路の寄港数の多さで取扱貨物を伸ばしていることがわかる。

（2）ジャカルタ港　コンテナターミナル一覧

　ジャカルタ港で外航コンテナ航路が寄港するターミナルは、主として ［図 12

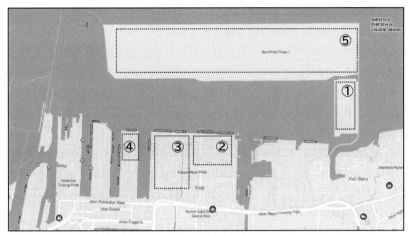

図 12-6　ジャカルタ港（タンジュンプリオク港）ターミナル地図

（注）① 　PT New Priok Container Terminal One（NPCT1）
　　　② 　The Koja Container Terminal（Terminal Petikemas Koja - TPK KOJA）
　　　③ 　Jakarta International Container Terminal（JICT）
　　　④ 　International Container Terminal Mustika Alam Lestari（MAL）
（出所）Marine Traffic の地図（2023 年 3 月 29 日）をもとに筆者がターミナル位置を追記。

-6］の 4 ターミナルである。

　上記地図の⑤の区画は建設作業が進行しているコンテナターミナルの場所である。NPCT1 ターミナルが 2016 年に操業開始の後も港湾拡張プロジェクト（NPCT2 および NPCT3）が計画されており、NPCT2 は 2024 年の開業を目標に建設工事が続けられている。

12-5　コンテナ港湾のインフラ整備と運営の変遷

(1) インドネシア国家開発計画と港湾インフラ整備

　インドネシアのコンテナ港湾のインフラ整備は、2004 年ユドヨノ政権発足が転換点となる。電力、道路、鉄道、空港、港湾などのインフラが整備されていないことが、経済成長のボトルネックとして政権発足当初より認識され、以下にあげる取り組みを経て今に至る。

① 　インフラ整備を盛り込んだ国家開発計画の策定

　2005 年に国家長期開発計画を発表し、2011 年には「インドネシア経済開発加速マスタープラン 2011 – 2019 年」を発表している。これらには港湾を含む

インフラ整備計画が盛込まれている。

②　インフラ整備に民間資金を導入する法改正

スハルト大統領時代には、外国援助と石油ガス輸出収入を財源とする「開発歳出」があり、政府によるインフラ整備が進んだ。ユドヨノ政権では外国援助を減らす方針を取った。そのため、新たな財源、資金源を確保する必要に迫られることとなり、民間資金、外国資本を導入することを決定した。PPP（官民連携事業方式）も、インフラ投資の新たな方式に加わった。

③　海運法の改正

2008年の海運法改正により、海運、港湾運営への民間資本導入の道が開かれる。また、港湾経営における港湾管理と港湾運営の分離が定義される。

④　港湾新規開発の実施

2016年に操業開始したジャカルタのNPCT1コンテナターミナルは、民間資本が導入され、また港湾管理と港湾作業が分離した具体的事例。PPPはパティンバン港が具体的事例となる。

これらのことを年表に示したのが［表12-8］である。

(2)　民間資本が出資する港湾の事例 NPCT1

PT New Priok Container Terminal One（NPCT1）は操業開始が2016年で、ジャカルタ港では最も新しいコンテナターミナルである。

このターミナルは2010年に開発プロジェクト候補に指定され、建設業者や港湾事業者選定を進め、約6年の期間で操業を開始している。

このターミナルは民間資本が出資する代表的事例で、インドネシア港湾公社PT. Pelabuhan Indonesia II（Persero）が過半数を出資し、日本の商社、船社、シンガポールの港湾オペレーターが出資者として名を連ねている。

PT. Pelabuhan Indonesia II（Persero）はインドネシアの港湾公社の一部門。港湾公社 PT. Pelabuhan Indonesia（Persero）、通称 Pelindo は、設立は1960年までさかのぼる。インドネシア共和国の100%出資で、インドネシア全土の港湾作業、港湾サービス、物流事業などを手掛けており、従業員総数は2021年末で7,370人を要する一大事業体である。

ジャカルタのコンテナターミナルは、NPCT1のほかには、JICT、TPK KOJAもインドネシア港湾公社（Pelindo）と合弁で運営されている。

表12-8　インドネシア港湾開発経緯

	出来事
2004年	日本の資金協力でタンジュンプリオク港の緊急リハビリ事業実施 航路の拡幅と防波堤の移設が行われる
2005年	国家長期開発計画2005-2025（RPJPN）発表
2007年	投資法改正　外資規制の緩和
2008年	海運法改正（第17号海運法2008年） 海運、港湾運営への民間資本導入 港湾経営における港湾管理者と港湾運者の分離が定義される
2010年	大統領令2010年36号 タンジュンプリオク港の拡張がインフラプロジェクトの候補となる
2011年	インドネシア経済開発加速拡大マスタープラン2011-2019年（MP3EI）発表 2025年までに10大経済大国になることを目標に掲げる 経済成長の基礎として港湾などインフラ整備計画が盛込まれる
	土地収用法可決成立　土地収用の期間短縮を企図
2013年	投資規制分野（ネガティブリスト）改正　規制緩和の進行 官民連携事業方式(PPP)により建設される港湾には、民間資本の比率が95%まで引き上げられる
2014年	ジョコ新政権発足　海洋国家構想を掲げインフラ整備加速を表明
2015年	国家中期開発計画2015-2019年（RPJMN） 国家開発企画庁が発表 港湾、海運、道路、住宅などが投資重点分野に指定される
	チラマヤ新港開発計画　中止決定
2016年	タンジュンプリオク新港　操業開始　大型船にも対応可能に
	パティンバン港開発に関わる大統領令制定
2020年	パティンバン港　自動車ターミナルの供用開始
2021年	ペリンドの統合　港湾経営の一体化と国際化を目指す
2022年	タンジュンプリオク港　入港船の大型化　16,000TEU型入港

(3) ロジスティクス型港湾の開発　パティンバン港

　インドネシアでは、経済成長に伴いコンテナ貨物の増加が見込まれる。ジャカルタ港のコンテナターミナル拡張プロジェクト（NPCT2、NPCT3）と並行し、パティンバン港の開発プロジェクトが進行している。このパティンバン港はジャカルタの東140kmに位置し、完成車輸出のための自動車船ターミナルは2020年12月に操業を開始しており、現在はコンテナ船ターミナルの建設作業が進められている。

表 12-9　ジャカルタ港（タンジュンプリオク港）ターミナル出資構成

ターミナル	操業開始年	資本構成
NPCT1	2016 年	PT. Pelabuhan Indonesia II（Persero）：51% 三井物産：20% PSA International Pte Ltd：19% 日本郵船：10%
KOJA	1999 年	PT Pelabuhan Indonesia II（Persero）：54.91% Hutchison Ports Indonesia Pte. Ltd.：45.09%
JICT	1999 年	PT Pelabuhan Indonesia II（Persero）：48.90% Hutchison Port Jakarta Pte. Ltd.：51.00%

（出所）Pelindo Annual Report から筆者作成。

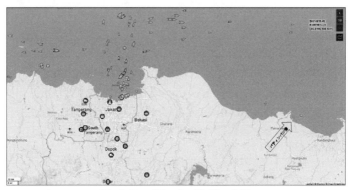

図 12-7　パティンバン港　位置

（出所）Marine Traffic 地図（2023 年 3 月 31 日）。

　このプロジェクトは PPP を採用し、日本からは 2 期総額 1,891 億円の円借款が供与されている。建設中のコンテナターミナルが竣工する時には、年間コンテナ取扱本数 750 万 TEU、完成車台数 60 万台を計画している。加えて、港周辺には 13 の産業開発地区の計画があり、2021 年には大統領令で特別開発加速地域に指定された。港が本格操業開始となり、港へのアクセス道路の建設やそのほかインフラ整備が進行すると、周辺地域の開発は急速に進むと考えられる。

　特記事項は、港の後背地に、製造業、小売り、さまざまな産業と港をつなぐロジスティクスサービスの拠点開発が盛り込まれていることにある。具体的には、倉庫、流通センター、検品施設など、物流関連施設の建設も計画されてい

ることにある。パティンバン港は「ロジスティクス型港湾」の特徴を備えている。サプライチェーンの拠点港として成長の可能性を秘めた港であるともいえる。

12-6　インドネシア港湾の特徴とこれからの成長

　インドネシアの経済成長率は、OECD（経済協力開発機構）の 2023 年 3 月のレポートによると、2023 年は 3.7%、2024 年は 5.1% と予想されている。日本、欧米諸国を上回る成長率が予想されている。米中の経済対立を一因としたサプライチェーンの再編は進行し、インドネシアに生産拠点を移転や増設する動きが始まっている。ASEAN 域内の水平分業は、その地理的外縁を中国にまで拡大し、中間財の貿易額は輸出入とも増加が著しい。欧米諸国をはじめ世界各地への消費財の輸出も増加が見込まれる。消費財を扱う企業は、所得水準の上昇に伴い個人消費が拡大していることに注目し、インドネシアでの事業機会をうかがっている。その背景には、2.7 億人の人口規模という魅力がある。そうしたことから、インドネシアのコンテナ貨物の荷動きは、今後も成長することが予想される。

　インドネシアのコンテナ航路の特徴は、北米欧州航路の寄港数が少なく、アジア域内航路の寄港数が多いことにある。取扱貨物に占めるアジア域内貨物の比率も大きくなる。インドネシアと ASEAN・日本・中国・韓国との分業が進行するにつれ、アジア域内航路のインドネシアの寄港数の増加が見込まれる。欧米航路のインドネシア直航便は、北米や欧州向け貨物が増加となれば、便数が増加し定着することが見込まれる。

　こうしたなか、ジャカルタ港（タンジュンプリオク港）とパティンバン港では、近年中の操業開始を目指しコンテナ港湾の拡張工事が進行している。パティンバン港のコンテナ取扱い本数は、将来 750 万 TEU を計画している。2021 年のインドネシア全土のコンテナ扱い本数の約半分である。増加するコンテナ貨物への備えは十分にある。さらにパティンバン港は、周辺地域の産業開発と後背地のロジスティクスサービスの拠点建設計画と一体となった建設が進んでいる。「ロジスティクス型港湾」の誕生が待たれる。

　変化を続ける海洋国家インドネシアのコンテナ港湾の今後に注目したい。

【参考文献】

Asia Development Bank（2015）'Indonesia's Summary Transport Assessment' ADB Papers on Indonesia No.15

アジア経済研究所編（2022）『アジア動向年報　2010▷2019　インドネシア編』

遠藤環・伊藤亜聖・大泉啓一郎・後藤健太編（2018）『現代アジア経済論』有斐閣ブックス

大泉啓一郎（2011）『消費するアジア　新興国市場の可能性と不安』中公新書

男澤智治（2017）『港湾ロジスティクス論』晃洋書房

朽木昭文・馬田啓一・石川幸一編著（2015）『アジアの開発と地域統合　新しい国際協力を求めて』日本評論社

独立行政法人国際協力機構（JICA）（2003）『インドネシア国ジャカルタ大首都圏港湾開発計画調査　最終報告書』

独立行政法人国際協力機構（JICA）（2022）『パティンバン港開発事業に関する概要および現状のご紹介』

佐藤百合（2011）『経済大国インドネシア　21 世紀の成長条件』中公新書

末廣昭（2014）『新興アジア経済論——キャッチアップを超えて』岩波書店

東京船舶社史編纂委員会（2009）『風涛　東京船舶の軌跡』東京船舶株式会社

公益社団法人日本港運協会（2023）港湾　第 100 巻　2023 年 2 月号　「特集 ASEAN 地域の港湾のこれまでとこれから」

独立行政法人日本貿易振興機構（2014）『2014 年度在アジア・オセアニア日系企業実態調査』

日本郵船調査グループ編（2013）『世界のコンテナ輸送と就航状況　2013 年版』日本海運集会所

日本郵船調査グループ編（2018）『世界のコンテナ輸送と就航状況　2018 年版』日本海運集会所

海事プレス
「1.6 万 TEU 型がジャカルタ初寄港　CMA-CGM の "Alexander Von Humboldt"」2022 年 11 月 4 日

日本経済新聞
「ダイキン、アジアで 1000 億円投資　商品の現地化を推進」2022 年 11 月 17 日
「インドネシア、ベビー用品白熱　日米大手が競う」2023 年 2 月 9 日
「ロッテ、インドネシアでチョコパイ増産　東南アジア開拓」2023 年 2 月 23 日

独立行政法人　国際協力機構
パティンバン港第一部完成披露式典開催（2021 年 12 月 20 日）
https://www.jica.go.jp/press/2020/20201221_10.html
インドネシア向け円借款貸付契約の調印（2022 年月 23 日）
https://www.jica.go.jp/press/2022/20220523_10.html
トヨタ自動車　新興国戦略車プロジェクト開始（2004 年 8 月 25 日）
https://global.toyota/jp/detail/1573023/
日本郵船　ジャカルタ　タンジュンプリオク新港操業開始（2016 年 8 月 19 日）
https://www.nyk.com/news/2016/004406.html

ASEAN STATS：https://data.aseanstats.org/trade-annually（最終閲覧日　2023 年 3 月 24 日）
OECD　Economic Outlook, Interim Report March 2023：A Fragile Recovery

あ と が き

　学者は、文章を書くときは、実務家のように、「まず何が言いたいのか結論を示して、説明はあとから簡潔に書く」ということはしません。最初に、問いを設定し、あれこれ検討して、導かれた結論を最後に書くわけです。ですから、実務家の皆様からすると、学者の文章は、「最後まで読まないと、何がいいたいのかわからない、読みづらい文章」にみえるかもしれません。

　また、「調べる」ということは大切ですが、「調べたことだけ」をどれだけ一生懸命文章にしたとしても、それだけであって、「問い」そして「考察」「答え」を欠いているならば、論文にならないと、学者は考えます。ですが、調査ということは、実務家でも、それだけなら価値は乏しいと思うでしょう。実務における調査とは、経営や営業の意思決定のための道具に過ぎませんから、経営や営業の問題意識に応える調査だけが、価値を認められるのですから。優れた実務家は、問題意識が常に心にあるでしょう。そして考えていることでしょう。

　そして、大学には、学長・学部長・学科長・専攻長という、肩書を一時的に持つ学者がいる一方で、多くの学者には肩書はありません。しかし、肩書の有無は、学者の上下関係（指揮命令の関係）を意味するものではなく、「学者としては」、実は平等です。

　さりとて、たとえば、「学者は皆平等」ということは、「風通しが良いとされる企業」のなかでの人間関係（職位や年次がどうであれ、個々の人格を相互に尊重し合うような企業）に限りなく近いのではないでしょうか。他方、学者は、研究こそ自由闊達に行うにしても、事務処理の遂行や学生の教育までもが、個々人の自由裁量が許されるなどと勘違いをしてはならず、学校の方針やルールに従う存在であるのですから。

　学者が、研究において嘘をついてはならないことは、基本です。わからないこと、できないことに対しては、「わかりません。できません。教えてください。」と頭を下げますが、それは、実務家も同じです。そして、約束したことは、必ず守る。そして、「ありがとう」「ごめんなさい」という言葉が、素直にいえるという点においても！

　そうして考えると、実務家と学者は違うところよりも、本質的には共通するところの方が遥かに多いのではないか、というのが、私はつらつら思うのです。

ですので、きっとこの本も読者の皆様には、お役に立てるのではないか、と私は信じるのです。

　研究・教育・庶務・そして商務にお忙しいなか、ご玉稿をお寄せいただきました各先生方、また、出版事情の厳しいなか、この本を世に送り出してくださった成山堂書店の小川啓人社長、編集グループの方々には、心より御礼申し上げます。

　…そしてここまでおつきあいただきました読者の皆様に何よりも感謝申し上げます。

東海大学海洋学部海洋理工学科航海学専攻　教授　合田浩之

（元日本郵船株式会社勤務）

索　引

索　引

索　引

索　　引

執筆者略歴

（五十音順、敬称略　2024 年 1 月現在）

浅妻　裕（あさづま　ゆたか）　第 9 章

1972 年石川県生まれ。静岡大学人文学部卒業、一橋大学大学院経済学研究科博士課程単位取得退学。現在、北海学園大学経済学部教授。

池上　寛（いけがみ　ひろし）　第 6 章

1970 年大阪府生まれ。甲南大学経営学部卒業、神戸大学大学院国際協力研究科博士後期課程退学。ジェトロ・アジア経済研究所研究グループ長代理等を経て、2023 年 4 月から大阪経済法科大学国際学部准教授。

石原　伸志（いしはら　しんじ）　第 10 章

1949 年群馬県生まれ。早稲田大学商学部卒業、三井倉庫株式会社国際部長、東海大学海洋学部教授講師を経て、現在、神奈川大学アジア研究センター客員研究員。これまでに多摩大学大学院客員教授、横浜商科大学、神奈川大学、放送大学他非常勤講師、財務省、法務省、内閣官房他の専門委員・座長を歴任。「改訂新貿易取引」（経済法令研究会、2019、共著）、「ASEAN の流通と貿易—AEC 発足後の GMS 産業地図と企業戦略」（成山堂書店、2016、共著）ほか多数の著書・論文。

伊津野　範博（いづの　のりひろ）　第 7 章

1971 年熊本県生まれ。神奈川大学大学院経済学研究科経済学専攻博士後期課程単位取得満期退学。株式会社日通総合研究所を経て、現在、熊本学園大学教授。「ASEAN の流通と貿易—AEC 発足後の GMS 産業地図と企業戦略」（成山堂書店、2016 年、共著）、「物流を学ぶ—基礎から実務まで—」（中央経済社、2020 年）ほか多数執筆。

男澤　智治（おざわ　ともはる）　編集・第 1 章

1963 年熊本県生まれ。日本大学理工学部卒業、同大学院博士前期課程修了。日本大学より博士（学術）授与、株式会社日通総合研究所（現 NX 総合研究所）、中村学園大学流通科学部講師を経て、現在、九州国際大学教授。

執筆者略歴

合田　浩之（ごうだ　ひろゆき）　編集・第8章、第9章、第11章

1967年茨城県生まれ。東京大学経済学部経済学科卒業、筑波大学大学院博士課程ビジネス科学研究科修了（博士（法学）），埼玉大学大学院博士課程経済学研究科修了（博士（経済学））。日本郵船株式会社経営企画本部渉外グループ調査役を経て、現在、東海大学海洋学部海洋理工学科航海学専攻教授。

津守　貴之（つもり　たかゆき）　第2章

1961年京都府生まれ。西南学院大学経済学部・経済学研究科修士課程修了、九州大学大学院経済学研究科博士後期課程修了。日本学術振興会特別研究員を経て、現在、岡山大学社会文化科学研究科（経済学系）教授。主な著書に「東アジア物流体制と日本経済」（御茶の水書房、港湾経済学会北見賞受賞）、「日本のコンテナ港湾政策」（成山堂書店、住田正一海事奨励賞受賞）。

原　源太郎（はら　げんたろう）　第12章

1970年神奈川県生まれ。東京大学文学部卒業。1994年日本郵船株式会社入社。東京船舶出向、NYK LINE（N.A.）INC、オーシャンネットワークエクスプレスジャパン中部支店を経て、2022年4月より日本郵船株式会社調査グループ グループ長代理。

韓　洛鉉（はん　なくへん）　第5章

1958年韓国慶南咸安生まれ。慶南大学校貿易学科・西江大学校修士課程卒業、早稲田大学博士課程修了（商学博士）。慶南大学校貿易物流学科教授を経て、現在、慶南大学校名誉教授。

福山　秀夫（ふくやま　ひでお）　第3章、第4章

1955年熊本県生まれ。1980年九州大学法学部卒業、同年4月山下新日本汽船株式会社入社、1991年9月日本郵船株式会社移籍、2004～2008年日本郵船株式会社北京代表、2020年8月日本郵船株式会社退職、同年9月から日本海事センター企画研究部客員研究員。日本海運経済学会等4学会の会員。

日本港湾経済学会叢書

東アジアの港湾と貿易   定価はカバーに表示してあります。

2024 年 2 月 18 日　初 版 発 行

編著者　男澤智治・合田浩之
発行者　小川　啓人
印　刷　亜細亜印刷株式会社
製　本　東京美術紙工協業組合

発売所 株式会社 成山堂書店

〒160-0012　東京都新宿区南元町 4 番 51　成山堂ビル
TEL：03(3357)5861　　　FAX：03(3357)5867
URL　https://www.seizando.co.jp
落丁・乱丁本はお取り換えいたしますので，小社営業チーム宛にお送り下さい。